JN095039

改訂新版

まるごと授業 算数 1年（下）

喜楽研の
QRコードつき授業シリーズ

板書と授業展開がよくわかる

企画・編集：原田 善造・新川 雄也

わかる喜び学ぶ楽しさを創造する教育研究所　略称 喜楽研

はじめに

「子どもたちが楽しく学習ができた」「子どもたちのわかったという表情が嬉しかった」という声をこれまでにたくさんいただいております。喜楽研の「まるごと授業算数」を日々の授業に役立てていただき誠にありがとうございます。今回は，それを一層使いやすくなるように考え，2024年度新教科書にあわせて「喜楽研のQRコードつき授業シリーズ改訂新版　板書と授業展開がよくわかる まるごと授業算数 1年～6年」(上下巻計12冊)を発行することにいたしました。

今回の本書の特徴は，まず，ICTの活用で学習内容を豊かにできるということです。ＱＲコードから各授業で利用できる豊富な資料を簡単にアクセスすることができます。学習意欲を高めたり，理解を深めたりすることに役立つ動画や画像，子どもたちの学習を支援するワークシートや，学習の定着に役立つふりかえりシートも整えております。また，授業準備に役立つ板書用のイラストや図も含まれています。

次に，本書では，どの子もわかる楽しい授業になることを考えて各単元を構成しています。まず，全学年を通して実体験や手を使った操作活動を取り入れた学習過程を重視しています。子ども一人ひとりが理解できるまで操作活動に取り組み，相互に関わり合うことで，協働的な学びも成り立つと考えます。具体物を使った操作活動は，それを抽象化した図や表に発展します。図や表に表すことで学習内容が目で見えるようになりイメージしやすくなります。また，ゲームやクイズを取り入れた学習活動も満載です。紙芝居を使った授業プランもあります。それらは，子どもたちが楽しく学習に入っていけるように，そして，協働的な学びの中で学習内容が習熟できるような内容になっています。全国の地道に算数の授業づくりをしておられる先生方の情報を参考にしながらまとめ上げた内容になっています。

学校現場は，長時間勤務と多忙化に加えて，画一的な管理も一層厳しくなっていると聞きます。新型コロナ感染症の流行もありました。デジタル端末を使用することで学び方も大きく影響されてきています。そんな状況にあっても，未来を担う子どもたちのために，楽しくてわかる授業がしたいと，日々奮闘されている先生方がおられます。また，新たに教員になり，子どもたちと楽しい算数の授業をしてともに成長していきたいと願っている先生方もおられます。本書を刊行するにあたり，そのような先生方に敬意の念とエールを送るとともに，楽しくわかる授業を作り出していく参考としてお役に立ち，「楽しくわかる授業」を作り出していく輪が広がっていくことを心から願っています。

2024年3月

本書の特色

すべての単元・すべての授業の指導の流れがわかる

学習する全単元・全授業の進め方を掲載しています。学級での日々の授業や参観日の授業，研究授業や指導計画作成等の参考にしていただけます。

各単元の練習問題やテストの時間も必要なため，本書の各単元の授業時数は，教科書より少ない配当時数にしています。

1時間の展開例や板書例を見開き2ページでわかりやすく説明

実際の板書をイメージできるように，板書例を２色刷りで大きく掲載しています。また，細かい指導の流れについては，３～４の展開に分けて詳しく説明しています。どのように発問や指示をすればよいかが具体的にわかります。先生方の発問や指示の参考にしてください。

QRコンテンツの利用で，わかりやすく楽しい授業，きれいな板書づくりができる

各授業展開ページのQRコードに，それぞれの授業で活用できる画像やイラスト，ワークシートなどのQRコンテンツを収録しています。印刷して配布するか，タブレットなどのデジタル端末に配信することで，より楽しくわかりやすい授業づくりをサポートします。画像やイラストは大きく掲示すれば，きれいな板書づくりにも役立ちます。

ベテラン教師によるポイント解説や教具の紹介なども収録していますので参考にしてください。

ICT活用のアイデアも掲載

それぞれの授業展開に応じて，電子黒板やデジタル端末などのICT機器の活用例を掲載しています。子ども自身や学校やクラスの実態にあわせてICT活用実践の参考にしてください。

1年（下） 目 次

QR コンテンツについて

授業内容を充実させるコンテンツを多数ご用意しました。右の QR コードを読み取るか下記 URL よりご利用ください。

URL：https://d-kiraku.com/4712/4712index.html
ユーザー名：kirakuken
パスワード：xn4V73

※ 各授業ページの QR コードからも，それぞれの時間で活用できる QR コンテンツを読み取ることができます。
※ 上記 URL は，学習指導要領の次回改訂が実施されるまで有効です。

ひきざん（B 案）

20 より大きいかず

どちらがおおい

どちらがひろい

なんじなんぷん

ずをつかってかんがえよう

かたちづくり

本書の使い方

◆ **板書例**

時間ごとに表題（見出し）を記載し，1～4の展開に合わせて，およそ黒板を4つに分けて記載しています。（展開に合わせて1～4の番号を振っています）大切な箇所や「まとめ」は赤字や赤の枠を使用しています。ブロック操作など，実際は操作や作業などの活動もわかりやすいように記載しています。

◆ **目標**

1時間の学習を通して，児童に身につけてほしい具体的目標を記載しています。

◆ **POINT**

時間ごとの授業のポイントやコツ，教師が身につけておきたいスキル等を記載しています。

◆ **授業の展開**

① 1時間の授業の中身を3～4コマの場面に切り分け，およその授業内容を記載しています。

② Tは教師の発問等，Cは児童の発言や反応を記載しています。

③ 枠の中に，教師や児童の顔イラスト，吹き出し，説明図等を使って，授業の進め方をイメージしやすいように記載しています。

第1時
3つの数のたし算

本時の目標：3つの数の加法の式の意味や計算の仕方を理解し，その計算ができる。

板書例

うさぎは なんびきに なったかな

1

2 3びき のって います。
3

4ひき のります。
3＋4

また2ひき のります。
3＋4＋2
7
ぜんぶで 9ひき

POINT 紙芝居の絵を利用して，3つの数のたし算の場面がよくわかるように工夫しましょう。

1 紙芝居のお話を式に表してみよう

紙芝居①～③を読む。
お話の絵を黒板に掲示し，絵の横に「3びきのっています」「4ひきのります」「2ひきのります」と書く。

C　3匹いて，4匹増えて，また2匹増えたね。
C　（数えて）全部でウサギは9匹になったよ。

お話を式に表してみましょう。どんな式になるでしょう
増えたから，たし算だと思うよ
3+4でいいよね
でも，また増えたよ。また2をたしたらいいのかな

2 ウサギを算数ブロックに置きかえて考えよう

ブロックを使って，お話の通りに，ウサギが増える様子を表しながら式を作っていく。

ブロックを動かしながら考えましょう
3個に4個をたして7個，3+4=7
7個に2個をたして9個，7+2＝9，たし算が2回だね

T　これを，3＋4＋2と1つの式に表すことができます。お話の順に数をたしていきます。
C　3つの数をたし算するんだね。

12

◆ 準備物

1時間の授業で使用する準備物を記載しています。準備物の数量は，児童の人数やグループ数などでも異なってきますので，確認して準備してください。

QR は，QR コードから使用できます。

◆ ICT

各授業案の ICT 活用例を記載しています。

◆ QR コード

1時間の授業で使用する QR コンテンツを読み取ることができます。

印刷して配布するか，児童のタブレットなどに配信してご利用ください。

(QR コンテンツの内容については，本書 p8, 9 で詳しく紹介しています)

※ QR コンテンツがない時間には，QR コードは記載されていません。

※ QR コンテンツを読み取る際には，パスワードが必要です。パスワードは本書 p4 に記載されています。

準備物
・算数ブロック（板書用・児童用）
QR 紙芝居
QR ワークシート

ICT
はじめの2つの数のたし算の答えをどこに書けばよいのかを，実物投影機を使って示し，ノートの書き方を指導する。

<けいさんの しかた>

(3 + 4) + 2 = [9]
7 たす

❶ まえの かずから たす。

❷ つぎに 2 を たす。

3 4 2
3+4+2=9
ぜんぶで 9ひき

<れんしゅう>

① (2 + 4) + 3 = 9
6

② (4 + 3) + 3 = 10
7

③ 5 + 5 + 8 = 18
10

④ 2 + 8 + 7 = 17
10

⑤ 6 + 1 + 3 = 10
7

3 3つの数の計算をしてみよう

T　3つの数の計算は，ウサギの数と同じで，前から順にたしていきます。

正しく計算する方法をみんなで話し合う。

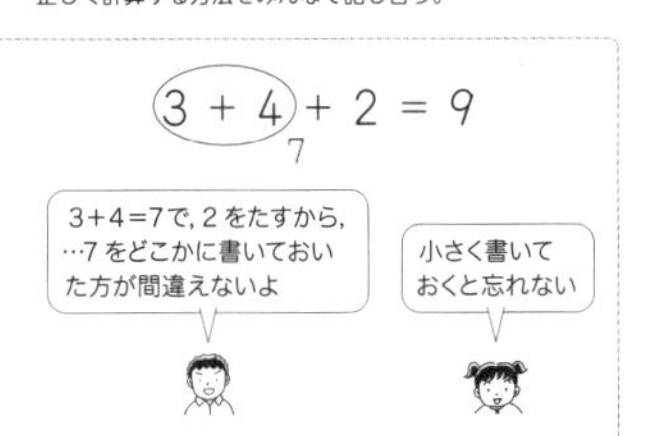

(3 + 4) + 2 = 9
7
3+4=7で，2をたすから，…7をどこかに書いておいた方が間違えないよ
小さく書いておくと忘れない

計算に慣れるまでは，はじめの計算の答えを小さく書いておくようにする。または，右のような枠をつけておく。（特に支援を要する児童には有効である）

3 + 4 + 2
[7]

4 3つの数のたし算の練習をしよう

ワークシートを活用する。

T　前から順番に計算していきましょう。

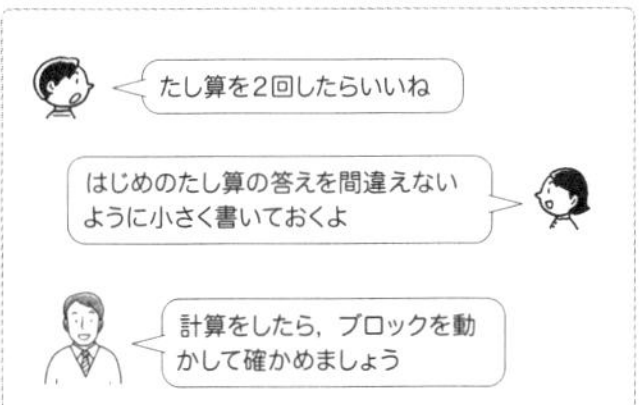

たし算を2回したらいいね
はじめのたし算の答えを間違えないように小さく書いておくよ
計算をしたら，ブロックを動かして確かめましょう

個別指導をする。練習問題ができた児童は，迷路問題に挑戦する。「2 + 8 + 7」など2つの数の和が 10 になり，10 + □となるような計算は，「繰り上がりのあるたし算」の素地にもなる。

3つのかずのけいさん　13

QR コンテンツの利用で
楽しい授業・わかる授業ができる

見てわかる・理解が深まる動画や画像
授業のポイント解説や簡単で便利な教具などを紹介

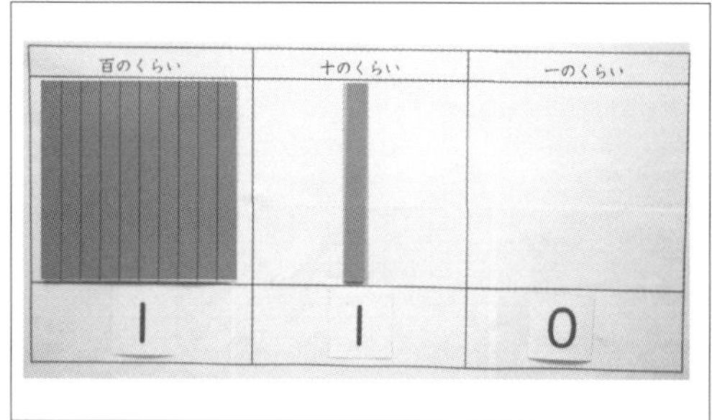

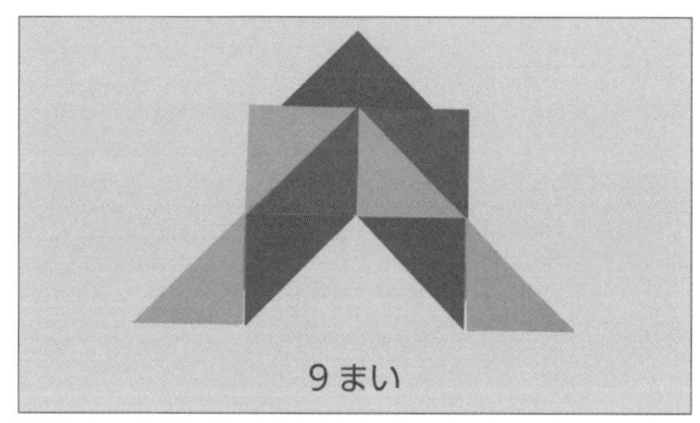

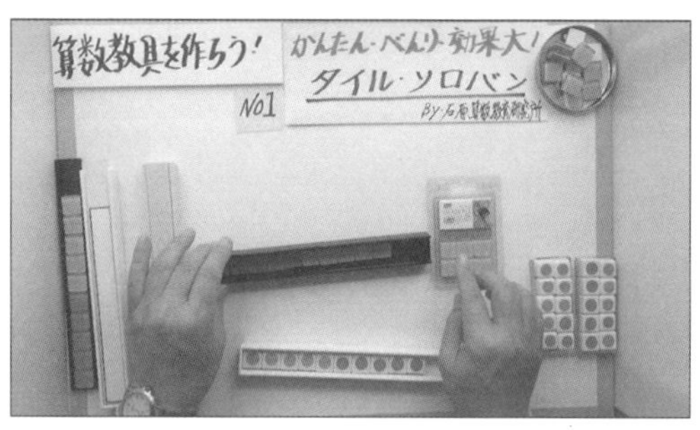

文章や口頭では説明の難しい内容は，映像を見せることでわかりやすく説明できます。視覚に訴えかけることで，児童の理解を深めると同時に，児童が興味を持って授業に取り組めます。

また，各学年でポイントとなる単元の解説なども収録しています。

※ 動画には音声が含まれていないものもあります。

楽しい，わかりやすい授業作りができる「紙芝居」など

授業などで使える「ワークシート」

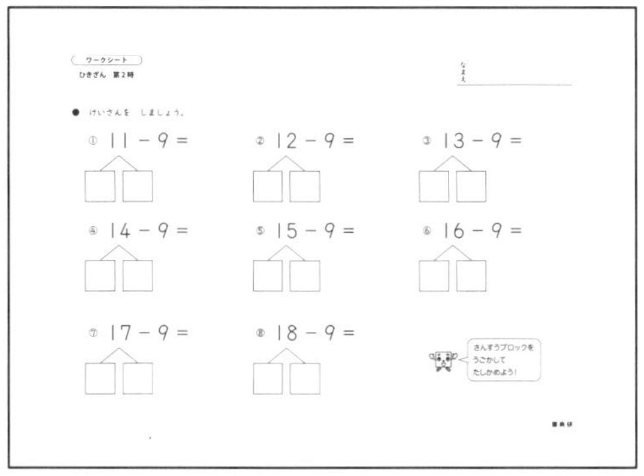
ワークシート
ひきざん　第2時
なまえ
● けいさんを　しましょう。
① 11 − 9 =
② 12 − 9 =
③ 13 − 9 =
④ 14 − 9 =
⑤ 15 − 9 =
⑥ 16 − 9 =
⑦ 17 − 9 =
⑧ 18 − 9 =
さんすうブロックを うごかして たしかめよう！

ワークシート
たしざん　第4時①
なまえ
1 まおくんは　7こ，みおちゃんは　4こ どんぐりを　ひろいました。 ふたり　あわせて　なんこ　ひろいましたか。
しき
こたえ
2 まおくんは　5こ，みおちゃんは　6こ きのこを　とりました。 ふたり　あわせて　なんこ　とりましたか。
しき
こたえ

授業の展開や，授業のまとめ，宿題として使える「ワークシート」を収録しています。
クラスの実態や授業内容に応じて，印刷して配布するか，児童のタブレットなどに配信してご利用ください。

板書作りにも役立つ「イラストや図」「カード」

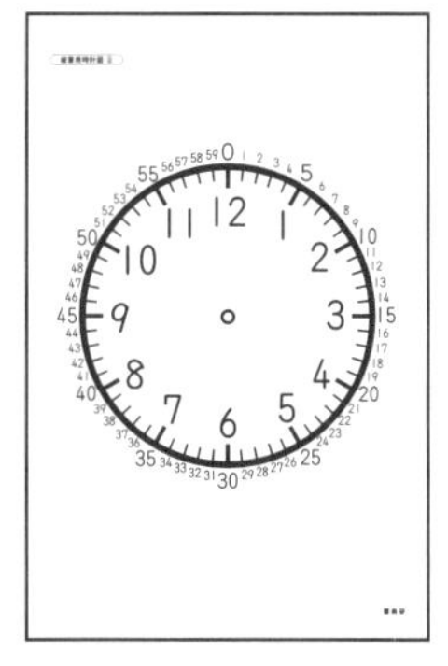

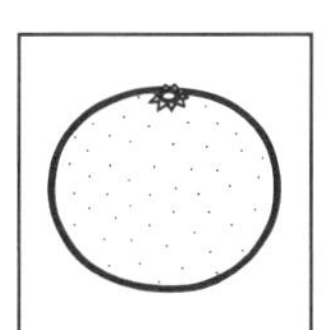

カードやイラストは，黒板上での操作がしやすく，楽しい授業，きれいな板書に役立ちます。また，イラストや図は，児童に配信することで，タブレット上で大きくはっきりと見ることもできます。

※ QR コンテンツを読み取る際には，パスワードが必要です。パスワードは本書 p4 に記載されています。

3つのかずのけいさん

全授業時数4時間

◎ 学習にあたって ◎

＜この単元で大切にしたいこと＞

本単元は，3つの数の加減及び混合の計算場面の理解と，計算方法の理解を促すという目標と，この後に学習する繰り上がり・繰り下がりの計算の仕方（「8＋4＝8＋2＋2」「12－4＝10－4＋2」など）につながる準備という意味があります。まず，3つの数の加減計算の存在を知らせること，また，加減混合の計算を通して2つの計算操作が1つの式の中に表されることを場面理解を通して理解させることが大切です。

また，加法の場合は計算の順番を変えても答えは同じですが，減法では，(10－4)＋2＝8と，10－(4＋2)＝4のように答えが異なるため，左から順に計算することにも注意が必要です。

＜数学的見方考え方と操作活動＞

この単元では，次に学習する繰り上がり・繰り下がり計算の準備という側面を持っています。「8＋4＝8＋(2＋2)→(8＋2)＋2」，つまり加数を8の補数と2といくつの組に分解して＜8＋2＝10＞＜10＋2＝12＞という答えを求めるわけです。このような計算操作を念頭で行う事が求められています。しかし，2つの数の計算がようやくできるようになったばかりの児童に，この念頭操作は直ぐにはできません。算数ブロックを順に操作して，ブロック計算の結果をつなぎ合わせて理解する具体操作を繰り返す必要があります。また，そのことが加減の繰り上がり・繰り下がり計算の基礎となります。

＜個別最適な学び・協働的な学びのために＞

3つの数をたしたりひいたりする場面の設定がとても重要になります。例えば，バスに次々客が乗ってきて今何人になった？とか，バスの乗客が乗ってきたり，降りていったりする場面から，今何人乗っている？と考えさせるような設定が不可欠です。このような場面設定でブロック操作を繰り返すことで数の増減が実感できるようになります。また，自分たちで場面を考えて問題を作る学習を取り入れることで学びが深まります。

◎ 評　価 ◎

知識および技能	３つの数の加減や加減混合の計算ができる。 ２つの数の加法や減法に基づいて，３つの数の加減や加減混合の計算の仕方を理解している。
思考力，判断力，表現力等	３つの数の計算の仕方を，２つの数の加法や減法の考え方に基づいて考えている。
主体的に学習に取り組む態度	３つの数の加減や加減混合の計算の場面を，式に表そうとしている。

◎ 指導計画　４時間 ◎

時	題	目　　標
1	3つの数のたし算	3つの数の加法の式の意味や計算の仕方を理解し，その計算ができる。
2	3つの数のひき算	3つの数の減法の式の意味や計算の仕方を理解し，その計算ができる。
3	3つの数のたし算・ひき算	3つの数の加法と減法の混じった式の意味や計算の仕方を理解し，その計算ができる。
4	お話づくり	お話づくりを通して，３つの数の加減計算の意味理解を深める。

第1時 3つの数のたし算

本時の目標

3つの数の加法の式の意味や計算の仕方を理解し，その計算ができる。

板書例

うさぎは なんびきに なったかな

1

2 3びき のって います。

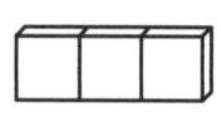

3

4ひき のります。

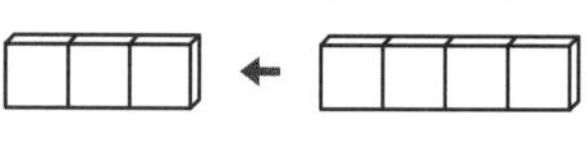

3 + 4

また 2ひき のります。

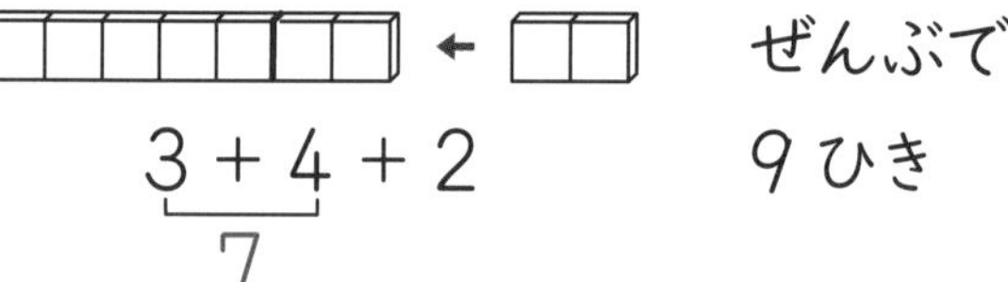

3 + 4 + 2

7

ぜんぶで 9ひき

POINT 紙芝居の絵を利用して，3つの数のたし算の場面がよくわかるように工夫しましょう。

1 紙芝居のお話を式に表してみよう

紙芝居①～③を読む。
お話の絵を黒板に掲示し，絵の横に「3びきのっています」「4ひきのります」「2ひきのります」と書く。

C 3匹いて，4匹増えて，また2匹増えたね。
C （数えて）全部でウサギは9匹になったよ。

お話を式に表してみましょう。どんな式になるでしょう
増えたから，たし算だと思うよ
3+4でいいよね
でも，また増えたよ。また2をたしたらいいのかな

2 ウサギを算数ブロックに置きかえて考えよう

ブロックを使って，お話の通りに，ウサギが増える様子を表しながら式を作っていく。

ブロックを動かしながら考えましょう
3個に4個をたして7個，3+4＝7
7個に2個をたして9個，7+2＝9，たし算が2回だね

T これを，3＋4＋2と1つの式に表すことができます。お話の順に数をたしていきます。
C 3つの数をたし算するんだね。

準備物	・算数ブロック（板書用・児童用） QR 紙芝居 QR ワークシート	ICT	はじめの 2 つの数のたし算の答えをどこに書けばよいのかを，実物投影機を使って示し，ノートの書き方を指導する。

3

<けいさんの しかた>

(3 + 4) + 2 = 9

7 → たす

❶ まえの かずから たす。

❷ つぎに 2 を たす。

3 4 2
3+4+2=9
ぜんぶで 9ひき

4

<れんしゅう>

① (2 + 4) + 3 = 9
6

② (4 + 3) + 3 = 10
7

③ 5 + 5 + 8 = 18
10

④ 2 + 8 + 7 = 17
10

⑤ 6 + 1 + 3 = 10
7

3 3つの数の計算をしてみよう

T　3つの数の計算は，ウサギの数と同じで，前から順にたしていきます。

正しく計算する方法をみんなで話し合う。

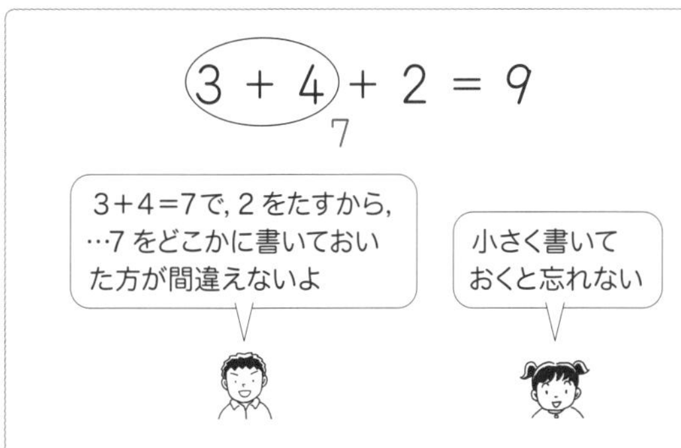

(3 + 4) + 2 = 9
7
3+4=7で, 2 をたすから, …7 をどこかに書いておいた方が間違えないよ
小さく書いておくと忘れない

計算に慣れるまでは，はじめの計算の答えを小さく書いておくようにする。または，右のような枠をつけておく。（特に支援を要する児童には有効である）

3 + 4 + 2
[7]

4 3つの数のたし算の練習をしよう

ワークシートを活用する。

T　前から順番に計算していきましょう。

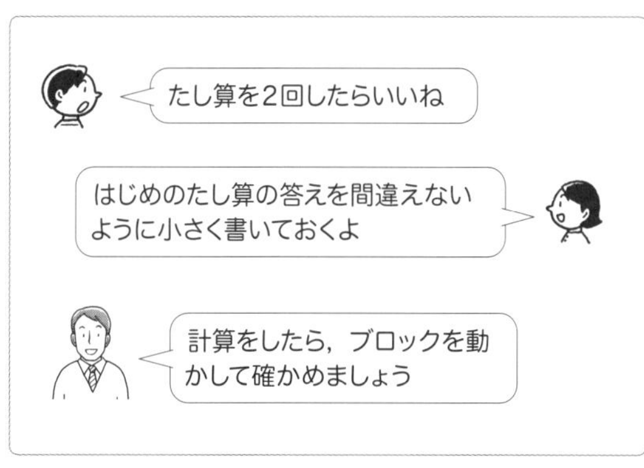

たし算を2回したらいいね
はじめのたし算の答えを間違えないように小さく書いておくよ
計算をしたら，ブロックを動かして確かめましょう

個別指導をする。練習問題ができた児童は，迷路問題に挑戦する。「2 + 8 + 7」など 2 つの数の和が 10 になり，10 ＋□となるような計算は，「繰り上がりのあるたし算」の素地にもなる。

第2時
3つの数のひき算

本時の目標　3つの数の減法の式の意味や計算の仕方を理解し，その計算ができる。

板書例

りすは なんびきに なったかな

1

2 8ひき のって います。

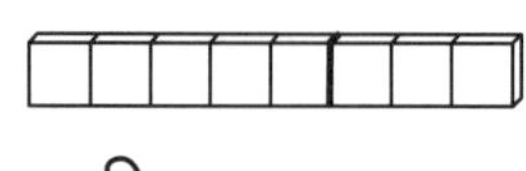

8

2ひき おりました。

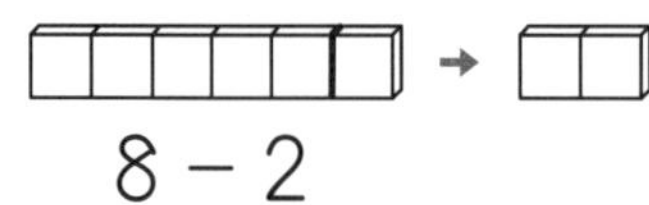

8 − 2

また 3びき おりました。

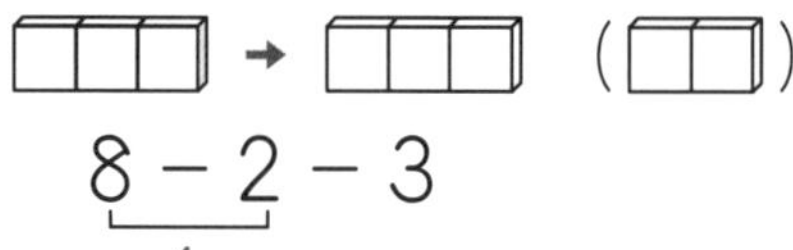

8 − 2 − 3
6

のこりは
3びき

POINT　紙芝居の絵を利用して，3つの数のひき算の場面がよくわかるように工夫しましょう。

1 紙芝居のお話を式に表してみよう

紙芝居①～③を読む。
お話の絵を黒板に掲示し，絵の横に「8ひきのっています」「2ひきおります」「3びきおります」と書く。

C　8匹いて，2匹減って，また3匹減ったよ。
C　（数えて）残りのリスは3匹になったよ。

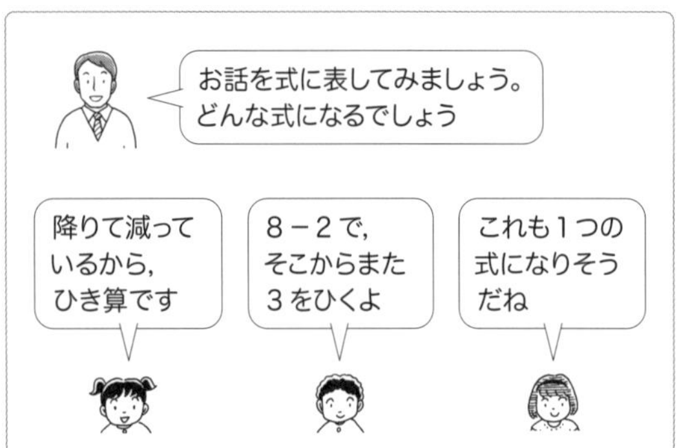

2 リスを算数ブロックに置きかえて考えよう

お話の通りに，リスが減る様子を，ブロック操作しながら式を作っていく。

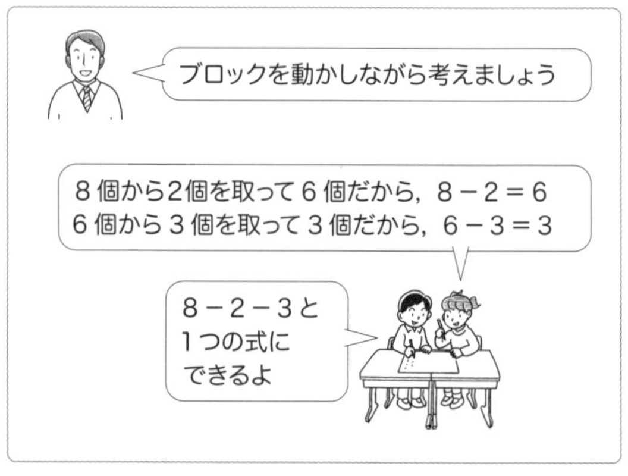

T　お話の順に数をひいていくと，8－2－3と1つの式に表すことができます。
T　ブロックを8個出して，式を言いながらブロックを動かしてみましょう。
C　（ブロック操作をしながら）8－2は6，6－3は3

準備物	・算数ブロック（板書用・児童用） QR 紙芝居 QR ワークシート	ICT	紙芝居の３つの場面をブロック操作と合わせて画像や動画でまとめて保存しておく。それを使って，全体提示や個人配信で説明を行う。

3

＜けいさんの しかた＞

(8 － 2) － 3 ＝ [3]

6 → ひく

❶ まえの かずから ひく。

❷ つぎに 3 を ひく。

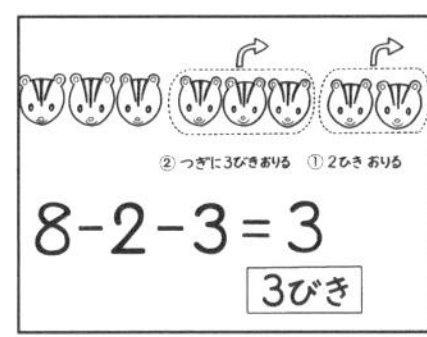

4

＜れんしゅう＞

① (9 － 4) － 3 ＝ 2
　5

② (10 － 3) － 6 ＝ 1
　7

③ 18 － 8 － 5 ＝ 5
　10

④ 10 － 4 － 6 ＝ 0
　6

⑤ 14 － 4 － 7 ＝ 3
　10

3　３つの数の計算をしてみよう

T　３つの数の計算は，リスの数と同じで，前から順にひいていきます。

正しく計算する方法をみんなで話し合う。

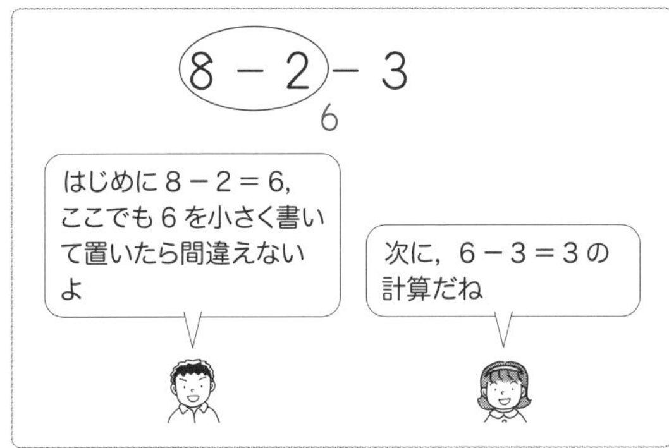

(8 － 2) － 3
6
はじめに 8 － 2 ＝ 6，ここでも 6 を小さく書いて置いたら間違えないよ
次に，6 － 3 ＝ 3 の計算だね

たし算と同じく，慣れるまでは，はじめの計算の答えを小さく書いておくようにする。または，右のような枠をつけておく。（特に支援を要する児童には有効である）

8 － 2 － 3
[6]

4　３つの数のひき算の練習をしよう

ワークシートを活用する。

T　計算をするときに気をつけることは何ですか。

C　前から順番に計算することです。

× 9 －(4 － 3)＝ 8

○ (9 － 4)－ 3 ＝ 2

先に簡単な 4 － 3 から計算してみよう。あれ，みんなと答えが違ったよ

前から計算しないとだめなんだね

計算をしたら，ブロックを動かして確かめましょう

前から順番に計算することを十分に押さえておく。

個別指導をする。練習問題ができた児童は，迷路問題に挑戦する。「18 － 8 － 5」など，差が 10 になる計算は，「繰り下がりのあるひき算」の素地にもなる。

第3時

3つの数のたし算・ひき算

本時の目標　3つの数の加法と減法の混じった式の意味や計算の仕方を理解し，その計算ができる。

板書例

さかなは なんびきに なったかな

1

2 7ひき います。

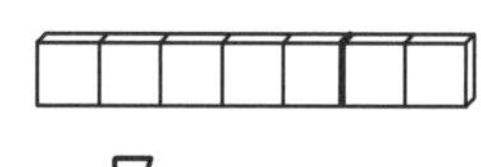

7

3びき つりました。

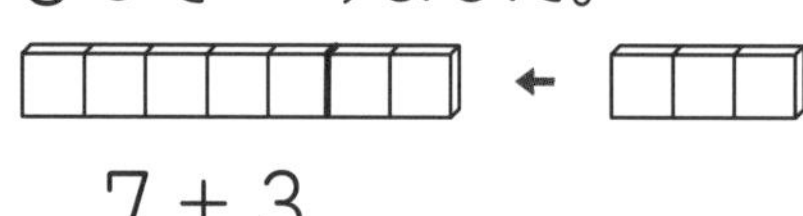

7＋3

5ひき にがしました。

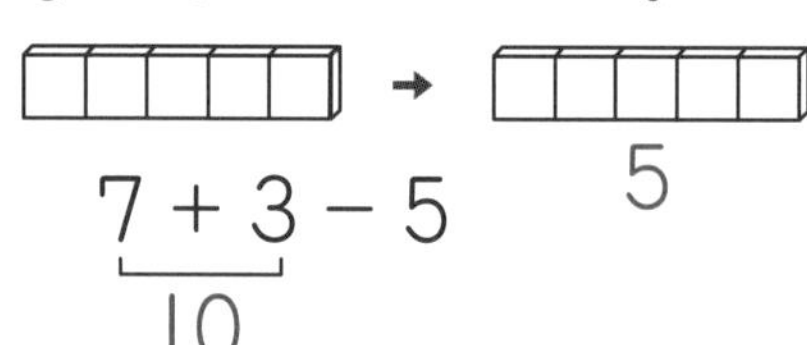

7＋3－5
10

5

のこりは
5ひき

POINT 算数ブロックを問題文に合わせて操作することが，問題文と式をつなぐ大切な活動です。

1 紙芝居のお話を式に表してみよう

第1・2時と同じ展開で進める。紙芝居①～③を読む。

お話の絵を黒板に掲示し，絵の横に「7ひきいます」「3びきつりました」「5ひきにがしました」と書く。

C　7匹いて，3匹増えて，5匹減ったよ。

C　（数えて）残りの魚は5匹になったよ。

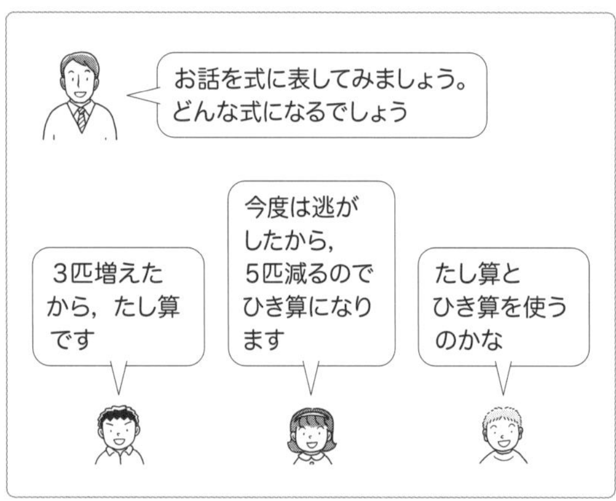

お話を式に表してみましょう。どんな式になるでしょう
3匹増えたから，たし算です
今度は逃がしたから，5匹減るのでひき算になります
たし算とひき算を使うのかな

2 魚を算数ブロックに置きかえて考えよう

お話の通りに，魚が増えたり減ったりする様子を，ブロック操作しながら式を作っていく。

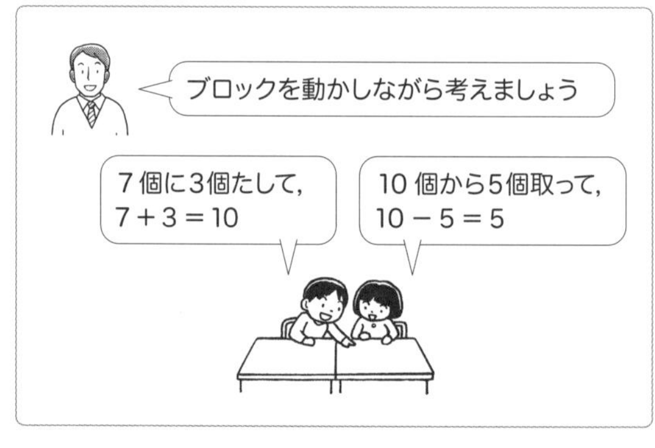

T　お話の順に式に表すと，7＋3－5になります。これも1つの式にできます。

C　たし算とひき算が同じ式の中にあるよ。

T　式を言いながら，ブロックを動かしましょう。

C　（ブロック操作をしながら）7＋3は10，10－5は5

準備物	・算数ブロック（板書用・児童用） QR 紙芝居 QR ワークシート

ICT	3つの場面（増えて減る）のブロック操作を画像や動画でまとめて保存しておき提示しながら説明を行う。たしたりひいたりする場面の理解が深まる。

3

<けいさんの しかた>

$\underbrace{7+3}_{10}-5=\boxed{5}$

10 ひく

❶ まえの 7 + 3 から けいさんする。

❷ 10 から 5 を ひく。

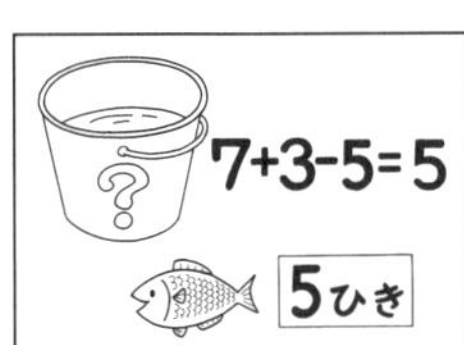

4

<れんしゅう>

① $\underbrace{9-5}_{4}+2=6$

② $\underbrace{4+6}_{10}-3=7$

③ $\underbrace{9+1}_{10}-7=3$

④ $\underbrace{10-6}_{4}+3=7$

⑤ $\underbrace{15-5}_{10}+8=18$

3 3つの数の計算をしてみよう

T　1つの式にたし算とひき算が出てくる計算は初めてですね。でも，計算の仕方はこれまでと同じです。

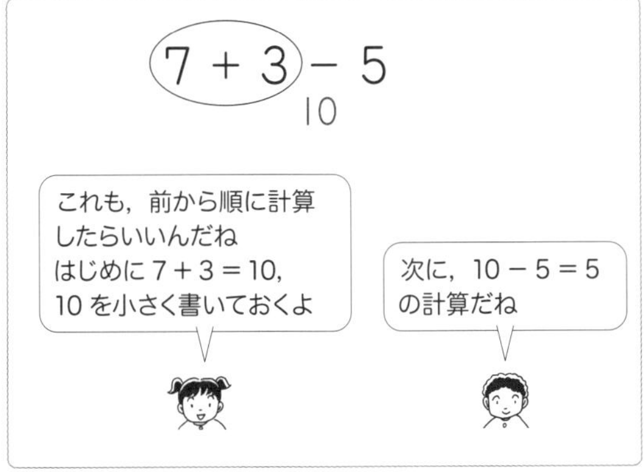

7 + 3 − 5
10
これも，前から順に計算したらいいんだね はじめに 7 + 3 = 10，10 を小さく書いておくよ
次に，10 − 5 = 5 の計算だね

前から順番に計算することを十分に押さえておく。

4 3つの数の計算の練習をしよう

ワークシートを活用する。

T「9－5＋2」の計算をしてみましょう。

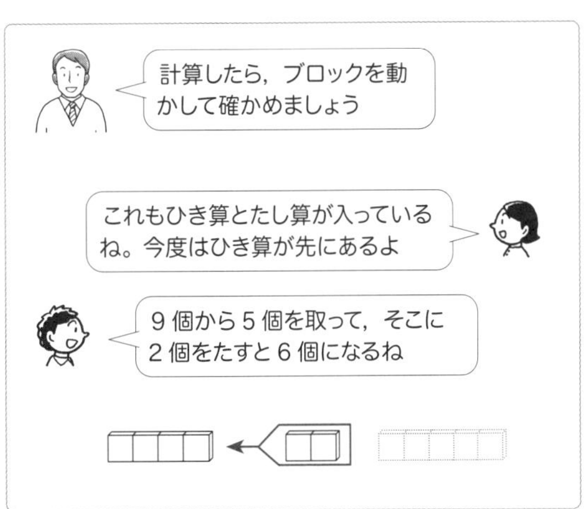

計算したら，ブロックを動かして確かめましょう
これもひき算とたし算が入っているね。今度はひき算が先にあるよ
9 個から 5 個を取って，そこに 2 個をたすと 6 個になるね

個別指導をする。必要に応じてブロック操作をする。練習問題ができた児童は，迷路問題に挑戦する。

第4時 お話づくり

本時の目標
お話づくりを通して，３つの数の加減計算の意味理解を深める。

板書例

10－7＋5に なる おはなしを つくろう

1

ねこの パンやさんが
10 こ パンを やきました。

ライオンさんが 7 こ
パンを かって いきました。

また
パンを 5 こ やきました。

・パンは 8 こに なりました。
・パンは ぜんぶで
なんこに なりましたか。

POINT 発展的な学習内容でもあるため，個別支援をしましょう。また，できた作品を互いに認め合えるような声掛けもしていき

1 絵を見て，式が 10 －7＋5になるお話をつくろう

ワークシートを活用する。お話の絵あ～うを提示する。

T　あの絵を見ましょう。ネコのパン屋さんは何個パンを焼きましたか。　C　10 個です。

いの絵は，ライオンさんがパンを買っています。何個買っていきましたか

7個です。パンが少なくなってしまったよ。10 個から7個減って3個になったね

うの絵は，パンが5個増えたね

3個に5個をたしたらいいね

ひき算やたし算になる場面を確認する。

T　お話の最後を完成しましょう。

お話の絵えを貼り，児童が作った文を紹介する。

2 式を選んでお話をつくろう

お話づくりのワークシートを活用する。

T　ネコのパン屋さんのお話のように，式に合ったお話をつくってみましょう。

1つ式を選びましょう

4+2+3は，どちらもたし算だから，4個あって，2個増えて，また3個増えるお話にしたらいいね

5+3－4は，たし算とひき算があるから，3個増えて，4個減るお話にしたらいいよ

T　犬やネコなど動物のお話でもいいですし，おにぎりやクッキーなど食べ物のお話でもいいですよ。

状況に応じて，教師が題材を決めておいてもよい。

準備物	・算数ブロック（板書用・児童用） ・色鉛筆など QR 板書用イラスト　QR ワークシート QR お話づくり見本

ICT	児童が作成した問題をスキャンして，データ化する。そのデータを共有することで，友達の問題を楽しむことができる。

2

<おはなしを つくろう>

・4 + 2 + 3

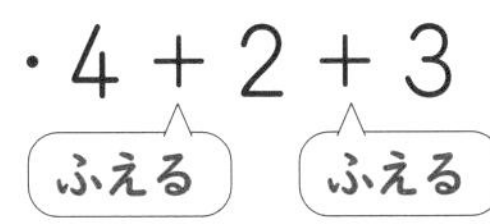

・9 − 2 − 6

へる　へる

・5 + 3 − 4

ふえる　へる

みほん

①

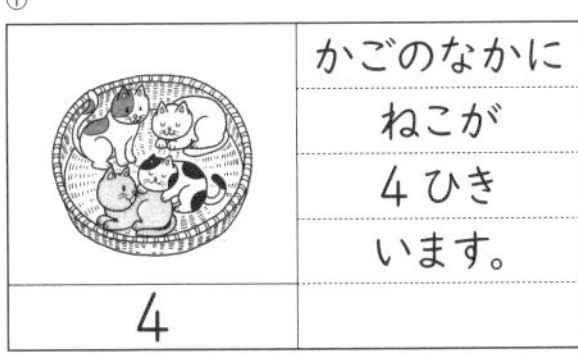

③

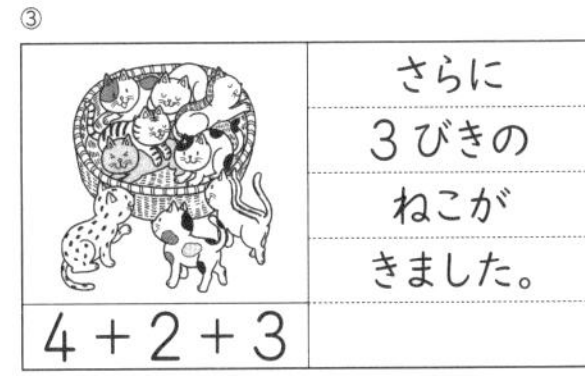

②

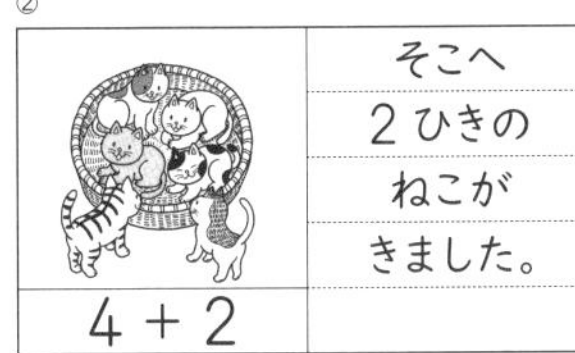

④

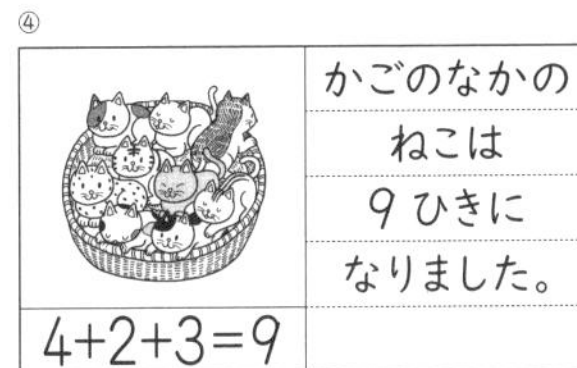

ましょう。

T　3つの場面に分けてお話を書きましょう。文が書けたら絵もかいてみましょう。

<お話づくりができなくて困っている児童へは>

「4＋2＋3のお話の見本」と同じようにかけばよいことを伝える。

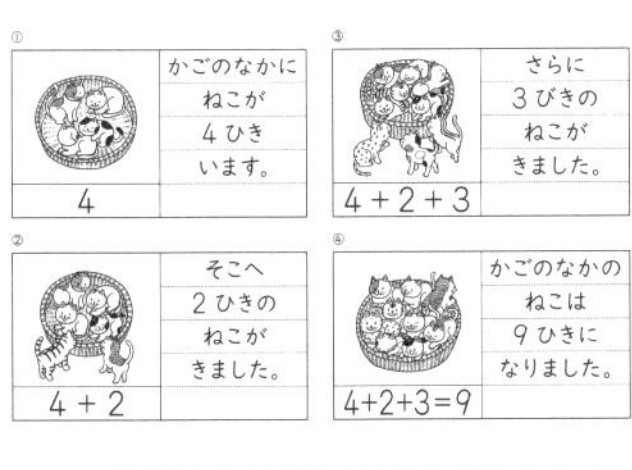

ネコを犬や鳥などに変えてつくってみましょう

ものが増えたり減ったりするのはどんな場面かを全体で出し合っておくとよい。

お話の最後（④の場面）も完成させる。

3 つくったお話の発表会をしよう

T　班で，お話を紹介し合いましょう。

私は，リンゴが5個あって，3個もらって，4個食べたお話にしました
ぼくは，鳥が9羽いて，2羽飛んでいって，また6羽飛んでいったお話にしたよ

よいところや頑張ったところを認め合えるようにする。時間があれば，学級全体での発表会もする。

第1時　紙芝居

紙芝居④

3　　4　　2

$3+4+2=9$

ぜんぶで 9ひき

喜楽研

第２時　ワークシート

なまえ

３びき　のっています。

４ひき　のります。

また　２ひき　のります。

第３時　ワークシート

なまえ ______________________

７ひき　います。

３びき　つりました。

５ひき　にがしました。

たしざん（A案）

全授業時数 11 時間

◎ 学習にあたって ◎

＜この単元で大切にしたいこと＞

本単元は，1年生の重要単元の1つです。繰り上がりの計算は10までの計算と異なり，躓く要素を多くもっています。例えば，8＋6であれば，8の10に対する補数である2を見つけ，次に6から補数2を取り出して8に加えて10を作り，6から補数2をひいた残り4を加えます。「8＋2＋4」で答えを求めるという1年生にとってはかなり手強い計算を要求されます。こういった数理をわかりやすく理解させる方法の1つに右図のような式操作があり，教科書でも扱われています。しかし，この式操作だけで繰り上がりのあるたし算が理解できるわけではありません。ブロック操作を繰り返す中で，数理が理解できて，式操作もできるようになります。また，十進位取り記数法による数の表し方の理解と深くかかわっています。

8 ＋ 6 ＝ 14
10 2 4

＜数学的見方考え方と操作活動＞

8と6を合わせて10といくつにする算数ブロック操作では10の枠を使うことが重要です。10の枠にブロックを8個置くと，あと2個で10の集まりができることが視覚的にわかるからです。尚，ブロックを置く10の枠には2つのタイプがあり，10の枠の置き方は4つのパターンがあります。これも教科書会社によって異なっています。

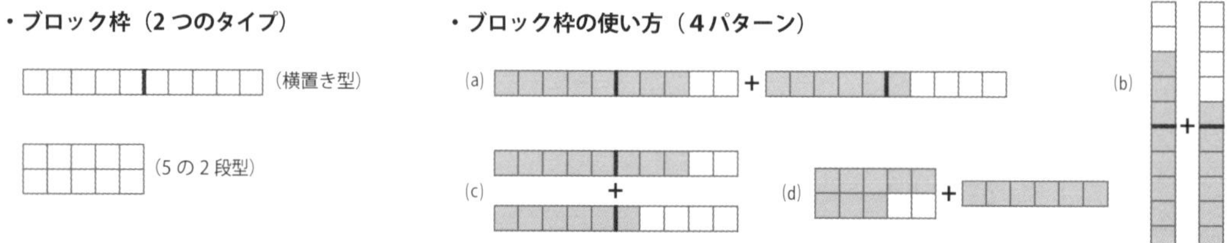

10の枠の上にブロックを置いて数を表すと，10の補数はすぐに理解できます。また，その補数を加数から取ってきて加え，その答えをブロックから10といくつで表すことを繰り返します。数の計算をそのような操作活動と対応することで，計算の意味が理解でき，定着するのです。

＜個別最適な学び・協働的な学びのために＞

繰り上がりのあるたし算は，10のまとまりをつくることがポイントです。その操作方法は多様にあります。どのような方法で10といくつを発見したのかをペアや班，そして全体で出し合いながら，クラスでの方法を子どもたちがつくっていくと，深い学びにつながります。

板書用絵カード，
数字カード，お金カード
〔全単元共通〕

◎ 評　価 ◎

知識および技能	1位数どうしの加法で繰り上がりのある計算ができる。 1位数どうしの加法で繰り上がりのある場面を理解し，計算の方法がわかる。
思考力，判断力，表現力等	既習の学習を基に1位数どうしの加法で繰り上がりのある計算の仕方を工夫して考えることができる。
主体的に学習に取り組む態度	1位数どうしの加法で繰り上がりのある計算の仕方を進んで考えたり計算をしたりしようとする。

◎ 指導計画　11時間 ◎

時	題	目　標
1	繰り上がりのあるたし算	加法が用いられる場面であることがわかり，答えの求め方を考える。
2	9＋□の計算	9＋□の計算で，10のまとまりを作ればよいことに気づき，加数分解をして計算ができる。
3	8＋□の計算	前時までの学習を踏まえて，8＋□の繰り上がりのあるたし算で，10のまとまりを作ることがわかり，計算できる。
4	7＋□，6＋□，5＋□の計算	前時までの学習を踏まえて，7，6，5＋□の繰り上がりのあるたし算で，10のまとまりを作ることがわかり，計算できる。
5	5と5で10にする計算（五・二進法）	被加数や加数が5以上の計算では，5と5で10ができることに気づき，その方法で計算ができる。
6	被加数分解の計算	被加数分解の方法で，繰り上がりのある計算ができる。
7・8	たし算カードゲーム	たし算カードを使ったゲームをして，繰り上がりのある計算に習熟する。
9	文章問題	「8＋4」の式になる問題を見つけたり，文章問題を作る活動を通して，加法の意味を確かめることができる。
10	たし算クイズ	クイズを解く楽しみを通して，たし算の計算に習熟する。
11	計算カードの並び方	たし算の計算カードを並べ，数字の並び方の規則性に気づくことができる。

※ たし算B案11時間分，C案12時間分は，P.49のQRコードに収録されています。本単元を授業される前にご参照ください。

第1時
繰り上がりのあるたし算

本時の目標　加法が用いられる場面であることがわかり，答えの求め方を考える。

板書例

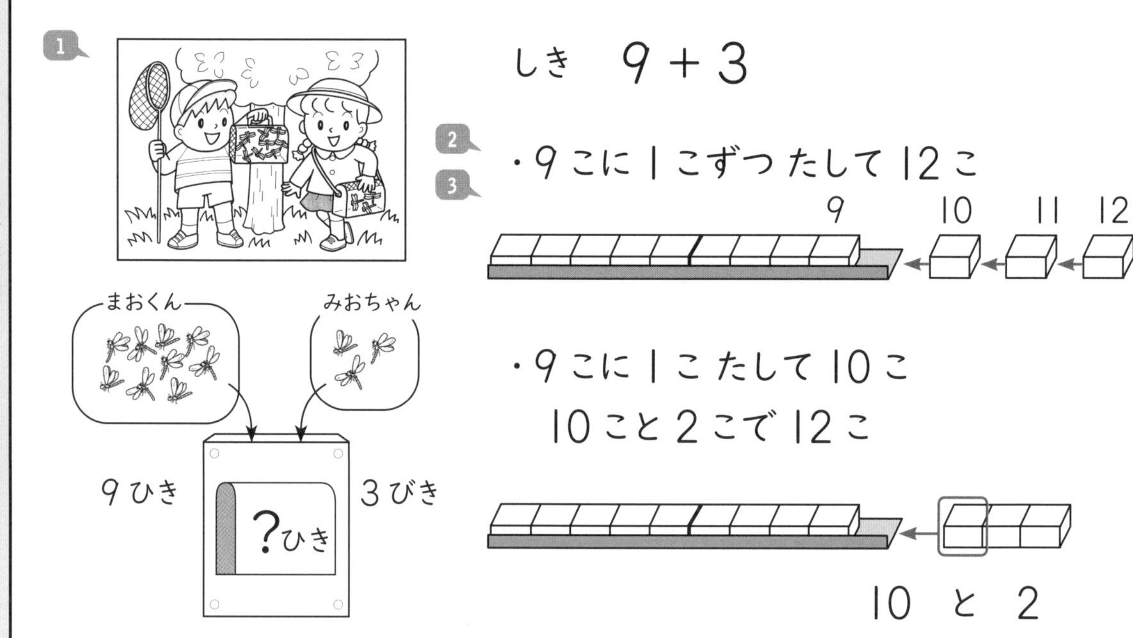

・9こに1こ たして 10こ
10こと2こで 12こ

POINT　10のブロックケースを使うと，あといくつで10になるかがすぐに理解できるでしょう。

1 2人がとったトンボはあわせて何匹かな

T　まおくんは9匹，みおちゃんは3匹つかまえました。9匹のトンボと3匹のトンボのカードを提示する。

T　カゴの中にトンボは何匹いるでしょう。

中が見えない封筒等で作ったカゴの中に入れる。

2人がとったトンボはあわせて何匹ですか。どんな式を書きますか
9匹と3匹を一緒にするので，たし算になります
あわせるから，式は9+3になります

「あわせる」「増える」の場面はたし算ということを再度確かめておく。

2 トンボを算数ブロックに置きかえて考えよう

T　まずは，ひとりでブロックを動かして答えを考えましょう。作業時間を取る。

T　隣の人に，どうやって答えを見つけたか説明しましょう。

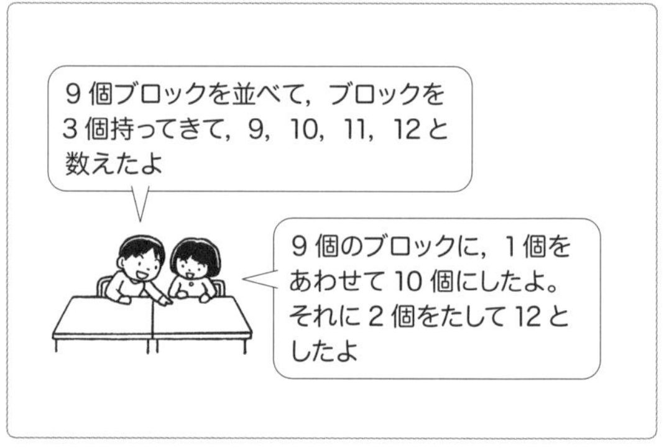

9個ブロックを並べて，ブロックを3個持ってきて，9，10，11，12と数えたよ

10のまとまりがわかりやすいように，10のブロックケースを使うとよい。

準備物
・算数ブロック（板書用・児童用）
・10 のブロックケース
QR 板書用イラスト
QR ワークシート

ICT
ブロック操作の仕方がわかるように，実物投影機を使用して拡大するとブロック操作が苦手な児童にもわかりやすくなる。

4 ＜10 を つくって けいさん＞

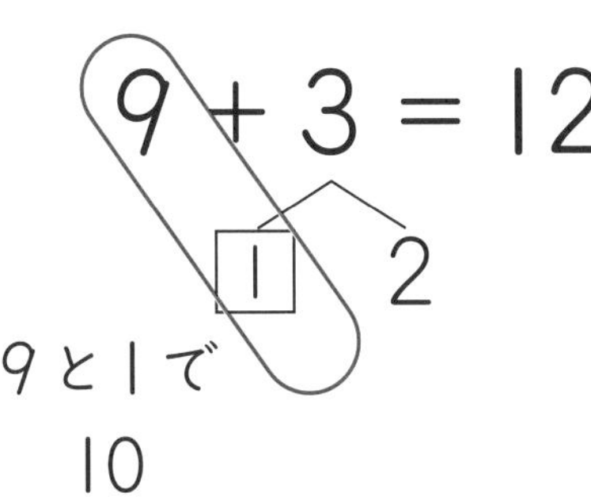

❶ 9は あと 1 で 10
❷ 3を 1と 2に わける
❸ 9と 1で 10
❹ 10と 2で 12

3 どちらのやり方の方がパッと答えが出せるかな

T　ブロックを動かしながら説明してください。
C　9 個に 1 個ずつ 3 個たして 12 個になりました。
C　9 個に 1 個たして 10 個，残りは 2 個で 12 個。
C　私は，ブロックを縦に置いてやりました。
C　10 を作ると答えがわかりやすいね。

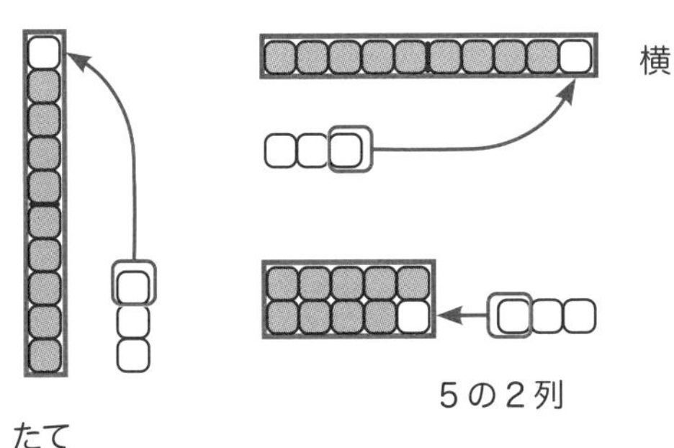

※ ブロックの置き方（横置き，縦置き）は児童に任せる。

4 ブロックで考えたやり方を数字で計算してみよう

T　10 を作りましょう。9 にあといくつたしたら 10 になりますか。

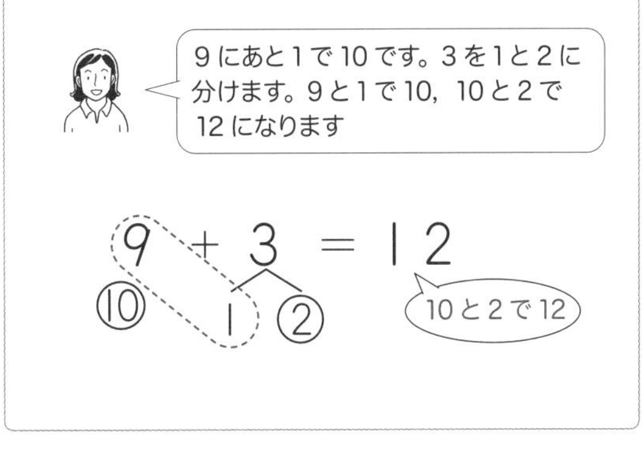

9 にあと 1 で 10 です。3 を 1 と 2 に分けます。9 と 1 で 10，10 と 2 で 12 になります
9 + 3 = 12
10
1
2
10と2で12

数字の計算だけでは，10 を作ることが難しい児童も多いため，しっかりとブロック操作をする必要がある。
また，9 と□で 10，8 と□で 10，7 と□で 10 など，あといくつで 10 になるかの練習を準備段階でしておくとよい。

第 2 時

9＋□の計算

本時の目標

9＋□の計算で，10のまとまりを作ればよいことに気づき，加数分解をして計算ができる。

板書例

9＋4の けいさんの しかたを かんがえよう

1 10を つくろう

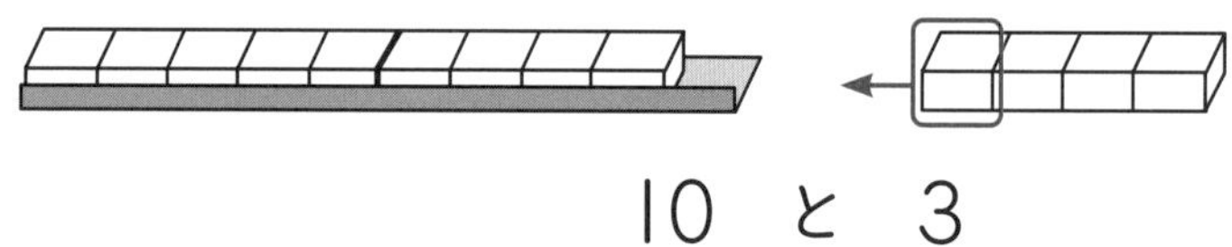

10 と 3

2

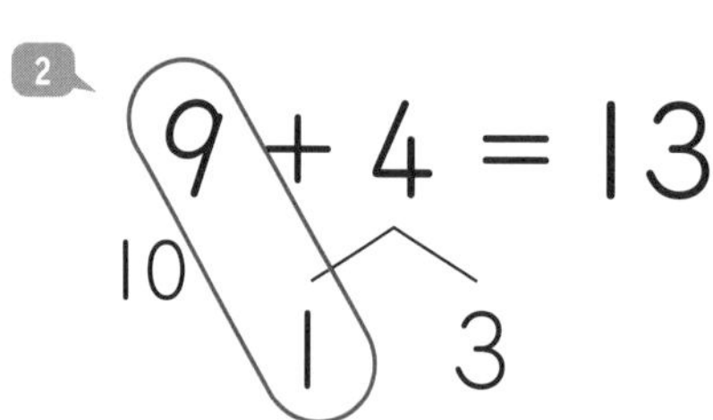

❶ 9は あと 1で 10

❷ 4を 1と 3に わける

❸ 9と 1で 10

❹ 10と 3で 13

POINT 10のまとまりをつくることがポイントです。ブロック操作にあわせて❶〜❹を口に出しながら計算を進めていきましょう。

1 算数ブロックを使って答えを見つけよう

T　9＋4の答えを考えましょう。

C　この答えも10より大きい数になりそうだね。

C　前の時間に10を作って計算したよ。

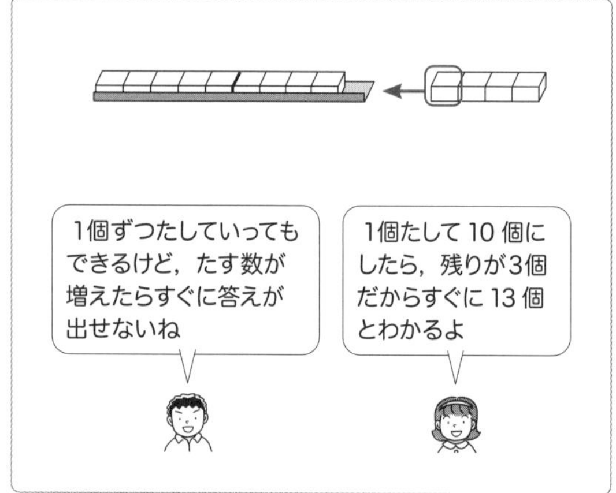

1個ずつたしていっても できるけど，たす数が 増えたらすぐに答えが 出せないね
1個たして10個に したら，残りが3個 だからすぐに13個 とわかるよ

10のまとまりを作ることを意識させながら進める。

2 「傘をさして」数字で計算をしてみよう

本書では，加数分解を「傘をさす」という言葉で表す。

T　9＋4を計算しましょう。10を作ります。9にあといくつたしたら10になりますか。

C　1です。10を作るのがポイントだね。

ほかの9＋□の計算も，傘の図をかいて計算する。傘をかいたワークシートを準備してもよい。必要に応じて，ブロック操作をして考え方を確かめる。

準備物	・算数ブロック（板書用・児童用） ・10 のブロックケース ・計算カード QR ワークシート

ICT	プレゼンテーションソフトを使用して，9＋□のカードを色々な順番で提示すると，繰り返して計算の習熟を図ることができる。

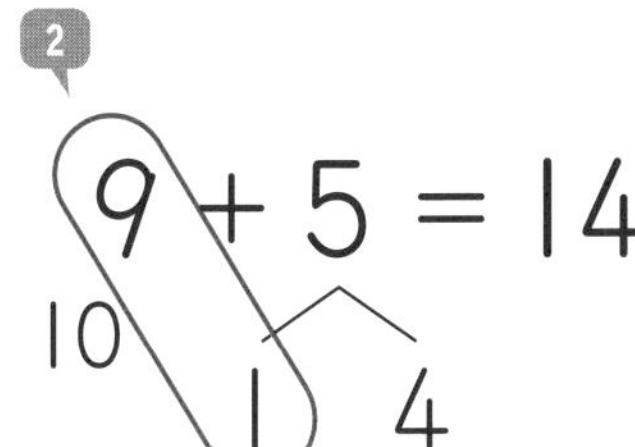

9 + 5 = 14
10
1 4

9 + 6 = 15
1 5

9 + 7 = 16
1 6

9 + 8 = 17
1 7

※ ブロック操作で考え方を確かめる。

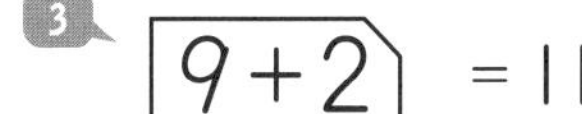

9＋2 ＝11
9＋3 ＝12
9＋4 ＝13
9＋5 ＝14
9＋6 ＝15
9＋7 ＝16
9＋8 ＝17
9＋9 ＝18

※ バラバラに貼った計算カードを答えの小さい順に並べる。

3 答えが小さい順にカードを並べて，きまりを見つけよう

9＋□の計算カードをバラバラに提示する。

T　計算をして答えを出しましょう。

T　答えが小さい順にカードを並べ替えましょう。

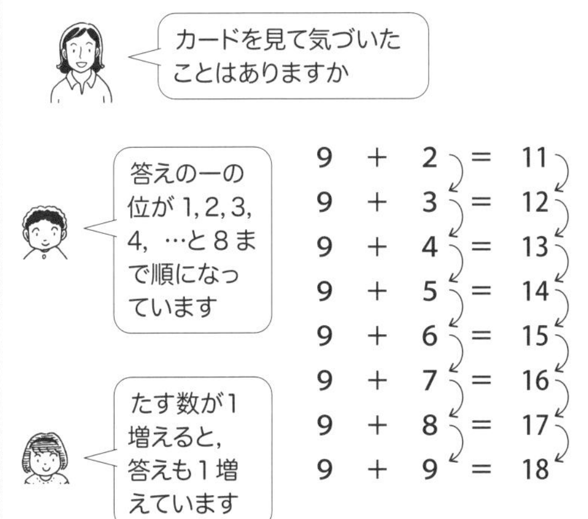

カードを見て気づいたことはありますか
答えの一の位が 1, 2, 3, 4, …と 8 まで順になっています
たす数が 1 増えると，答えも 1 増えています
9 ＋ 2 ＝ 11
9 ＋ 3 ＝ 12
9 ＋ 4 ＝ 13
9 ＋ 5 ＝ 14
9 ＋ 6 ＝ 15
9 ＋ 7 ＝ 16
9 ＋ 8 ＝ 17
9 ＋ 9 ＝ 18

計算が早くできるようになった子どもにコツを聞こう

T　どうして計算が早くなったかをみんなに教えてあげましょう。

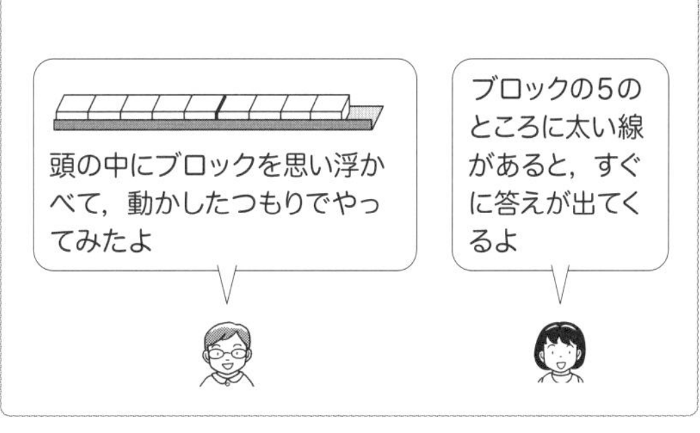

頭の中にブロックを思い浮かべて，動かしたつもりでやってみたよ
ブロックの5のところに太い線があると，すぐに答えが出てくるよ

ブロック操作を繰り返していると，ブロックを見るだけで考えられるようになり，次第に頭の中にブロックを思い浮かべられるようになる。5 の 2 列でなく横（または縦）1 列の並べ方の場合，5 が見てすぐにわかるようにしておくのも大切である。

第3時

8＋□の計算

本時の目標　前時までの学習を踏まえて，8＋□の繰り上がりのあるたし算で，10のまとまりを作ることがわかり，計算できる。

板書例

ちょうちょは あわせて なんびきかな

1

8ひき　4ひき

2

しき　8＋4

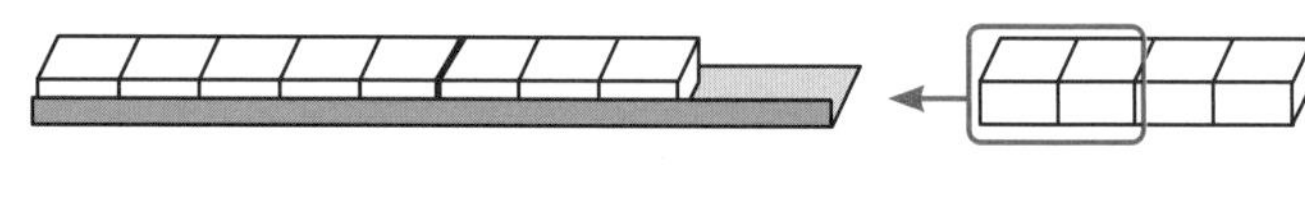

10　と　2

3

8＋4＝12
2　2
8と2で
10

❶ 8は あと 2で 10
❷ 4を 2と 2に わける
❸ 8と 2で 10
❹ 10と 2で 12

POINT　6個以上の算数ブロックは，5の線がはっきりと目立つようにしておきましょう。

1　2人がとったチョウチョはあわせて何匹かな

T　まおくんは8匹，みおちゃんは4匹つかまえました。
T　式はどうなるでしょうか。

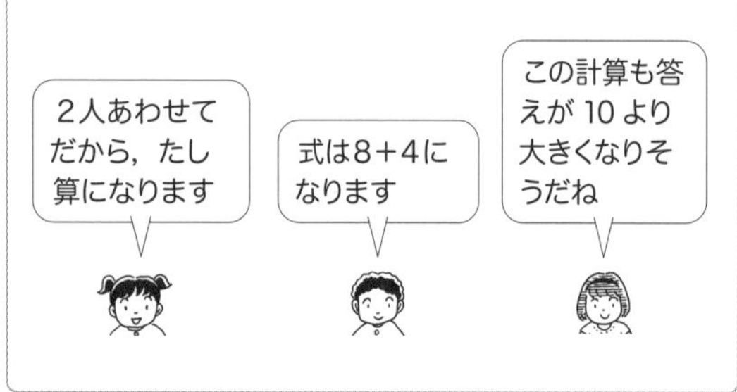

2人あわせてだから，たし算になります
式は8+4になります
この計算も答えが10より大きくなりそうだね

C　9＋□が8＋□になっても同じように計算できるのかな。

2　チョウを算数ブロックに置きかえて考えよう

C　9＋□のときは，9と1で10を作って計算したね。今度も10を作ったらいいのかな。

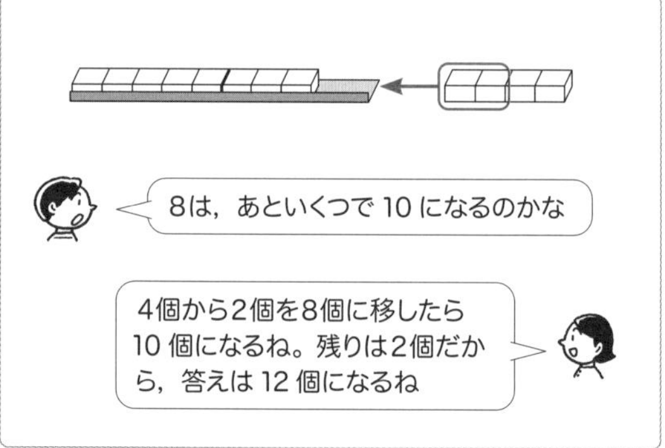

8は，あといくつで10になるのかな
4個から2個を8個に移したら10個になるね。残りは2個だから，答えは12個になるね

8＋□でも，10のまとまりがわかりやすいように，10のブロックケースに8個を並べて操作する。ここでも，5のところに印を入れておくと，「8はあと2で10」が視覚的によくわかる。

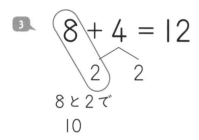

準備物	・算数ブロック（板書用・児童用） ・10 のブロックケース QR 板書用イラスト QR ワークシート

ICT	プレゼンテーションソフトを使用して，8 +□のカードを色々な順番で提示すると，繰り返して計算の習熟を図ることができる。

4

8 + 3 = 11
10　2　1

8 + 5 = 13
2　3

8 + 6 = 14
2　4

8 + 7 = 15
2　5

※ ブロック操作で確かめる。

3 「傘をさして」数字で計算してみよう

全体でブロック操作を確認する。

T　8 + 4 を計算します。10 を作ります。8 にあといくつたしたら 10 になりますか。

C　2 です。4 の下に傘をさして，2 と 2 を書くよ。

C　8 と 2 を囲んで 10 にするよ。10 と 2 で 12 です。

傘をかいたワークシートを準備してもよい。

❶～❹の言葉を唱えながらやってみましょう

8 はあと 2 で 10，4 を 2 と 2 に分ける。8 と 2 で 10，10 と 2 で 12

傘を書いて 10 を作れば，8+□の計算もできるね

4 ブロック操作をして，8+□の計算をしよう

T　ほかの 8 +□の計算もやってみましょう。

T　黒板で順番に計算してもらいます。❶～❹を唱えながら計算してみましょう。

数字だけで計算できる子もいれば，ブロックの操作が必要な子もいる。現段階では，実際に手を動かしながら，計算と結びつけていくことができればよい。

8＋ 6 から8＋ 9 では，6 や 9 のブロックの 5 の印は反対にした方がわかりやすいです

8 + 7

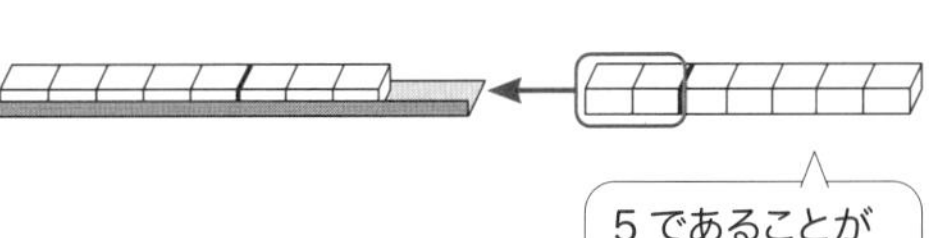

5 であることがわかりやすい

第4時

7＋□，6＋□，5＋□の計算

本時の目標

前時までの学習を踏まえて，7，6，5＋□の繰り上がりのあるたし算で，10のまとまりを作ることがわかり，計算できる。

板書例

どんぐりは あわせて なんこかな

1

7こ　4こ

2

しき　7＋4

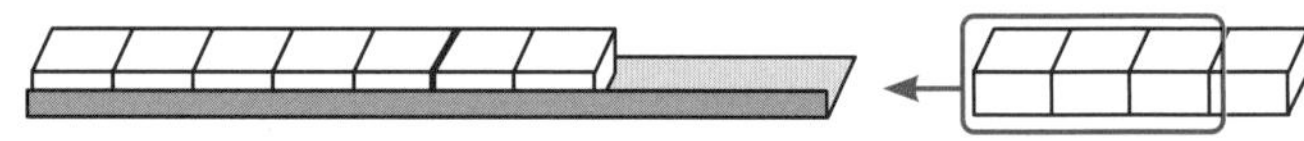

2

7＋4＝11

10　3　1

❶ 7は あと 3で 10

❷ 4を 3と 1に わける

❸ 7と 3で 10

❹ 10と 1で 11

POINT 先に「傘をさして」計算をした後，算数ブロックを使って答えを確かめる方法でもよいでしょう。

1 2人が拾ったどんぐりはあわせて何個かな

T　まおくんは7個，みおちゃんは4個拾いました。式はどうなりますか。

C　7＋4のたし算になります。

C　9＋□や8＋□のときに10を作って計算したよ。今度も10を作ってみよう。

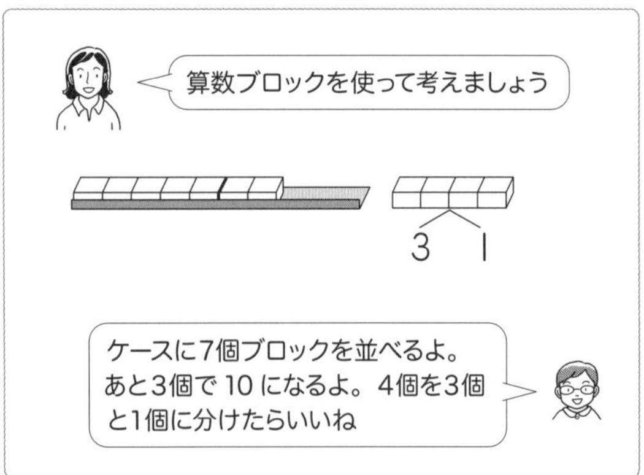

ケースに7個ブロックを並べるよ。あと3個で10になるよ。4個を3個と1個に分けたらいいね

前時までの学習から，あといくつで10になるかを考えて作業できるようにする。

2 ブロックで考えた方法を発表しよう

児童がブロック操作の方法を説明する。内容は同じでも，複数の児童が発表し，考え方の定着を図る。

T　同じ考え方で，数字で計算してみましょう。

傘をかいて計算しましょう
7はあと3で10,4を3と1に分ける。7と3で10，10と1で11
7+□は,「7と3で10」を使って計算できるね

T　みんなで❶〜❹を唱えながら，計算してみましょう。

- 算数ブロック（板書用・児童用）
- 10のブロックケース
- QR 板書用イラスト
- QR ワークシート

ICT
プレゼンテーションソフトを使用して，7＋□，6＋□，5＋□のカードを色々な順番で提示すると，繰り返して計算の習熟を図ることができる。

3

5こ　　6こ

しき　5＋6

※ 児童のブロック操作を紹介する。

7＋6＝13
10　3　3

4

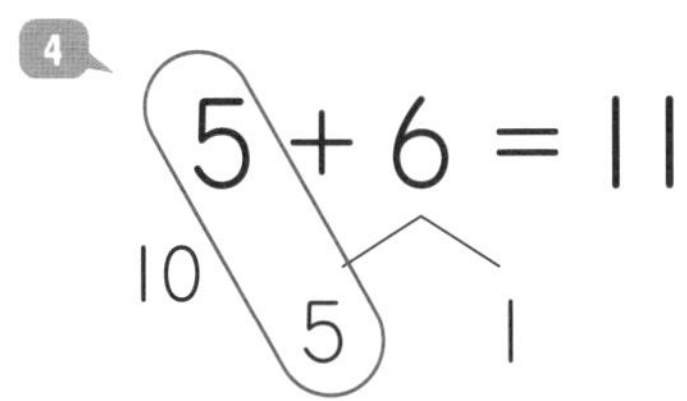

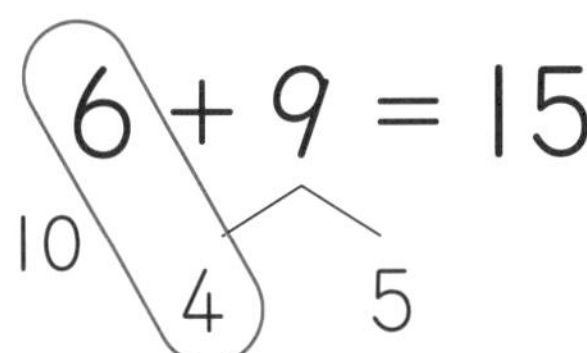

3　2人がとったキノコは合わせて何個かな

T　まおくんは5個，みおちゃんは6個とりました。式はどうなりますか。

C　5＋6になります。

ブロックの置き方や操作の仕方は児童に任せる。どんな方法で求めたのかを話し合う。

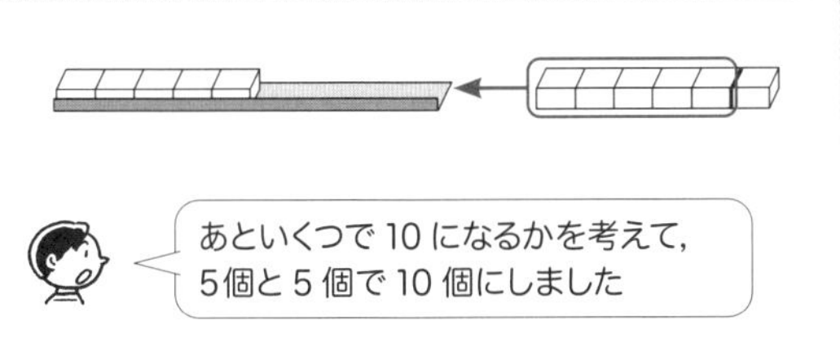

あといくつで10になるかを考えて，
5個と5個で10個にしました

C　5個と6個を並べて置いてみました。10個がわかりやすかったです。

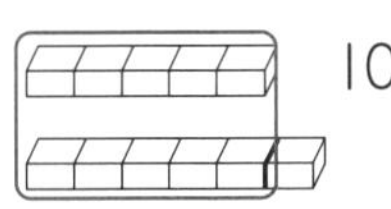

4　5＋6を計算しよう

T　黒板で計算できる人はいますか。

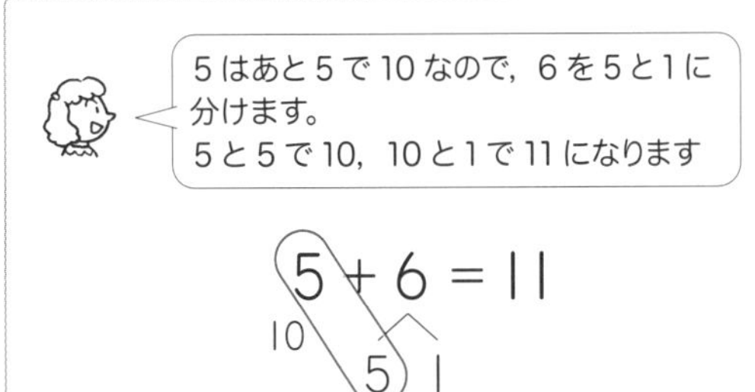

5はあと5で10なので，6を5と1に
分けます。
5と5で10，10と1で11になります
5＋6＝11
10
5
1

みんなで❶〜❹を唱えながら確認する。

ワークシートを使って，7＋□，5＋□，そして6＋□の計算練習をする。五･二進法（第5時）や被加数分解（第6時）など計算の仕方は児童のやりやすい方法でよいが，はじめのうちは，加数分解に統一すると迷わなくてよい。（特に支援を要する児童）子どもから，五･二進法のやり方が出てくれば，取り上げて次時へつなぐ。

第5時
5と5で10にする計算（五・二進法）

本時の目標　被加数や加数が5以上の計算では，5と5で10ができることに気づき，その方法で計算ができる。

板書例

くふうして 10を つくって けいさんしよう

1 6＋5

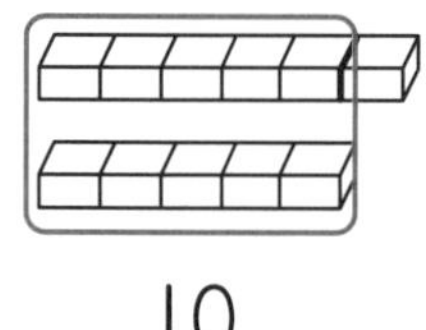

5と5で10
10と1で11

6＋5＝11
1　5　10

2 7＋7

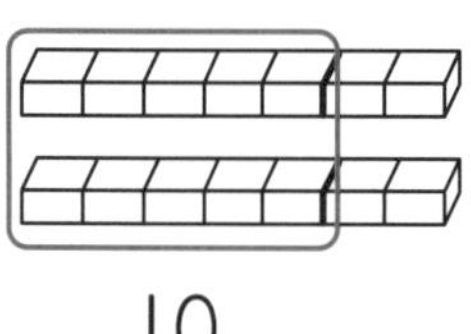

5と5で10
2と2で4
10と4で14

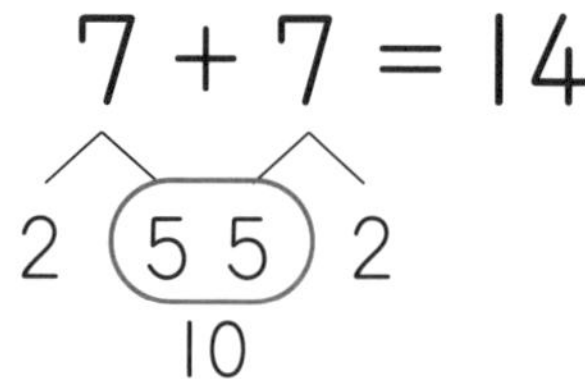

POINT 五・二進法は，計算が苦手な子どもにも非常に有効な方法です。本単元のはじめから扱うこともできます。五・二進法で

1 6＋5の計算を算数ブロックでやってみよう

C　これまでと同じように，10を作ってみよう。

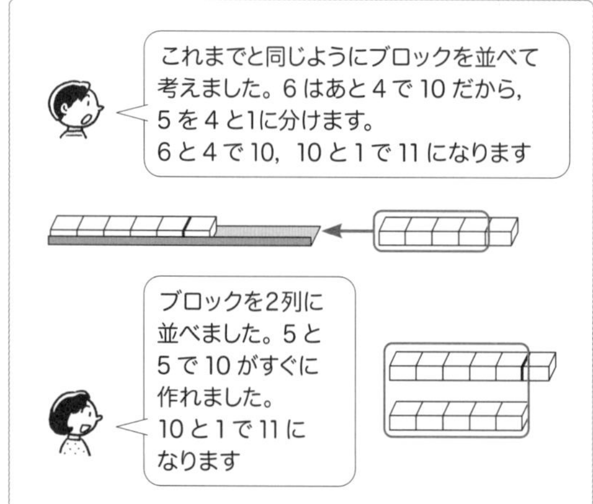

C　5と5で10は，パッと見てすぐにわかるね。

「5と5で10（五・二進法）」は，5のかたまりが意識できていれば非常に便利で，10の補数でつまずいていた児童にも比較的容易な方法である。

2 7＋7の計算も工夫してやってみよう

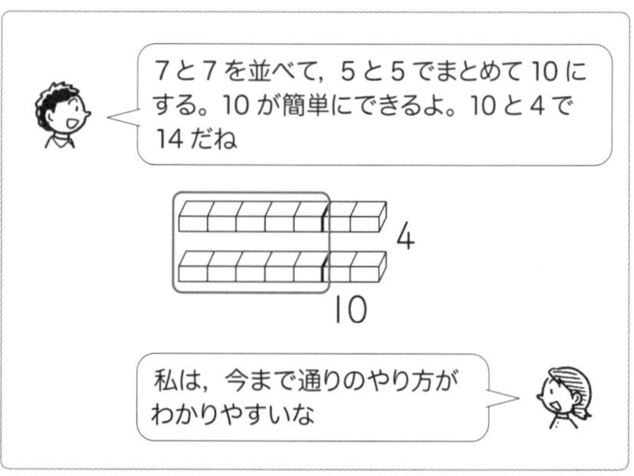

7と7を並べて，5と5でまとめて10にする。10が簡単にできるよ。10と4で14だね
4
10
私は，今まで通りのやり方がわかりやすいな

10の補数で計算する方法（加数分解）も大切に扱うようにする。

T　「5と5で10」の方法で計算してみましょう。

7をどちらも「5といくつ」に分けます。7は5と2です。5と5で10，2と2で4，10と4で14です。

6＋5の計算もやってみる。

準備物
・算数ブロック（板書用・児童用）
・10 のブロックケース

ICT
算数ブロックの操作や５と５で 10 を作ることがわかりにくい児童のために，実物投影機を使って操作方法を示すとわかりやすくなる。

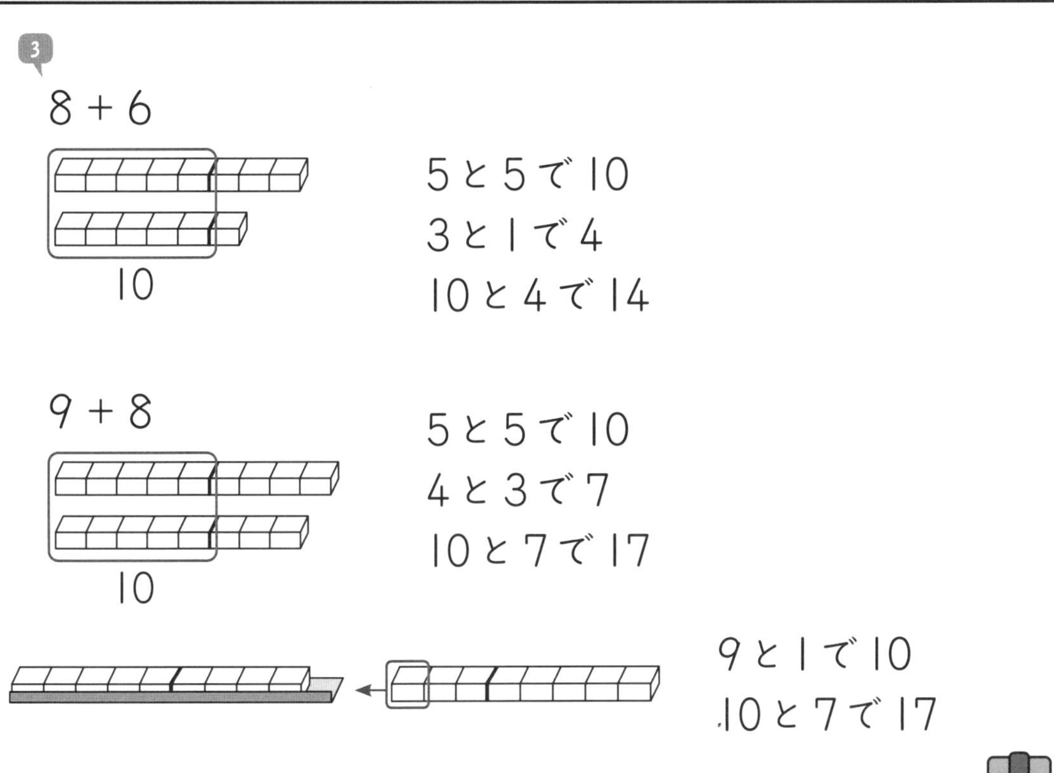

3
8＋6
10
5と5で10
3と1で4
10と4で14
9＋8
10
5と5で10
4と3で7
10と7で17
9と1で10
10と7で17

学習を進める「たし算Ｂ案」も参考にしてください。

3　8＋6，9＋8の計算をやってみよう

T　ブロックを使って答えを考えましょう。

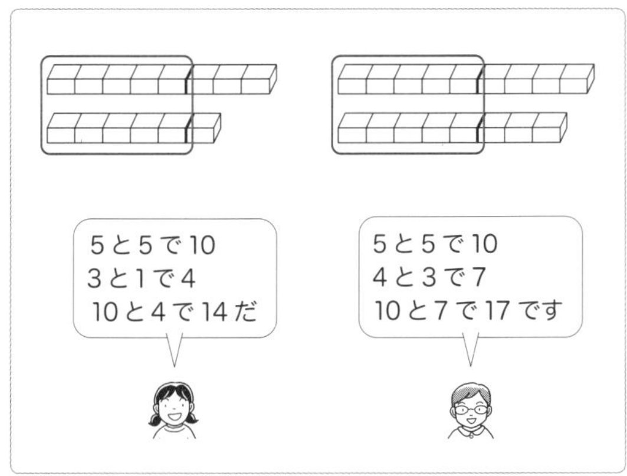

5と5で 10
3と1で4
10 と4で 14 だ
5と5で 10
4と3で7
10 と7で 17 です

C　5と5で 10 を作るのは便利だね。
C　9＋8は，9を 10 にする方が簡単な気がするよ。

「5と5で 10（五・二進法）」は，どの子もできる便利な方法であるが，教科書では紹介されていない。クラスの状況や，子ども一人ひとりの学習状況に応じて扱うようにしてほしい。（「たし算Ｂ案」参考）

4　頭の中でブロックを思い浮かべながら計算しよう

計算練習をする。

7＋6　5＋8　8＋7　6＋9　8＋8

T　自分がやりやすい方法で計算しましょう。

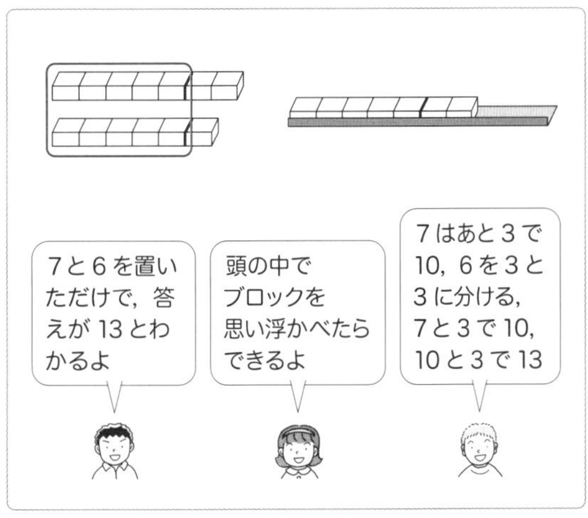

7と6を置いただけで，答えが 13 とわかるよ
頭の中でブロックを思い浮かべたらできるよ
7はあと3で10，6を3と3に分ける，7と3で 10，10 と3で 13

どの方法でも，「10 を作る」ことが基本的な考え方である。その基本的な考え方を大切に進めていく。

第6時
被加数分解の計算

本時の目標　被加数分解の方法で，繰り上がりのある計算ができる。

板書例

りんごは あわせて なんこかな

1

4こ　　7こ

2

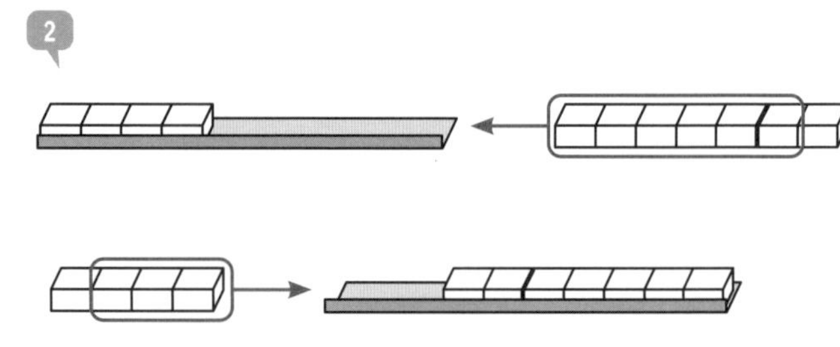

しき　4＋7

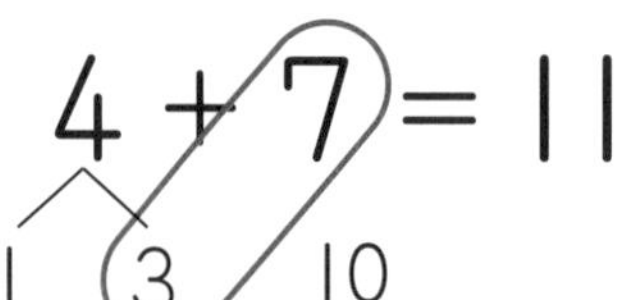

❶ 7は あと 3で 10

❷ 4を 3と 1に わける

❸ 3と 7で 10

❹ 10と 1で 11

POINT　ブロック操作をすると，被加数を分解して 10 をつくる方が便利だと気づくでしょう。どの方法で計算するかは，子どもの

1　2人がとったりんごはあわせて何個かな

T　まおくんは 4 個，みおちゃんは 7 個とりました。式はどうなりますか。

C　4＋7のたし算です。

T　ブロックを使って答えを考えましょう。

ブロックの置き方や操作の仕方は児童に任せる。

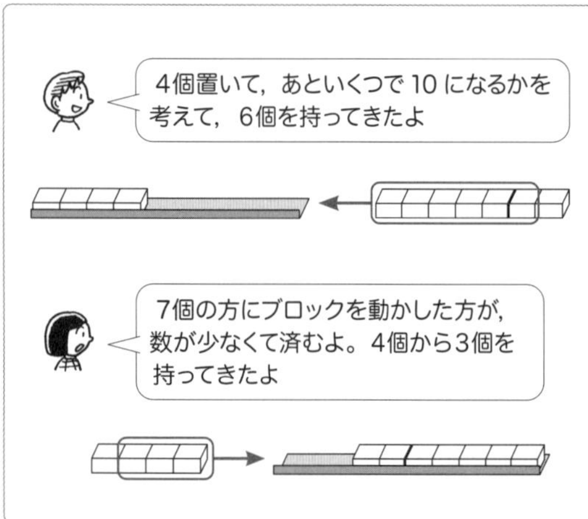

4個置いて，あといくつで 10 になるかを考えて，6個を持ってきたよ
7個の方にブロックを動かした方が，数が少なくて済むよ。4個から3個を持ってきたよ

2　ブロックで考えた方法を発表しよう

加数分解と被加数分解の方法をそれぞれ紹介し，それぞれの方法について話し合う。

7を6と1に分けて，4と6で 10 を作りました

私は，4を3と1に分けて，3と7で 10 を作りました

C　10 は 7 といくつかを考える方が簡単でした。

C　7の方が 10 に近いから，10 が作りやすいです。

C　私は，これまでの方が慣れているから，4 と 6 で 10 の方がわかりやすいな。

T　どちらの方法でも考えることができますね。
「7 と 3 で 10」の方法でも計算してみましょう。

準備物	・算数ブロック（板書用・児童用） ・10 のブロックケース QR 板書用イラスト QR ワークシート

ICT	被過数分解の算数ブロックの操作がわかりにくい児童がいるため，実物投影機を使って操作方法を示すとわかりやすくなる。

2こ　9こ

しき　2＋9

9と1で10

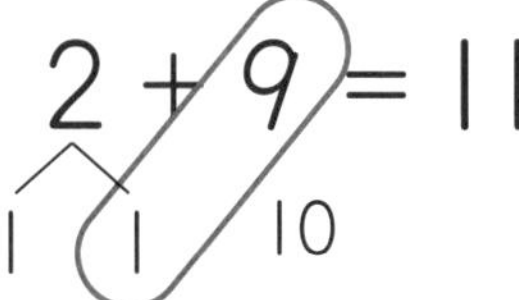

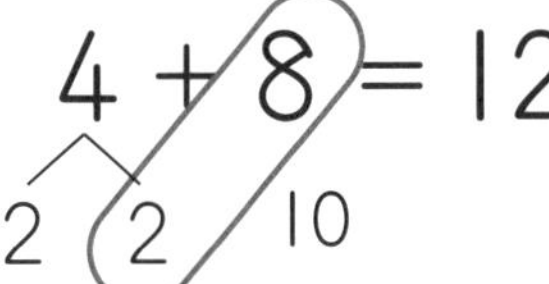

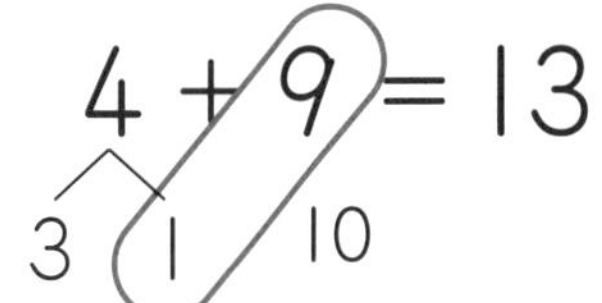

やりやすい方法や考えにある程度任せてもよいでしょう。

3　2人がとったりんごはあわせて何個かな

T　まおくんは2個，みおちゃんは9個とりました。ブロックを使って，わかりやすい方法で答えを考えましょう。

代表の児童が黒板で操作する。

T　（ブロック操作から）2＋9の答えは，9＋2の答えと同じになりますね。

4　頭の中でブロックを思い浮かべながら計算しよう

計算練習をする。

4＋8　　3＋8　　4＋9　　3＋9

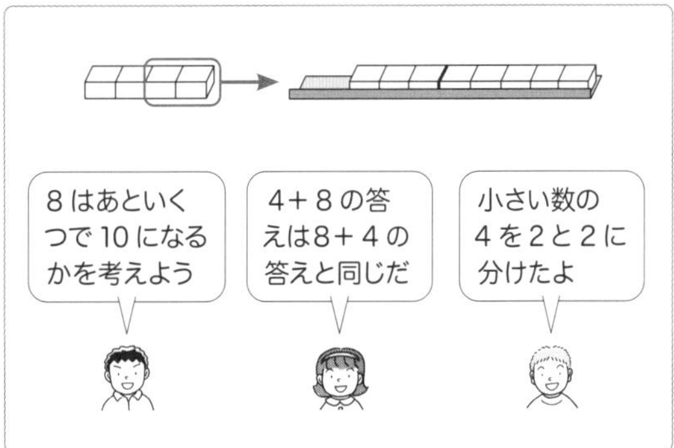

C　大きい数の方で10を作ったほうが簡単だね。

必要に応じてブロック操作しながら進める。

「加数分解」の方法で計算をしている児童も認めるようにする。「10を作る」ことを基本とする。

第7·8時

たし算カードゲーム

本時の目標　たし算カードを使ったゲームをして，繰り上がりのある計算に習熟する。

板書例

たしざんカードを つかって ゲームを しよう

2 <たしざん ビンゴゲーム>

・うらがえしの カードを 1まい とり，しきをよむ。

・こたえと おなじ かずの ところに いろを ぬる。

・たて，よこ，ななめに 3つ そろったら ビンゴに なる。

16	12	15
13		18
11	14	17

POINT　たし算カードを使った3つのゲームを紹介しています。まだ計算に習熟していない児童もいるため，班で教え合いながら

1 計算カードを使ってペアで問題を出し合おう

繰り上がりのあるたし算カードを準備する。

T　隣の人と問題を出し合います。始める前に2人で練習しておきましょう。苦手なたし算を見つけて練習しましょう。

C　苦手な計算は8＋□だから，しっかり練習しておこう。

これは?
9＋3
えーっと，12！
段々答えるのが早くなってきたね

計算練習はこれまでに宿題でも行っているため，ここでは，学校で友達との関わりを通しての計算の習熟をねらう。

2 班でたし算ビンゴゲームをしよう

【やり方】

❶ ビンゴカードを配る。ますの真ん中に好きな色を塗る。その他のますには，11から18までの数字を書く。

❷ 1人が裏返した計算カードを1枚取り，式を読む。答えと同じ数のところに色を塗る。縦，横，斜めに3つ揃ったらビンゴになる。

「7+5」だから12！
7+5
答えが16になる計算が出たらいいな

計算の個人差が勝敗に現れないゲームを先にする。

準備物
・たし算カード（裏面は白紙）
・色鉛筆
QR ビンゴカード

ICT
表計算ソフトでビンゴの枠を作成すれば，数値を簡単に変更したり，色を塗りやすくなったりする。

はんで おしえあおう

3 <しんけいすいじゃくゲーム>

・カードを うらがえしに バラバラに ならべる。

・カードを 2まい めくる。

・こたえが おなじで あれば カードを もらえる。

・つづけて できるのは 2かいまで。

・カードの まいすうが おおい ひとが かちと なる。

4 <カードとりゲーム>

・カードを バラバラに ならべる。

・11 から 18 のうち 1つ かずを えらぶ。

・その かずが こたえに なる しきの カードを とる。

・ひとりが とれるのは 2まいまで。

・カードを たくさん とった ひとが かちと なる。

ゲームを進めましょう。

3 班で神経衰弱ゲームをしよう

【やり方】

❶ 式が書いてある面を下にして，バラバラに広げる。
❷ 順番に１人ずつ２枚のカードをめくる。
❸ 式の答えが同じであれば，２枚のカードをもらえる。
❹ 続けてできるのは２回までとする。
❺ カードの枚数が多い人が勝ちとなる。

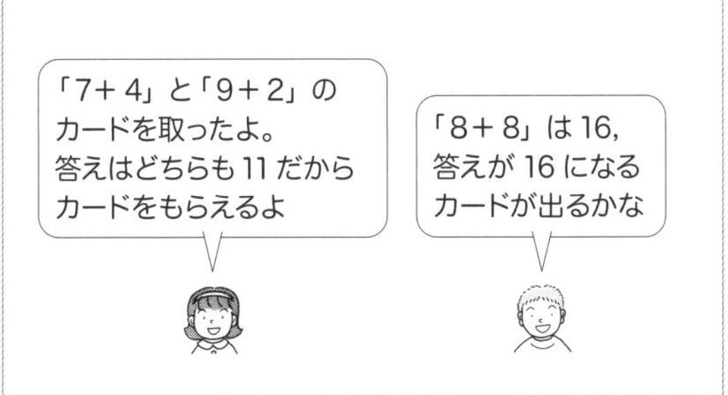

「7＋4」と「9＋2」のカードを取ったよ。答えはどちらも 11 だからカードをもらえるよ
「8＋8」は 16，答えが 16 になるカードが出るかな

答えが 12，14，16，18 になるカードは奇数枚のため，カードを増やしておくとよい。

4 班でカード取りゲームをしよう

【やり方】

❶ 式が書いてある面を上にして，バラバラに広げる。
❷ １人が，11 から 18 までの数の中から１つ数字を選ぶ。
❸ 選んだ数字が答えとなる式のカードを探して取る。
❹ カードをたくさん取った人が勝ちとなる。

「6＋5」を取ったよ
答えが 11 になるカードはまだたくさんあるね
11 です

第9時
文章問題

本時の目標
「8＋4」の式になる問題を見つけたり，文章問題を作る活動を通して，加法の意味を確かめることができる。

板書例

8＋4に なる ぶんしょうもんだい

1

[1] きのう チョコレートを 8こ たべました。
きょうは 4こ たべました。
あわせて なんこ たべましたか。

しき 8＋4＝12

[3] おりがみを なんまいか もって いました。8まい あげたので，のこりが 4まいに なりました。
おりがみを なんまい もって いましたか。

しき 8＋4＝12

[2] スーパーボールを 4こ もって いました。
なんこか もらったので，ぜんぶで 8こに なりました。
なんこ もらいましたか。

しき 8－4＝4

[4] あかい はなが 8こ，
しろい はなが 4こ さいて います。
はなは ぜんぶで なんこ さいて いますか。

しき 8＋4＝12

POINT 1年生から文章問題をしっかり読む学習はとても大切です。文章から数字だけを見つけて式に表すことのないよう，ブロッ

1 「8＋4」の式になる問題を選ぼう

[1]～[4]の問題文を提示する。ワークシートを活用する。

T [1]から問題文をみんなで読みましょう。

T まずは，ひとりで考えましょう。「8＋4」になる式は1つだけではありません。

T 隣の人と答え合わせをしましょう。なぜそう思ったのか理由も言いましょう。

[2]は，「ぜんぶで」とあるから，たし算と思うよ。[3]は，「のこりが」とあるから，ひき算ではないかな

[1]と[4]は，「あわせて」や「ぜんぶで」とあるからたし算だね

2 [2]の問題文をブロックで表してみよう

T [2]と[3]の問題文でみんな悩んでいますね。ブロックを使って[2]の問題文を表してみましょう。

4個持っていました

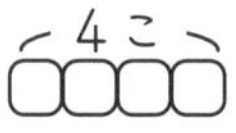

何個かもらったので

8個になりました

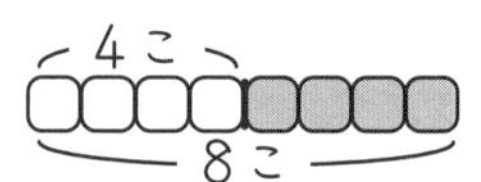

T わからない数は何ですか。

C もらった数がわかりません。

T もらった数はどうやって求めますか。

C 8個から4個を取った数だから，ひき算になるね。8－4＝4になります。

C 「ぜんぶで」という言葉に騙されていたよ。

準備物
・算数ブロック（板書用・児童用）
・色鉛筆など
QR ワークシート

ICT
児童が作った問題をデータ化して共有すれば，他の児童の問題作りのヒントになったり，問題作りの意欲を高めたりすることにつながる。

2

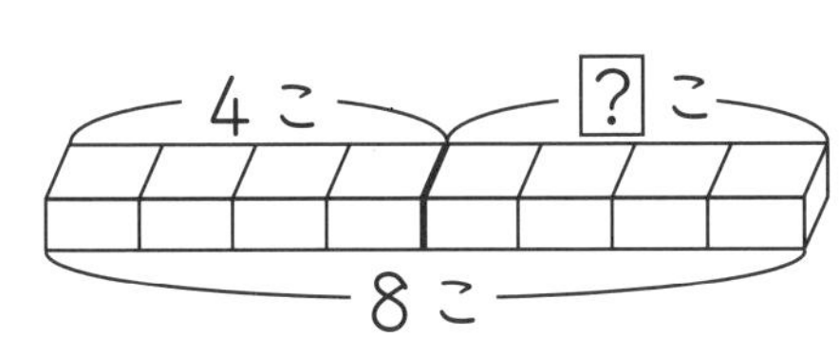

※ 必要に応じてブロック操作をする。

4 <8 + 4になる おはなしを つくろう>

8にんが サッカーを して います。
そこへ，4にんが やって きました。
ぜんぶで なんにんに なりましたか。

クや図を使って場面を確かめましょう。

3 ③の問題文をブロックで表してみよう

何枚か持っていました

?

8まいあげたので

残りが4枚になりました

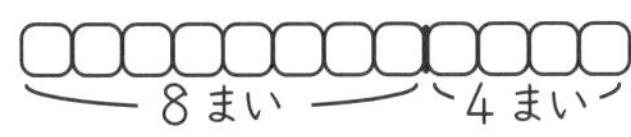

C はじめにあった折り紙の数がわからないんだね。はじめの数は，8枚と4枚をたした数だから，8＋4のたし算になるよ。

「あわせて」「ぜんぶで」「のこりは」などの言葉で演算決定することがないよう，文章をしっかりと読み解く力が必要になる。逆算ではなく，一般的なひき算の問題との区別でもよい。

4 「8＋4」のお話を作ってみよう

ひとりでお話を作ることが難しい場合は，ワークシートのイラストを参考にする。

C 子どもが8人サッカーをしていて，そこに4人が来たよ。全部で何人になるかは，8＋4のたし算になるね。

みんなが作った
お話を発表しましょう

犬が8匹いました。犬の赤ちゃんが4匹生まれました。犬は何匹になりましたか

バニラのアイスクリームが8個あります。
いちごのアイスクリームが4個あります。
アイスクリームはあわせて何個ありますか

お話と一緒に絵をかいてもよい。

第10時 たし算クイズ

本時の目標　クイズを解く楽しみを通して，たし算の計算に習熟する。

板書例

たしざんクイズを とこう

①　1

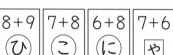

7+8	9+3	7+6	8+9	6+8
こ	ん	ゃ	ひ	に
15	12	13	17	14

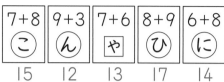

こたえの おおきい じゅんに する

↓

8+9	7+8	6+8	7+6	9+3
ひ	こ	に	ゃ	ん
17	15	14	13	12

②　2

6+9	9+7	3+8	7+5	4+9
く	ん	す	だ	ち
15	16	11	12	13

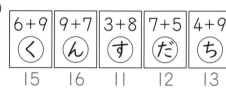

こたえの ちいさい じゅんに する

↓

3+8	7+5	4+9	6+9	9+7
す	だ	ち	く	ん
11	12	13	15	16

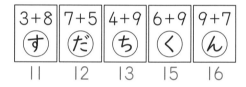

POINT 「ゆるキャラ」の名前以外にも，子どもたちが好きなアニメのキャラクター等を使って楽しくクイズに取り組みましょう。

1 5枚のカードの計算をしよう

計算カード（7＋8，9＋3，7＋6，8＋9，6＋8）を提示する。ワークシートも活用できる。

T　5つの計算をしましょう。計算の答えをカードの下に書きましょう。

計算はできましたか。（答え合わせをする）答えの大きい順にカードを並べ替えてみましょう

15，12，13，17，14を大きい順に並べると，17，15，14，13，12になります

代表の児童が操作する。

T　カードに書いてある文字を読みましょう。

C　ひ，こ，に，ゃ，ん，ひこにゃんです。

2 どんなキャラクターが出てくるか計算しよう

計算カード（6＋9，9＋7，3＋8，7＋5，4＋9）を提示し，展開1と同じように進める。

C　今度もカードを並べ替えたら何かキャラクターの名前が出てくるのかな。

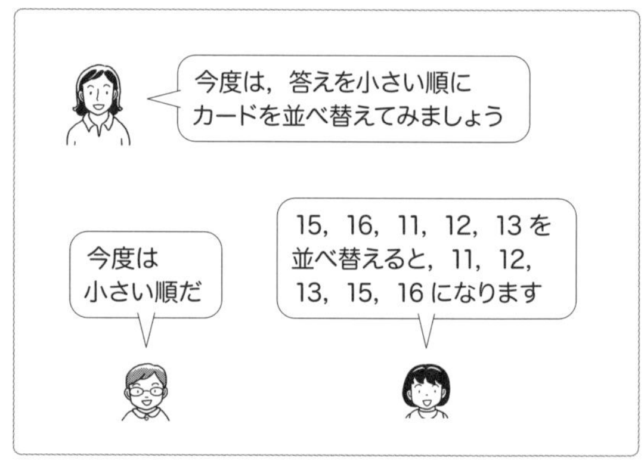

今度は，答えを小さい順にカードを並べ替えてみましょう
今度は小さい順だ
15，16，11，12，13を並べ替えると，11，12，13，15，16になります

C　す，だ，ち，く，ん，すだちくんだ。

キャラクターの映像を紹介しながら楽しく進めていく。

準備物	・算数ブロック（板書用・児童用） QR 板書用カード QR ワークシート	ICT	児童が作った問題を画像で共有すると，児童も学習意欲が高まり，計算に取り組むことができる。また，計算の習熟につながる。

③

5+6	8+7	9+9	8+5	7+9	9+8	7+5	7+7
あ	ん	は	く	た	に	る	ま
11	15	18	13	16	17	12	14

ア　おおきい じゅんに 4まい

9+9	9+8	7+9	8+7
は	に	た	ん
18	17	16	15

イ　ちいさい じゅんに 4まい

5+6	7+5	8+5	7+7
あ	る	く	ま
11	12	13	14

3　8枚のカードの計算に挑戦しよう

計算カードを8枚提示する。

C　今度は，カードが8枚もあるよ。

T　まずは，8つの計算をして，カードの下に答えを書きましょう。

T　答えの大きい順にカードを4枚並べ替えましょう。

代表の児童が操作する。

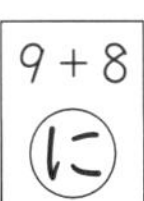

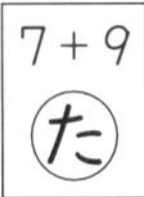

9＋9	9＋8	7＋9	8＋7
は	に	た	ん

並べ替えたら，「は，に，た，ん」になりました

同じように小さい順にカードを4枚並べ替えて答えを出す。

4　たし算クイズを作ってみよう

T　みんなも，計算カードを使ったクイズを作ってみましょう。

ワークシートを活用する。クイズの答えは，ゆるキャラに限らず児童に任せてもよい。

答えが「くまもん」になるクイズを作るよ。4文字だから4枚カードを書くよ。答えが違う4つの計算を書きました。大きい順に並べると「くまもん」になるように，文字を書いていくよ

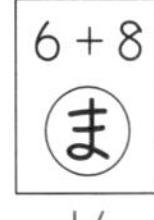

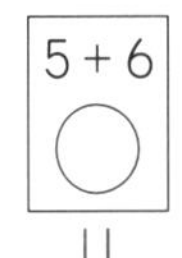

8＋9	6＋8	9＋3	5＋6
く	ま	○	○
17	14	12	11

児童が作ったクイズは，印刷などして，みんなが取り組めるようにしておくとよい。

第11時
計算カードの並び方

本時の目標　たし算の計算カードを並べ，数字の並び方の規則性に気づくことができる。

板書例

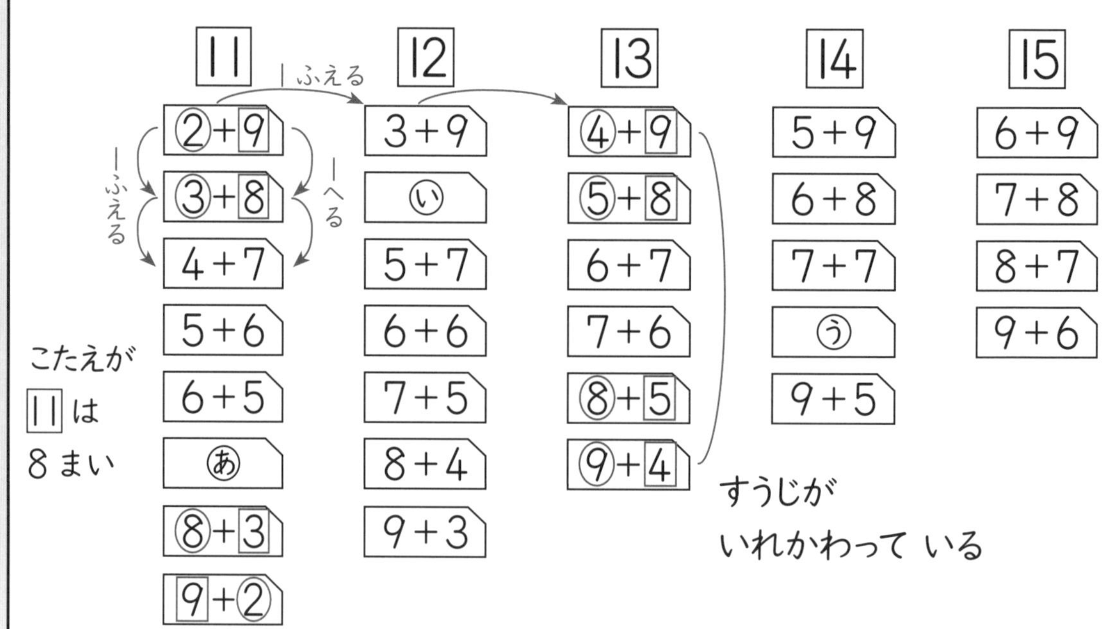

POINT 同じ答えごとに計算カードを並べ，そこからいろいろな規則性を見つけていきます。子どもから出たいろいろな発見を

1 たし算カードで，これまでの学習を確かめよう

答えが 11 以上になるカードのみを使用する。

T　バラバラにしたカードを式が書いてある面を上にして 1 つに重ねましょう。

上から 1 枚ずつカードを取り，式とその答えを言います。裏を見て，答えが合っているか確かめましょう
7＋9は，16！
8＋5は，13！

まずは，各個人で計算練習をする。答えが容易に出ない児童は，算数ブロックを使ってもよい。練習できた児童は，2 人組で問題を出し合って練習する。

2 答えが 11 になるカードを並べよう

T　この中で，答えが 11 になる式のカードはどれでしょう。

黒板にカードをバラバラに貼り，児童が交代で 1 枚ずつ選ぶ。

ほかにはもうありませんか
「7＋ 4」も答えが 11 です。答えが 11 になるカードは 8 枚あるね
2＋，3＋，4＋，…と数字が 1 ずつ増えているよ。もう 1 つの数字は＋ 9，＋ 8，＋7，…と 1 ずつ減っている
上と下は数字が入れかわっています
11
②+9
③+8
4+7
5+6
6+5
7+4
⑧+3
⑨+2

児童も計算カードを机上に同じように並べていく。

準備物	・たし算カード（板書用・児童用） ・算数ブロック（児童用）	ICT	計算カードを並べた図を配信することで，児童がカードの並びから見つけたことや気づいたことを記録しやすくなる。

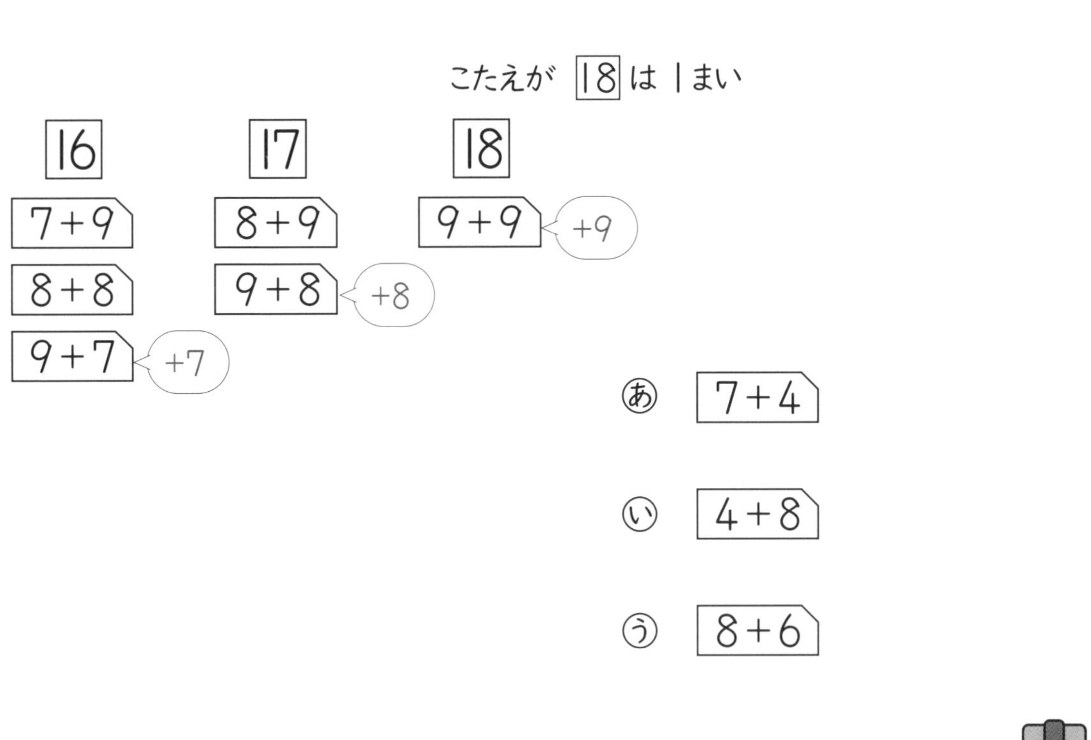

みんなで認め合いましょう。

3 すべてのカードを同じ答えで仲間分けしよう

11 と同じように仲間分けしてカードを貼っていく。

C　カードの枚数が 1 枚ずつ減っているね。答えが 18 になるのは 1 枚だけだよ。

T　カードを横に見て気づいたことはありますか。どんな並び方になっていますか。

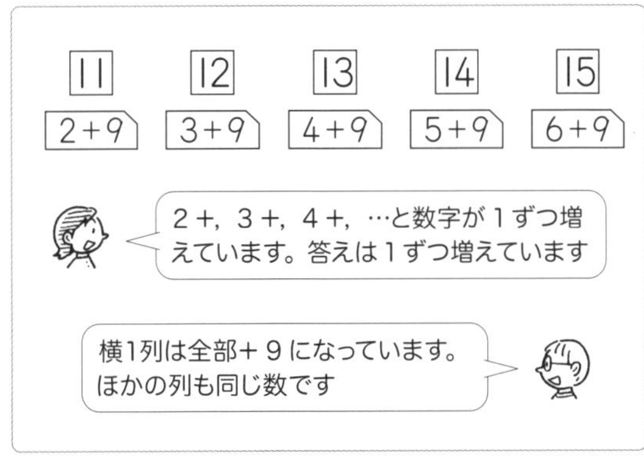

カードを斜めに見て気づいたこともまとめる。

4 どの式のカードが入るか考えよう

並べたカードから数枚抜き取り，どんな式が入るかを考えていく。なぜそう考えたか理由もあわせて発表できるようにする。

第２時　ワークシート

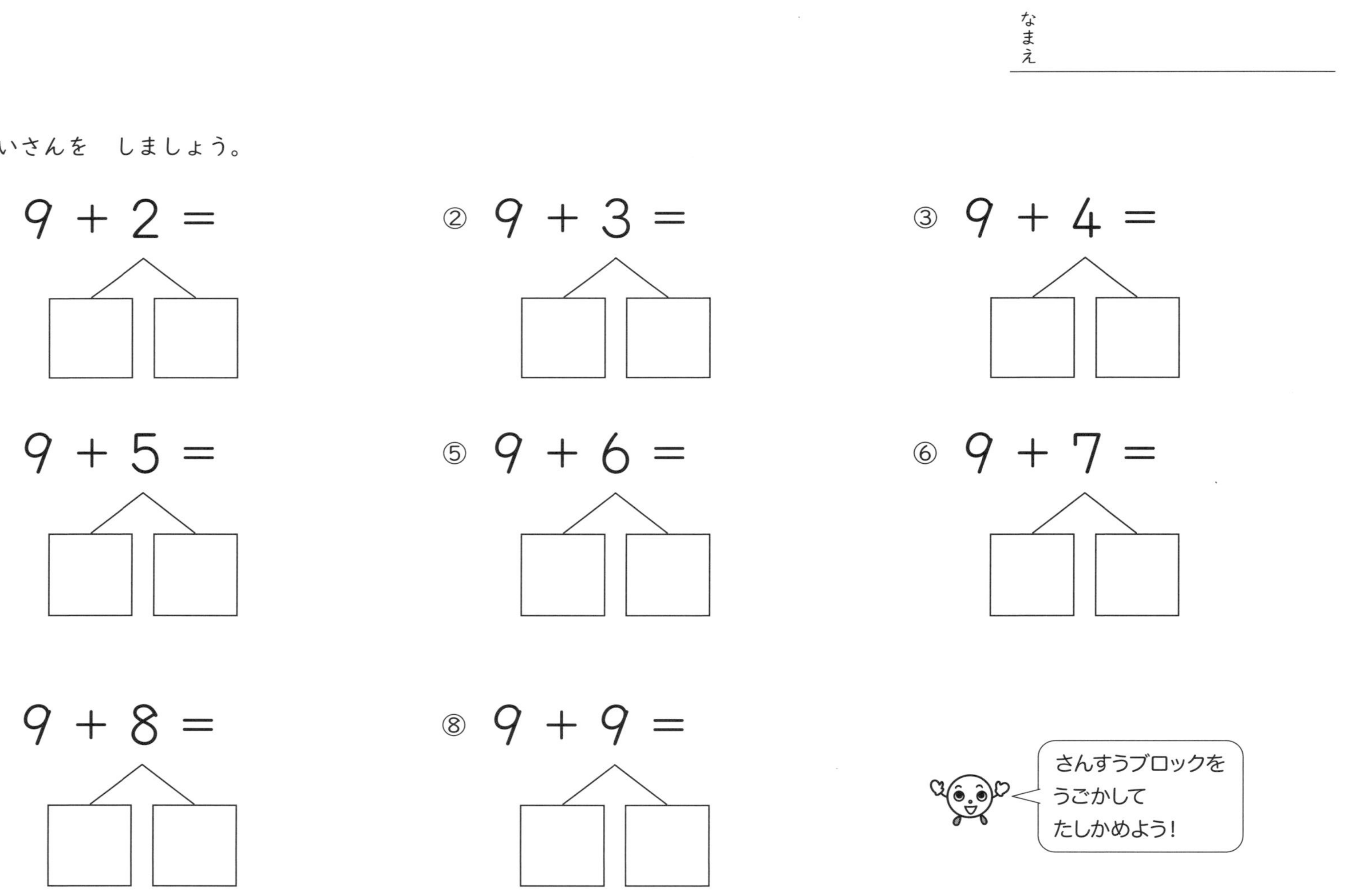
なまえ
● けいさんを　しましょう。
① 9＋2＝
② 9＋3＝
③ 9＋4＝
④ 9＋5＝
⑤ 9＋6＝
⑥ 9＋7＝
⑦ 9＋8＝
⑧ 9＋9＝
さんすうブロックを
うごかして
たしかめよう!

第９時　ワークシート

なまえ ＿＿＿＿＿＿＿＿

1　きのう　チョコレートを　８こ　たべました。
きょうは　４こ　たべました。
あわせて　なんこ　たべましたか。

しき

こたえ ＿＿＿＿＿＿＿＿

2　スーパーボールを　４こ　もって　いました。
なんこか　もらったので，ぜんぶで　８こに　なりました。
スーパーボールを　なんこ　もらいましたか。

しき

こたえ ＿＿＿＿＿＿＿＿

3　おりがみを　なんまいか　もって　いました。
８まい　あげたので，のこりが　４まいに　なりました。
おりがみを　なんまい　もって　いましたか。

しき

こたえ ＿＿＿＿＿＿＿＿

4　あかい　はなが　８こ，しろい　はなが　４こ　さいて
います。
はなは　ぜんぶで　なんこ　さいて　いますか。

しき

こたえ ＿＿＿＿＿＿＿＿

5　８＋４に　なる　おはなしを　つくりましょう。

たしざん（B案）

全授業時数 11 時間

◎ 学習にあたって ◎

「たしざん」の計算はこれまでに１位数＋１位数で「繰り上がり」のない場合を学習してきています。この単元では,「繰り上がり」の意味を理解し，たし算の計算ができるようにしていくことがねらいです。問題数は 45 題あります。「繰り上がり」の仕組みや計算の仕方をブロック操作で理解し，それを念頭操作（イメージでブロック操作）で計算できるようにしていくことが大切です。そのためには,「一の位」で合わせてできた「10」が「十の位」の「１」となる「十進位取り記数法」の原理を生かし，縦書き（筆算形式）で指導する方がずっとわかりやすいです。縦書きの方法はそのまま２位数の加法に使えます。

「繰り上がりのあるたし算」の計算方法には大きく２通りあります。１つは教科書を中心にずっと行われてきた方法で「10 の補数による分解方式」（簡単に「10 の補数方式」と呼ぶ）です。一貫して同じやり方で指導できるよさがあります。しかし，このやり方で数計算を行うには「10」の合成・分解の９通りを覚え，２～９までの数の分解もすべて覚える必要があります。児童にとっては負担が重く定着を困難にし，指を使ってせざるを得なくさせます。もう１つのやり方は「五・二進法」で「５と５で 10」を作り，繰り上げていきます。６から９までの数を「５といくつ」でイメージしてきた児童にとっては自然に「５と５で 10」をやっていきます。本書のＢ案ではこの「五・二進法」のやり方で進めていきます。両方の数に「５」がある型と片方に「５」がないので「５を作る」型に分けます。

計算ができることをねらった単元ですが，学習している計算がどのような現実の場面で使えるのかを常に考えていく必要があります。ここでは「ぶろっくんと５のお姉さん」が探検していくストーリーを入れていきます。

◎ 評　価 ◎

知識および技能	１位数どうしの加法で繰り上がりのある計算ができる。 １位数どうしの加法で繰り上がりのある場面を理解し，計算の方法がわかる。
思考力，判断力，表現力等	既習の学習を基に１位数どうしの加法で繰り上がりのある計算の仕方を工夫して考えることができる。
主体的に学習に取り組む態度	１位数どうしの加法で繰り上がりのある計算の仕方を進んで考えたり計算をしたりしようとする。

◎ 指導計画　11時間 ◎

時	題	目　　標
1	繰り上がりのあるたし算	加法が用いられる場面を理解し，計算の仕方を考えることができる。
2	「6＋7型」の計算	「6＋7型」で，5と5で10になり，十の位の「1」になることを理解できる。
3	「8＋9型」の計算	「8＋9型」の計算も，「5と5で変身1本繰り上がり」と「ばらとばらをガチャン」で計算できる。
4	「6＋9型」の計算	「6＋9型」の計算も「5と5で変身1本繰り上がり，ばらとばらを合わせる」の方法で計算できることがわかる。
5	「5＋7型」の計算	「5+7型」の計算も，前時と同じ方法で求められることを見つける。
6	「5と5で1本の型」の計算練習	「5+5で1本」の型を，正確に計算できる。
7	「2＋9型」の計算	「2+9型」で，もう1つ5を作って「1本繰り上がり」をすることを理解する。
8	「9＋2型」の計算	たす数が5より小さい「9+2型」もばらで5を作って「5と5」にできることを理解する。
9	「5と作った5で1本の型」の計算	「5」を作って「5と作った5」で「変身1本」をする計算ができる。
10	計算問題を作る	両方に5がある場合，両方に5がない場合に分けて計算問題を作ることができる。
11	たし算迷路にチャレンジ	1位数どうしの繰り上がりのある計算が確実にできる。

※「たしざん（B案）」の第4時～第11時の指導案と，「たしざん（C案）」の指導案はQRコードに収録されています。

第1時
繰り上がりのあるたし算

本時の目標
加法が用いられる場面を理解し，計算の仕方を考えることができる。

板書例

バッタは あわせて なんびきかな

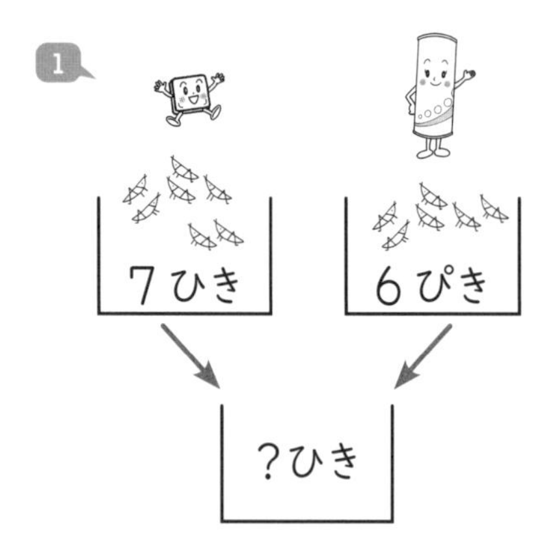

へんしん | 本(ぽん) くりあがり

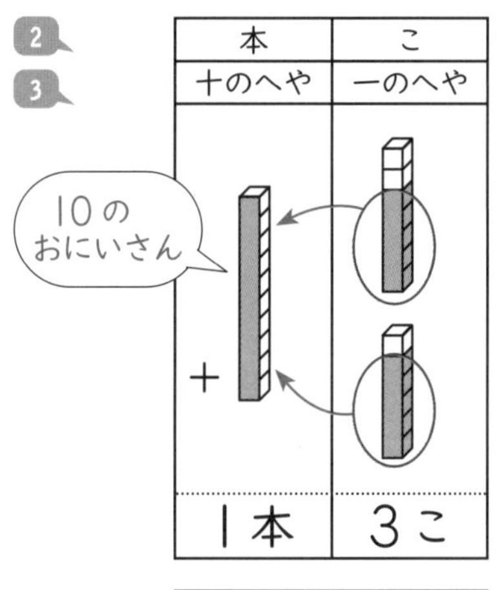

5と
5で10

しき　7ひき+6ぴき=?ひき

7+6=13

13びき

十のくらい	一のくらい
1	3

POINT 「ぶろっくん」と「5のお姉さん」が探検していくストーリー仕立てで楽しく進めていきます。B案で使用する「5のブロッ

1 お話の場面を理解し，式に表そう

T　お話を読みます。

お姉さんと2人で近くの公園へ虫かごを持って探検に行ったよ。公園の草むらにはバッタがいっぱい飛んでいて2人でつかまえたんだ。ぼくは7匹，お姉さんは6匹つかまえたよ。合わせて何匹になったかな。飛び跳ねるので数えられないよ。

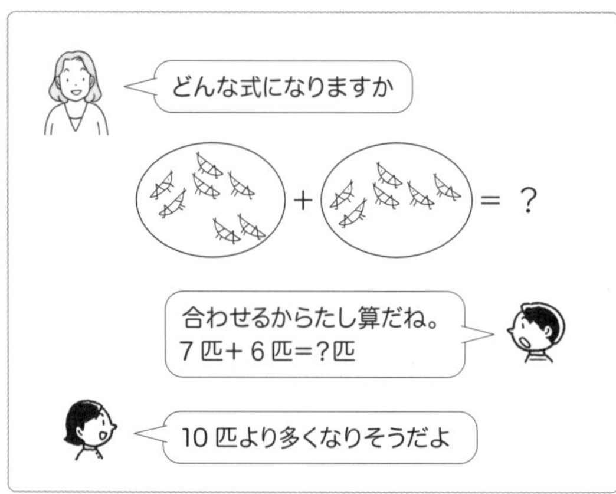

どんな式になりますか
+
= ?
合わせるからたし算だね。
7匹+6匹=?匹
10匹より多くなりそうだよ

本単元では，たし算の意味をイメージで理解するために，量で式を表している。

2 「7+6」の計算の仕方を考えよう

T　答えは何匹になるでしょう。算数ブロックを使って考えてみましょう。

T　バッタの数の算数ブロックを出しましょう。

C　7匹と6匹だから，7個と6個を出したよ。

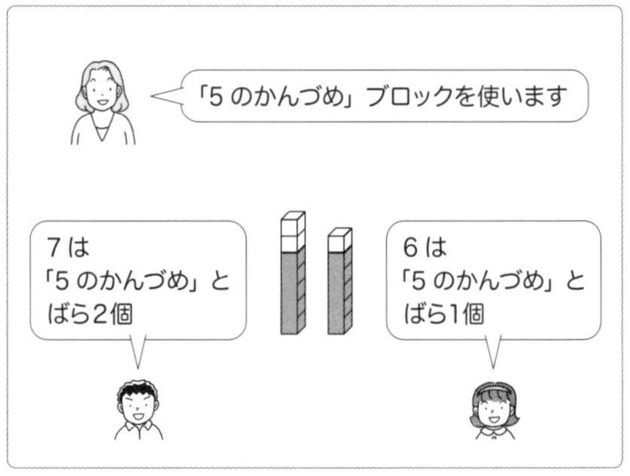

市販の算数ブロックは「5」が缶詰め化（中身が見えない）されていないため，5のブロックを紙で包んだり，テープで貼ったりして，5のまとまりを作ったものを使用する。

準備物	・算数ブロック（板書用・児童用） ・「位の部屋シート」（印刷して児童に配る）	ICT	位の部屋でブロック操作をする動画を準備しておく。動画を使って「5と5で10」を説明すると効果的であり，児童も同じように操作することができる。

4

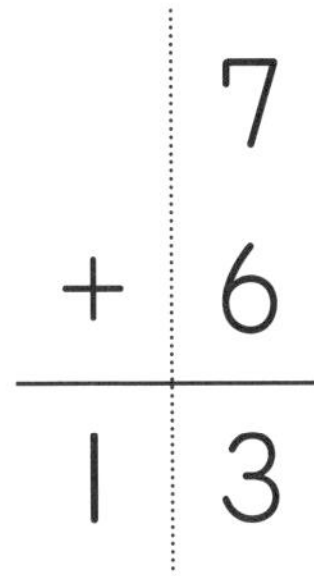

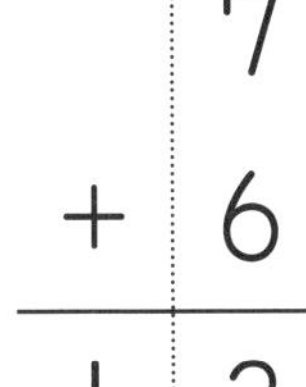

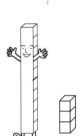

＜7＋6の けいさん＞

❶ ブロックの 7と6を たてに ならべる

❷ 5と5で「へんしん｜本くりあがり」

❸ ばらの 2と｜を ガチャンして 3

❹ こたえは「｜本と3こ」で 13

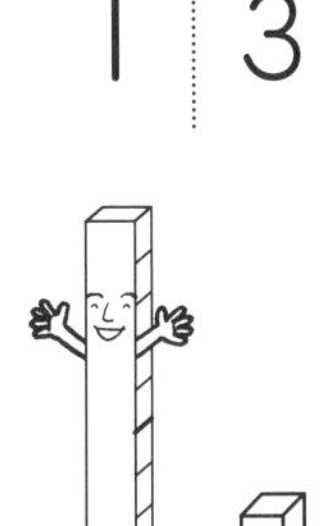

ク（展開2参照）」と「位の部屋シート」を準備しておきます。

3 ブロックを「位の部屋」に置いて，ブロックを合わせてみよう

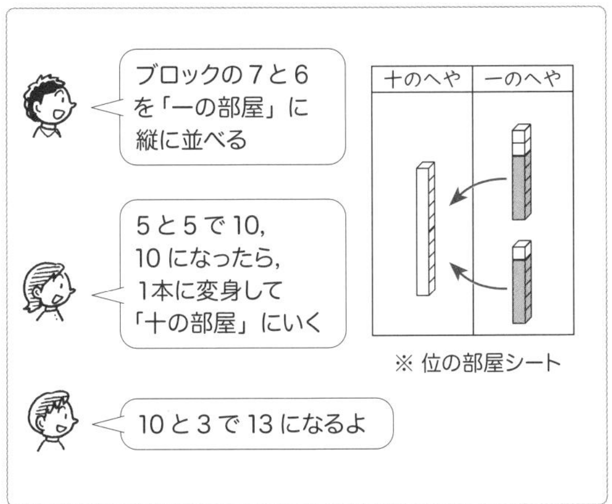

ブロックの7と6を「一の部屋」に縦に並べる
5と5で10，10になったら，1本に変身して「十の部屋」にいく
10と3で13になるよ
十のへや
一のへや

※ 位の部屋シート

T　10になったら，1本に変身して「十の部屋」に行くことを「繰り上がり」と言います。「変身1本繰り上がり」と言いましょう。

「10のお兄さん」と名前をつける。教科書では，位取りは「20より大きいかず」で学習するが，ここで指導することで，「繰り上がり」の意味もはっきりしてくる。

4 ブロックで考えたことを数字でやってみよう

T　ブロックを縦に並べたので，7＋6も縦に並べて書きます。

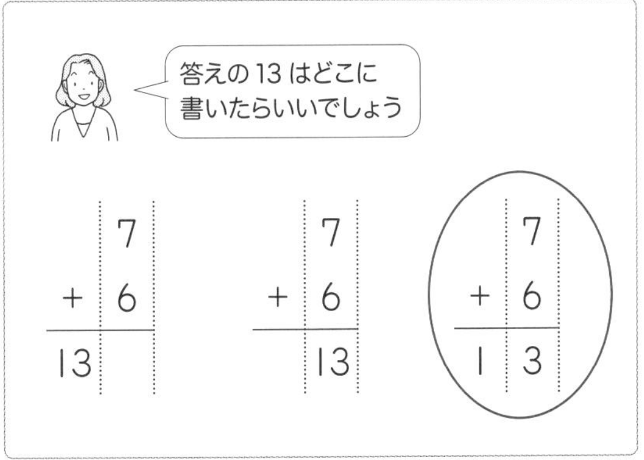

答えの13はどこに書いたらいいでしょう
7
+ 6
13
7
+ 6
13
7
+ 6
1 3

T　「位の部屋」と同じに書きます。「一の部屋（一の位）」には3を，「十の部屋（十の位）」には1を書きます。

「位の部屋」と対応させて，数字の後ろに算数ブロックが隠れていることを指導する。

第2時

「6＋7型」の計算

本時の目標　「6＋7型」で，5と5で10になり，十の位の「1」になることを理解できる。

板書例

くっつきむしは あわせて なんこかな

ふたりぶんは　？こ

しき　　6こ＋8こ＝?こ

6＋8＝14

14こ

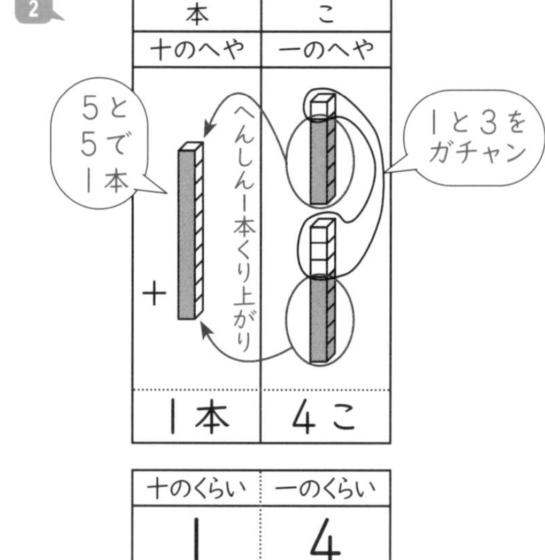

十のくらい	一のくらい
1	4

POINT　5と5で，十の位の「1」になる過程をブロック操作でしっかり見せ，それを筆算に持っていきます。念頭操作ができるよう，

1 お話の場面を理解し，式に表そう

T　お話を読みます。

公園から道端に出ると，アメリカンセンダングサのくっつき虫がたくさん生えていたよ。ぼくは6個取って，お姉さんは8個取ったよ。2人合わせると何個取ったことになるかな。

どんな式になりますか
+
= ?
合わせるからたし算だね。
式は6個+8個です
どっちも,「5といくつ」だから,
10よりは大きくなりそうだね

2 「6＋8」をブロック操作で考えてみよう

C　くっつき虫の数だけブロックを出すよ。

C　6個と8個を縦に並べてみよう。

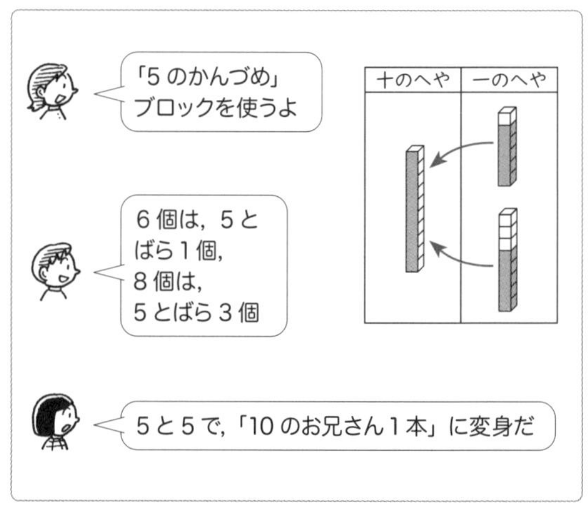

C　ばらが1個と3個で4個だから，答えは14個だ。

前時と同じくブロック操作で答えを考える。5と5で，1本に変身して「十の部屋」へ移動することを丁寧に確かめる。

準備物	・算数ブロック（板書用・児童用） ・「位の部屋シート」

ICT	位の部屋でブロック操作をする動画を準備しておく。動画を使って「5と5で10」を説明すると効果的であり，児童も同じように操作することができる。

3 <6＋8の けいさん>

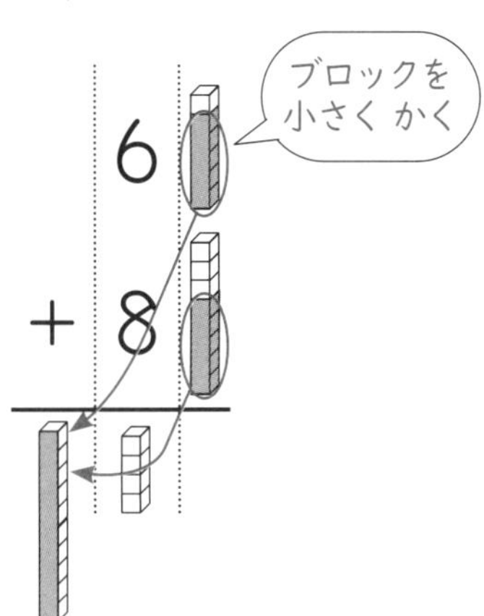

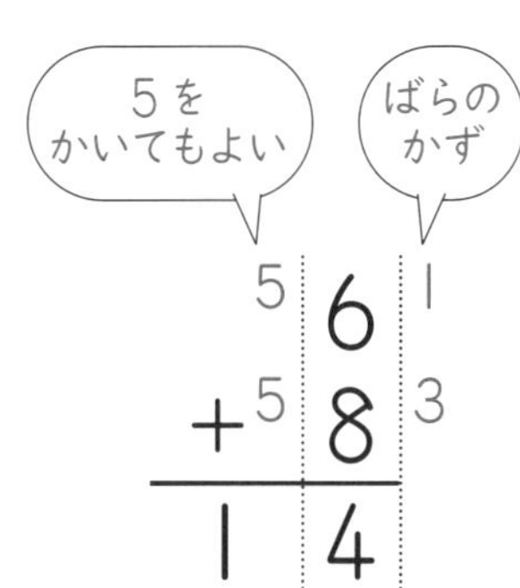

補助数字の書き方も工夫します。

3 ブロックがなくても計算できるように工夫しよう

T　数字の右横にブロックを小さくかいてみます。

C「5と5で1本」はすぐわかるから，ばらの数だけ書いておけば計算しやすいよ。

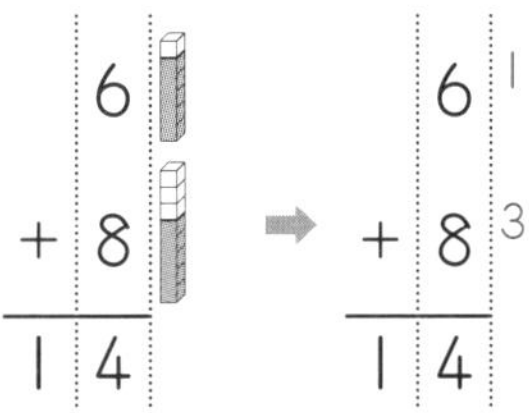

ブロック操作しなくても計算できるようにするためには，頭の中でブロックをイメージすることが大切である。どうすればイメージしやすくなるかを児童と話し合って決めていく。

ばらの数字だけでなく，右のように「5」も書いておいてもよい。

5 6 1
＋ 5 8 3
1 4

4 ブロックで考えたことを数字でやってみよう

T　ブロックを縦に並べたので，7＋6も縦に並べて書きます。

計算問題6題

7 2 ＋ 6 1 1 3	6 1 ＋ 8 3 1 4	7 2 ＋ 7 2 1 4
8 3 ＋ 6 1 1 4	6 1 ＋ 7 2 1 3	6 1 ＋ 6 1 1 2

T「位の部屋」と同じに書きます。「一の部屋（一の位）」には3を，「十の部屋（十の位）」には1を書きます。

「位の部屋」と対応させて，数字の後ろに算数ブロックが隠れていることを指導する。

第3時
「8＋9型」の計算

本時の目標
「8＋9型」の計算も，「5と5で変身1本繰り上がり」と，「ばらとばらをガチャン」で計算できる。

板書例

どんぐりを ぜんぶで なんこ ひろったかな

1

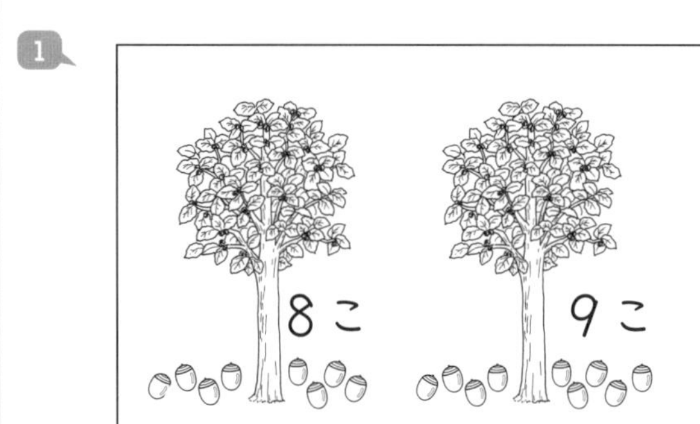

しき　8こ＋9こ＝?こ

8＋9＝17

17こ

2

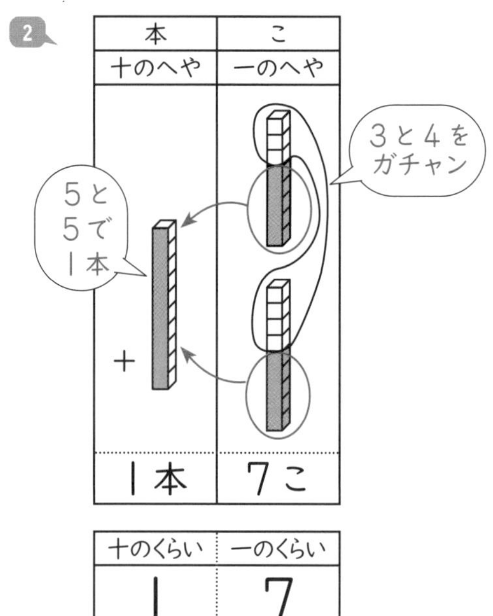

十のくらい	一のくらい
1	7

POINT　ばらの数が大きくなっても，前時と同じ操作で答えが求められることを確認します。

1 お話の場面を理解し，式に表そう

T　お話を読みます。

しばらく行くと，どんぐりの木が2本あったよ。左の木の下にどんぐりが8個，右の木の下に9個落ちていたよ。全部拾ったら，どんぐりは何個になったかな。

T　どんな式になりますか。

答えはどのくらいになるでしょう
左のどんぐりと右のどんぐりを合わせるからたし算だね
式は 8個＋9個 です
8個も9個も10個に近いから，合わせたら20個に近いかな

2 「8＋9」をブロック操作で考えてみよう

C　まず，8個と9個を縦に並べるよ。

C　8個は5とばら3個，9個は5とばら4個。

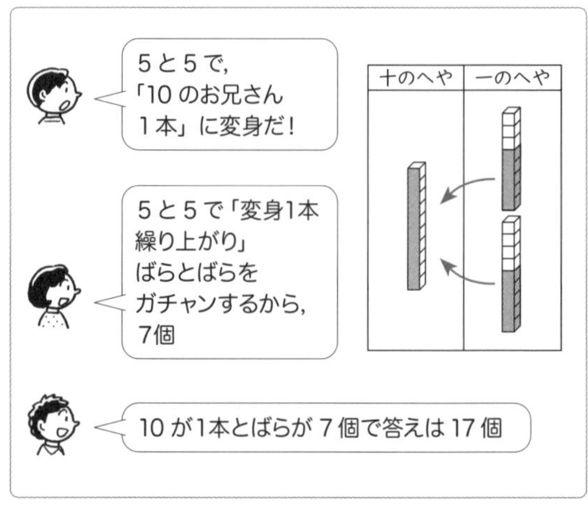

9個の算数ブロックに1個を持ってきて「10」を作る児童も出てくる。児童のやりやすい方法で計算できればよい。

準備物	・算数ブロック（板書用・児童用） ・「位の部屋シート」 ・どんぐり 20 個ほど

ICT	位の部屋でブロック操作をする動画を準備しておく。動画を使って「5 と 5 で 10」を説明すると効果的であり，児童も同じように操作することができる。

<8＋9の けいさん>

8
＋9
17

8 [3]
＋9 [4]
17

4

8 [3]
＋8 [3]
16

9 [4]
＋7 [2]
16

9 [4]
＋9 [4]
18

3 数字で計算してみよう

T　頭の中でブロックをイメージして計算しましょう。

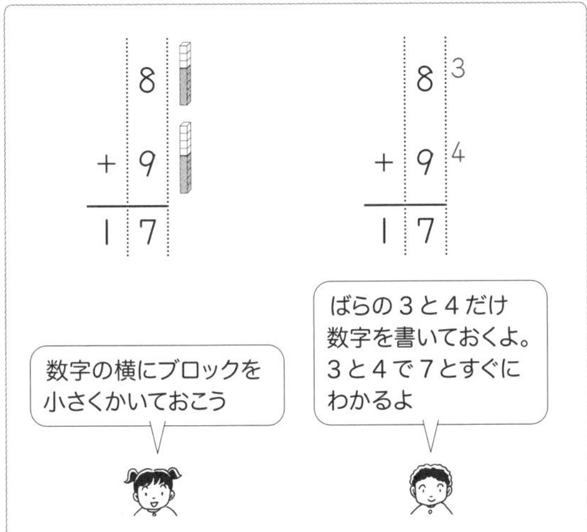

8
＋9
17
8 3
＋9 4
17
数字の横にブロックを小さくかいておこう
ばらの 3 と 4 だけ数字を書いておくよ。3 と 4 で 7 とすぐにわかるよ

C　ブロックをかくよりも，ばらの数だけ書いておく方が楽だね。

4 補助数字を書いて練習問題をしよう

T　頭の中でブロックを並べながら，ばらの数を小さく書いて計算しましょう。

計算問題6題

8 [3] ＋8 [3] ＝16	8 [3] ＋9 [4] ＝17	9 [4] ＋7 [2] ＝16
7 [2] ＋9 [4] ＝16	9 [4] ＋8 [3] ＝17	9 [4] ＋9 [4] ＝18

T　計算できた人は，算数ブロックを並べて答えを確かめましょう。

この段階にくると，補助数字を書かなくても計算できる児童もいるが，1 問ずつ，ばらの数を確かめていく。

ひきざん（A 案）

全授業時数 12 時間

◎ 学習にあたって ◎

<この単元で大切にしたいこと>

本単元は多位数－多位数の基礎になる繰り下がりのあるひき算で，たし算同様に 1 年生の重要教材の 1 つです。そして，繰り上がりのたし算以上にたくさんの子どもが躓くところで，この段階での躓きは，その後の四則計算の学習に大きく影響します。

繰り下がりのあるひき算の計算における躓きは，ブロック操作と数操作が対応しないまま計算結果を覚えるところにあります。「課題把握→ブロック操作→数理理解→数操作」という段階を丁寧に踏まえた指導を心がけましょう。

<数学的見方考え方と操作活動>

繰り下がりのひき算の解決方法は「16 － 7 ＝ 10 － 7 ＋ 6（減加法）」と「16 － 7 ＝ 16 － 6 － 1（減減法）」の 2 つがあります。子どもたちに聞くと減加法がいいという子と，減減法がいいという子に分かれます。（減加法の方が多い）しかし，頭ごなしに減加法にするのではなく，どちらの方法が便利で早いかを議論させる中で，減加法の利便性に気付かせるようにします。

また，先にも書いたように，繰り下がりのひき算でもブロック操作は大事なステップで，この操作を通して繰り下がりの計算原理を学び取り，数操作へ導くようにします。数操作を確実に身につけさせるためには，ブロック操作と，操作の言語化，数操作を何度も行ったり来たりする必要があります。

ここでも大事なのがブロックの置き方やブロック操作の仕方です。ここでは縦置きで説明します。

・言葉に出しながら操作します。
「12 を 10 と 2 に分けて，10 から 8 をとります。2 と 2 で 4 です。」

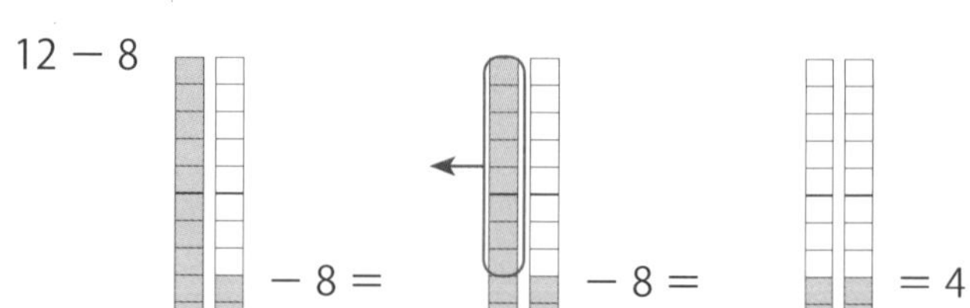

<個別最適な学び・協働的な学びのために>

繰り下がりのあるひき算は，正解を得るために 2 回の計算をしないといけない厄介な計算です。しかし，実際の操作はそんなに難しくありません。どんなに難しく思える計算であっても，算数ブロックを操作すると答が導き出せるのだという経験を積み重ねることで，主体的に取り組むようになります。また，それらが数操作ででき，答えが素早く出せるようになると，友達同士でいろいろなひき算ゲームが出来るようになります。

◎ 評　価 ◎

知識および技能	11 ～ 18 から 1 位数をひく「繰り下がり」のある減法計算ができる。 10 のまとまりに着目することで，11 ～ 18 から 1 位数をひく「繰り下がり」のある減法計算ができることを理解する。
思考力，判断力，表現力等	11 ～ 18 から 1 位数をひく「繰り下がり」のある減法計算で，２けたの数の構成や 10 の補数に着目して計算の仕方を考え，操作や言葉などを用いて表現したり工夫したりすることができる。
主体的に学習に取り組む態度	既習の減法計算や数の構成を基に，11 ～ 18 から 1 位数をひく「繰り下がり」のある減法計算の仕方を進んで考えようとしている。

◎ 指導計画　12 時間 ◎

時	題	目　　標
1	繰り下がりのあるひき算	減法が用いられる場面であることがわかり，答えの求め方を考える。
2	□－9の計算	□－9の計算で，被減数を分解して計算する方法（減加法）の理解を確実にする。
3	□－8の計算	□－8の計算を減加法でする意味がわかり，計算できる。
4・5	□−7，□－6，□－5の計算	□−7，□－6，□－5の計算が減加法でできる。
6	迷路で計算練習	迷路を楽しみながら，繰り下がりのあるひき算の計算に習熟する。
7・8	□－ 4，□−3，□−2の計算	減加法と減減法で，繰り下がりのある計算ができる。
9	計算カードの並び方	ひき算の計算カードを並べ，数字の並び方の規則性に気づくことができる。
10	ひき算カードゲーム	ひき算カードゲームや花びらの計算をして，繰り下がりのある計算に習熟する。
11	ひき算・たし算迷路	迷路を楽しみながら，繰り下がりのあるひき算と繰り上がりのあるたし算に習熟する。
12	文章問題	「12 － 7」の式になる問題を見つけたり，文章問題を作る活動を通して，減法の意味を確かめることができる。

※ ひき算 B 案 11 時間分は，P.83 の QR コードに収録されています。本単元を授業される前にご参照下さい。

第1時 繰り下がりのあるひき算

本時の目標　減法が用いられる場面であることがわかり，答えの求め方を考える。

板書例

のこりの あめは なんこかな

1 あめが 12こ ありました。
9こ たべると
のこりは なんこですか。

しき
12－9

2 3 ① 1こずつ とる

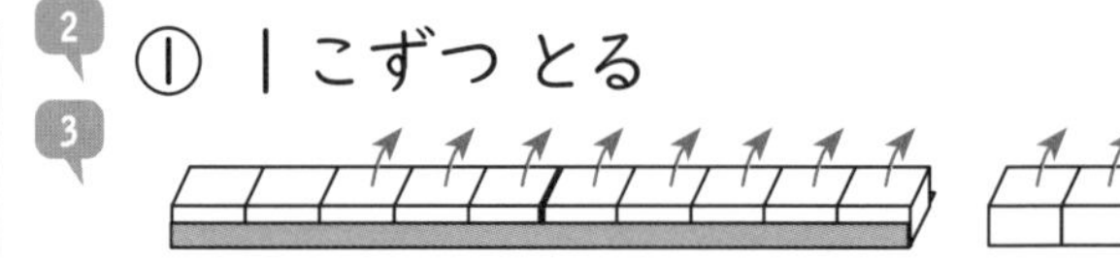

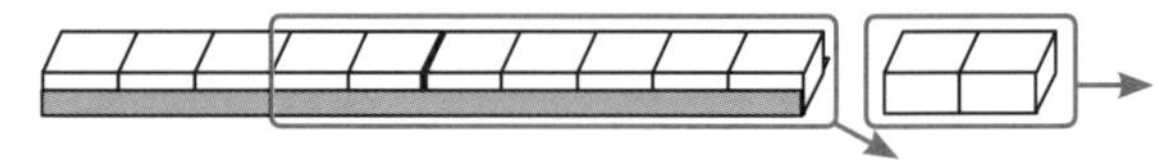

② 2こ とる → さらに 7こ とる

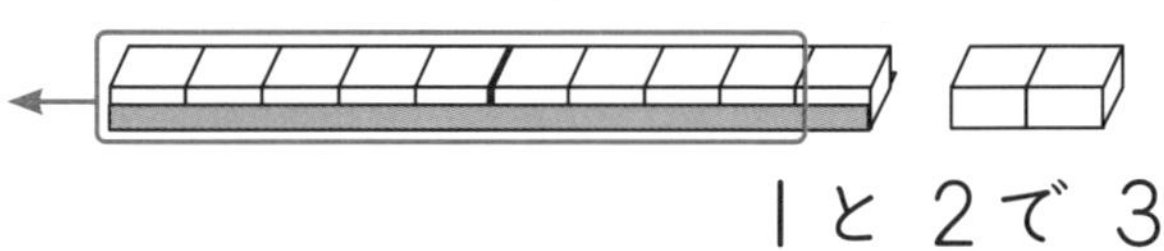

③ 10こから まとめて 9こ とる

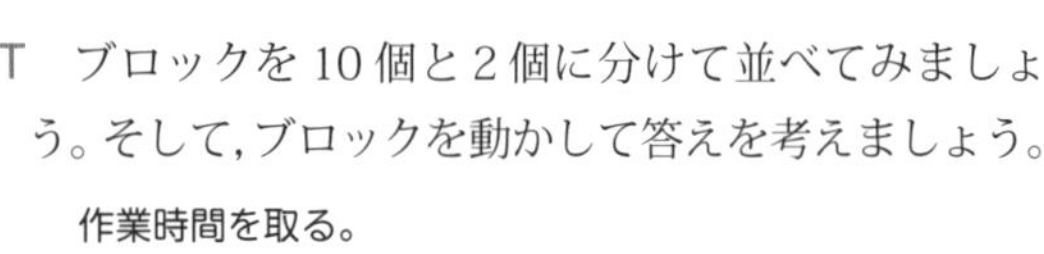

1と 2で 3

POINT 5と5がわかるように，算数ブロックは5の線を太く示しましょう。

1 残りのあめは何個か考えよう

問題文を提示する。

T　12個あったあめを，9個食べました。残りは何個でしょう。どんな式になりますか。

C　残りを求めるからひき算です。

C　12－9になります。2から9がひけないよ。

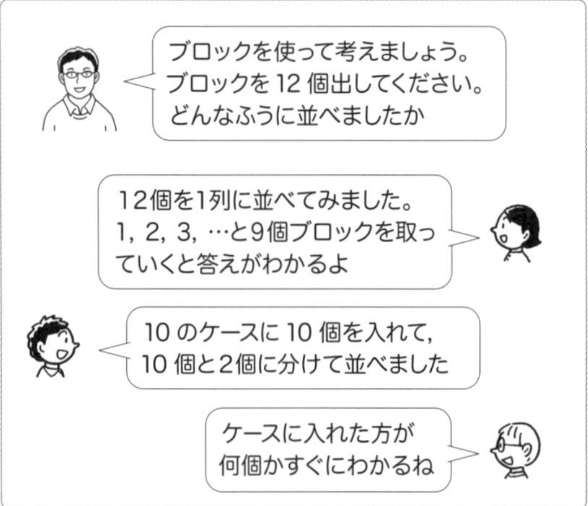

ブロックを使って考えましょう。ブロックを12個出してください。どんなふうに並べましたか
12個を1列に並べてみました。1，2，3，…と9個ブロックを取っていくと答えがわかるよ
10のケースに10個を入れて，10個と2個に分けて並べました
ケースに入れた方が何個かすぐにわかるね

2 あめを算数ブロックに置きかえて考えよう

T　ブロックを10個と2個に分けて並べてみましょう。そして，ブロックを動かして答えを考えましょう。

作業時間を取る。

T　隣の人に，どうやって答えを見つけたか説明しましょう。

ケースに入っていない2個をまず取って，あと7個は10個からとりました
10個から9個を取って，残りの1個と2個をあわせました

準備物	・算数ブロック（板書用・児童用） ・10 のブロックケース	ICT	児童がブロック操作をする様子を実物投影機で大型テレビに映し出すと，どのような計算になるのかわかりやすくなる。

4 ＜10から とって けいさん＞

③の やりかた

$$12 - 9 = 3$$

10　2

10 − 9 = 1

1と2で

❶ 2から 9は ひけません

❷ 10から 9を ひくので

12を 10と 2に わける

❸ 10ひく 9は 1

❹ 1と 2で 3

②の やりかた

$$12 - 9 = 3$$

10　2　2　7

10 − 7 = 3

3 どのやり方がパッと答えが出せるかな

C　1 個ずつ数えるのは，すぐにはできない。

児童に，2 つの方法（減加法と減減法）をブロック操作しながら説明してもらう。

C　どちらも答えは 3 個だけど，10 個から 9 個をまとめて取る方がわかりやすいです。

C　2 個取って，また 7 個と 2 回取るけど，10 個から 9 個を取るのは 1 回だけだね。

みんなも，10 から 9 を取る方法でブロックを動かしてみましょう
10 個から9個を取って
1個，1個と2個で3個

何度か繰り返しブロック操作をする。

4 ブロックで考えたやり方を数字で計算してみよう

2 から 9 はひけません。10 から 9 をひくので，12 を 10 と 2 に分けます。10 から 9 をひいて 1，1 と 2 で 3 になります

$$12 - 9 = 3$$

10　2

10 − 9 = 1

C　10 から 9 を取るから，12 を 10 と 2 に分けるんだね。ここでも傘をかいているよ。

減減法の計算も数字で示して比べると，減加法の方が簡潔にできることが理解できる。

ひき算でも，たし算と同じくブロック操作は横置き，縦置きでもよい。（教科書によっても異なる）

第2時

□－9の計算

本時の目標
□－9の計算で，被減数を分解して計算する方法（減加法）の理解を確実にする。

板書例

13－9の けいさんを しよう

1

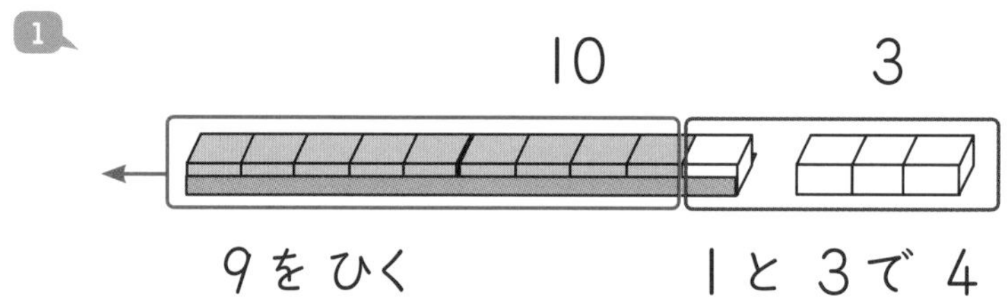

9を ひく　　　1と 3で 4

2

13－9＝4

10　3

10－9＝1

❶ 13を 10と 3に わける

❷ 10ひく 9は 1

❸ 1と 3で 4

POINT　ブロック操作しながら「□－9」の計算の仕方に慣れていきましょう。

1　算数ブロックを使って答えを見つけよう

T　13－9の答えを考えましょう。

各自でブロック操作をする。

T　ブロックを何度も動かさずに答えを見つけるやり方がありましたね。

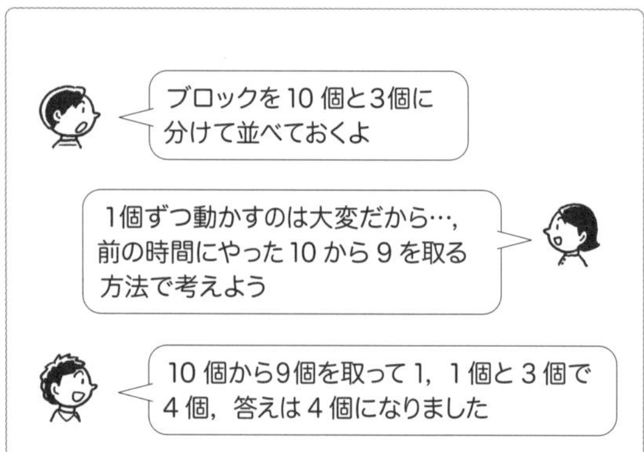

ブロックを10個と3個に分けて並べておくよ
1個ずつ動かすのは大変だから…，前の時間にやった10から9を取る方法で考えよう
10個から9個を取って1，1個と3個で4個，答えは4個になりました

全体でブロック操作を確認する。

2　ブロックで考えたやり方を数字で計算してみよう

T　今度は数字だけで考えてみましょう。

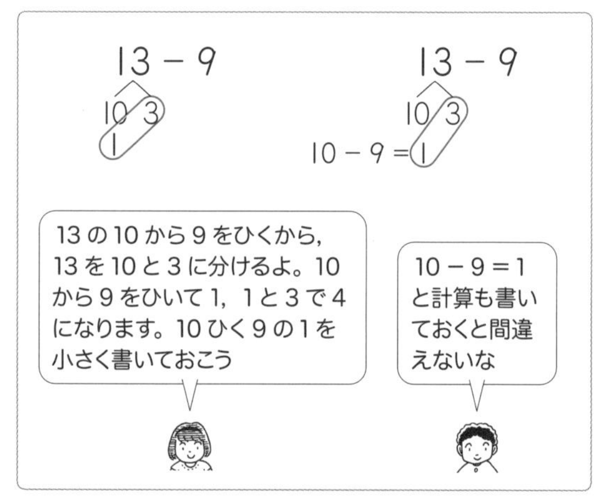

13－9
10 3
1
13－9
10 3
10－9＝1
13の10から9をひくから，13を10と3に分けるよ。10から9をひいて1，1と3で4になります。10ひく9の1を小さく書いておこう
10－9＝1と計算も書いておくと間違えないな

T　13－9を，❶～❸の言葉を唱えながらやってみましょう。

数字で計算するとき，13を10と3に分けるように，「10といくつ」に分けることが大切である。

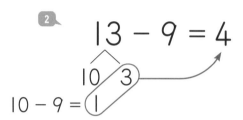

準備物
・算数ブロック（板書用・児童用）
・10のブロックケース
QR ワークシート

ICT
児童がブロック操作をする様子を実物投影機で大型テレビに映し出すと，どのような計算になるのかわかりやすくなる。

3
11 − 9 = 2
10　1
10 − 9 = 1

12 − 9 = 3
10　2
1

14 − 9 = 5
10　4
1

15 − 9 = 6
10　5
1

4
10から 9を ひいて 1
1と ◯を あわせる

※ 必要に応じてブロック操作する。

3 □− 9の計算をしよう

11 − 9から 18 − 9の計算をする。
全体で1，2問やり方を確かめた後，各自でブロック操作をしながら計算していく。

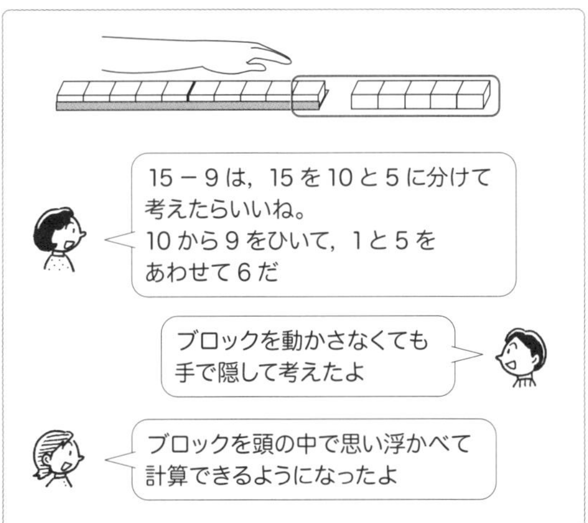

15 − 9は，15を10と5に分けて考えたらいいね。10から9をひいて，1と5をあわせて6だ
ブロックを動かさなくても手で隠して考えたよ
ブロックを頭の中で思い浮かべて計算できるようになったよ

T　計算できたら，隣の人に，計算の仕方をお話ししましょう。

4 □− 9の計算の仕方を説明しよう

T　黒板で 14 − 9の計算をお話ししながらしてくれる人はいますか。

児童が交代で計算する。必要に応じてブロック操作をしながら確かめていく。

どの計算も「10 − 9 = 1」をしたよ
ひき算をして，たし算をするんだね

第3時

□－8の計算

本時の目標

□－8の計算を減加法でする意味がわかり，計算できる。

板書例

13 － 8の けいさんを しよう

1

りすさんが 13こ どんぐりを
もって いました。
おなかが すいたので，8こ たべました。
どんぐりは なんこ のこって いますか。

2

$$13 - 8 = 5$$

10　3

$10 - 8 = 2$

しき　13 － 8

❶ 13を 10と 3に わける

❷ 10ひく 8は 2

❸ 2と 3で 5

1

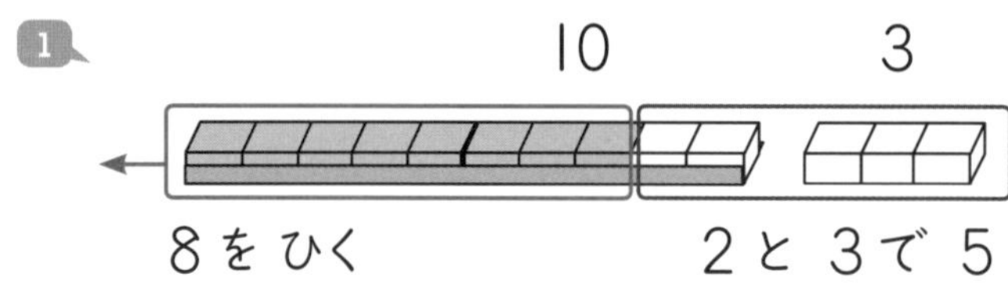

POINT　通常，計算カードは表に式，裏に答えが書かれていますが，裏面には図を入れ，図を見て答えを確かめるやり方にしています。

1　残りのどんぐりは何個かな

T　13個あったどんぐりを8個食べました。残りは何個ですか。式はどうなりますか。

C　残りを求めるから，13－8になります。

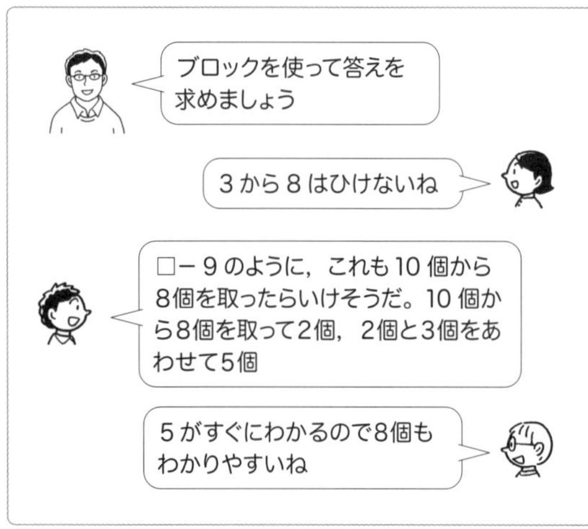

ブロックを使って答えを求めましょう
3から8はひけないね
□－9のように，これも10個から8個を取ったらいけそうだ。10個から8個を取って2個，2個と3個をあわせて5個
5がすぐにわかるので8個もわかりやすいね

全体で確認する。
隣同士でお話をしながらブロック操作をする。

2　「10－8」を使って，数字で計算してみよう

T　今度は数字だけで考えてみましょう。

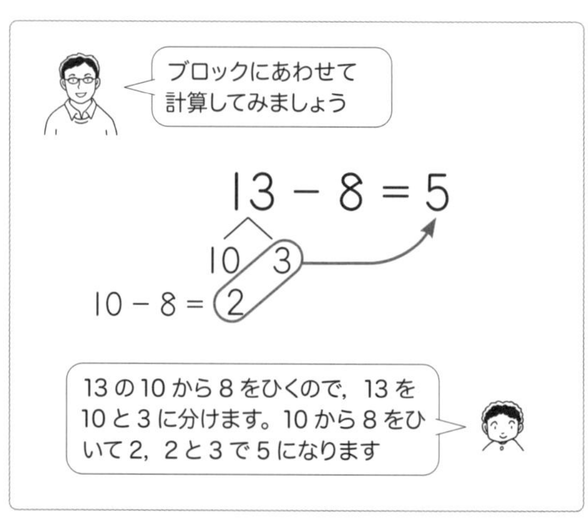

T　13－8を，❶～❸の言葉を唱えながらやってみましょう。

C　□－8の計算は，10から8をひいて2，2と○をあわせるだね。

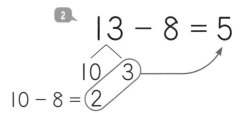

準備物	・算数ブロック（板書用・児童用） ・10のブロックケース ・計算カード（15枚×児童数）　・色鉛筆 QR 計算カード用図　QR ワークシート	ICT	プレゼンテーションソフトを使用して，□－9や□－8のカードを提示すると，計算の習熟を図ることができる。

3

11 － 8 ＝ 3
10 1
2

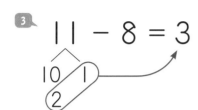

12 － 8 ＝ 4
10 2
2

14 － 8 ＝ 6
10 4
2

15 － 8 ＝ 7
10 5
2

10から 8を ひいて 2

2と ○を あわせる

※ 必要に応じてブロック操作する。

3 □－8の計算をしよう

11－8から17－8の計算をする。全体で1，2問やり方を確かめた後，各自でブロック操作をしながら計算する。慣れてきたら，操作せずに頭の中でイメージできるようにしていく。

計算できたら，隣の人に計算の仕方をお話ししましょう

11を10と1に分けます。10ひく8は2です。2と1をあわせて3になります

T　黒板で11－8の計算をお話ししながらしてくれる人はいますか。

児童が交代で計算する。必要に応じてブロック操作をしながら確かめる。

4 計算カードを作って，ペアで問題を出し合おう

□－9を8枚，□－8を7枚作る。
表面，裏面を印刷したものを児童に配る。

表

11 － 8

裏

11 － 8

答えは書いてありません。図を見て答えを確かめます。ひく数（8）だけ色を塗りましょう

塗っていない3個が答えになるね

11 － 8

単純なゲームだが，図で答えを確かめる必要があるため，図のイメージが子どもの脳に定着し，力がついてくる。

第 4·5 時

□−7，□−6，□−5の計算

本時の目標　□−7，□−6，□−5の計算が減加法でできる。

板書例

12 − 7の けいさんを しよう

1　いけに さかなが 12 ひき いました。ネッシーが ひとくちで ぱくりと 7 ひき のみこみました。のこりは なんびきですか。

しき　12 − 7

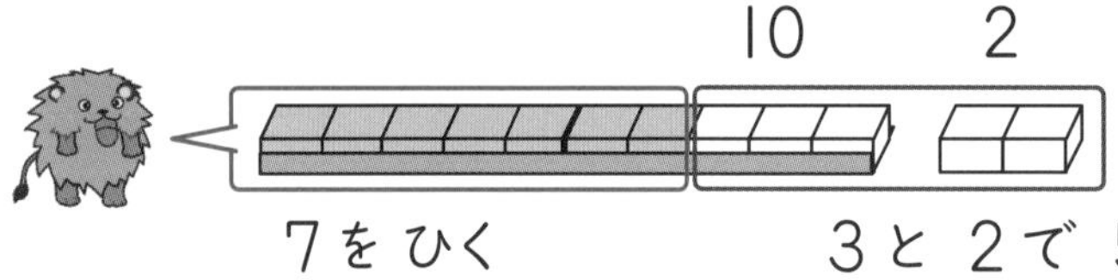

2

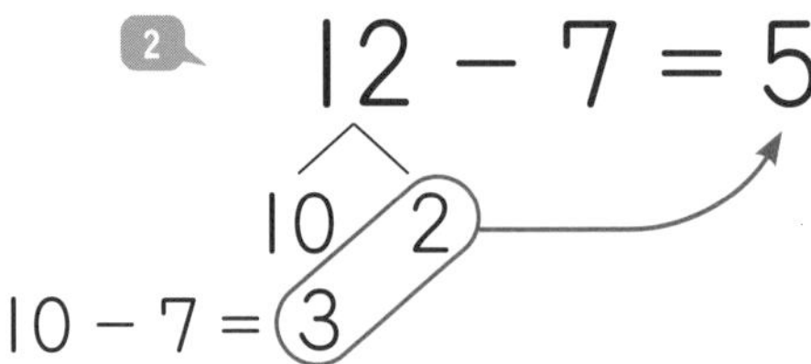

❶ 12 を 10 と 2 に わける
❷ 10 ひく 7 は 3
❸ 3 と 2 で 5

POINT　□− 9，□− 8 と同じように□− 7，6，5 の計算もブロック操作をしながら進めます。これまでと同じやり方なので，

1　のこりの魚は何匹かな

T　12 匹いた魚を 7 匹食べました。残りは何匹ですか。式はどうなりますか。

C　12 − 7 になります。

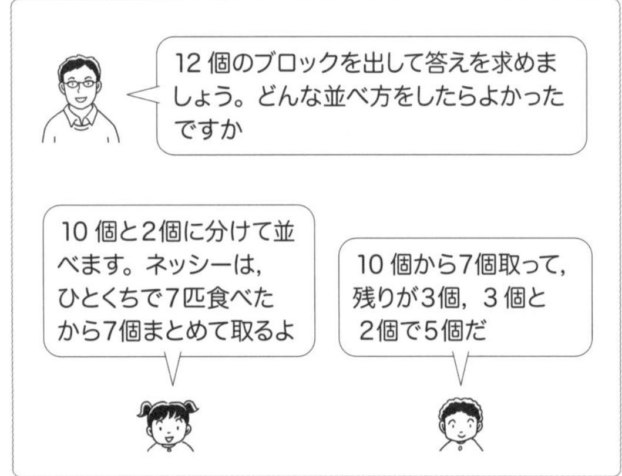

12 個のブロックを出して答えを求めましょう。どんな並べ方をしたらよかったですか
10 個と2個に分けて並べます。ネッシーは，ひとくちで7匹食べたから7個まとめて取るよ
10 個から7個取って，残りが3個，3 個と 2個で5個だ

全体で確認する。ネッシーが一口で飲み込むイラストをかいたり，ブロックの色を変えたりして，残りの数がよくわかるよう工夫する。

2　12 − 7 を数字で計算してみよう

T　ブロックにあわせて計算してみましょう。

計算の仕方を確認する。

C　□− 7 の計算は，「10 から 7 をひいて 3，3 と○をあわせる」だね。

11 − 7 から 16 − 7 の計算をする。

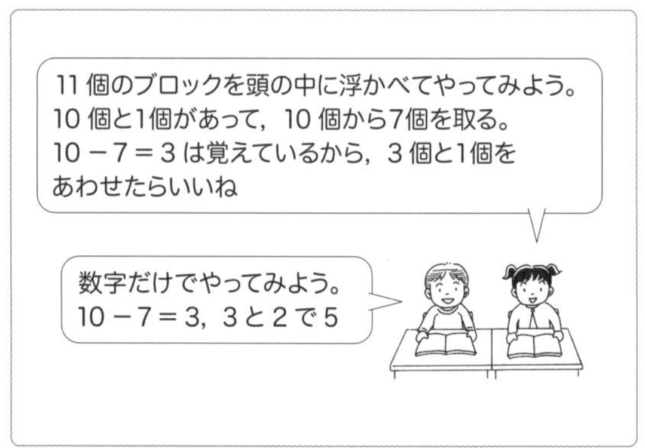

11 個のブロックを頭の中に浮かべてやってみよう。10 個と1個があって，10 個から7個を取る。10 − 7 = 3 は覚えているから，3 個と1個をあわせたらいいね
数字だけでやってみよう。10 − 7 = 3，3 と 2 で 5

黒板で児童が交代で計算する。必要に応じてブロック操作をしながら確かめる。

準備物	・算数ブロック（板書用・児童用） ・10 のブロックケース ・計算カード（15 枚×児童数）　・色鉛筆 QR 計算カード用図　QR ワークシート

ICT	プレゼンテーションソフトを使用して，□− 7 や□− 6，□− 5 のカードを提示すると，計算の習熟を図ることができる。

13 − 6

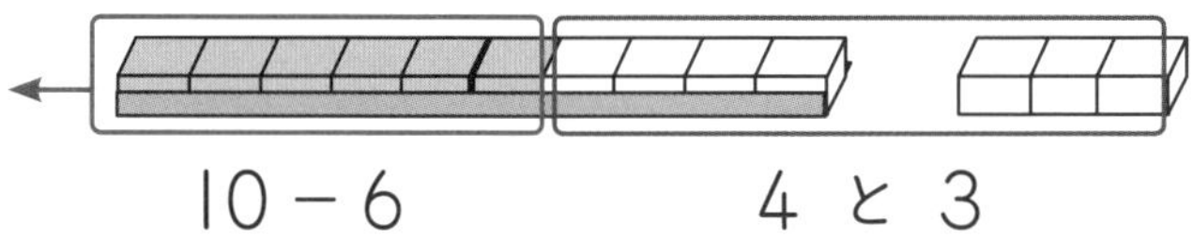

10 − 6　　4 と 3

13 − 6 = 7

10　3
4

12 − 5

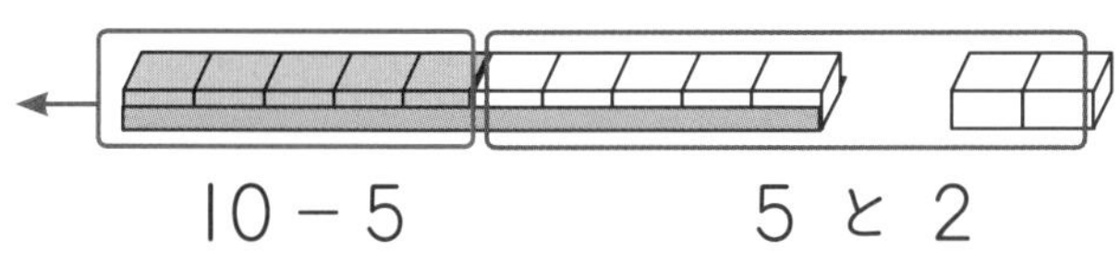

10 − 5　　5 と 2

12 − 5 = 7

10　2
5

子どもたちも安心して自ら取り組めるでしょう。

3　13 − 6 と 12 − 5 の計算をしよう

児童が，ブロック操作と数字の計算を対応させて説明できるようにする。

C　これまでと同じように考えたらできそうだ。

計算できたら，隣の人に計算の仕方をお話ししましょう

まずは，「10 といくつ」に分けたらいいね。
13 を 10 と 3 に分けます。10 から 6 をひきます。
10 − 6 = 4 です。4 と 3 で 7 になります。
答えは 7 です

C　どちらも 10 から 6 や 5 をひいて，その後にたし算をするとできました。

練習問題をする。

4　計算カードを作って，ペアで問題を出し合おう

前時に作成した計算カードのと同じように，□− 7，□− 6，□− 5 のカードを作り，計算練習をする。

表

13 − 7

裏

13 − 7

T　ひく数（7）だけ色を塗りましょう。

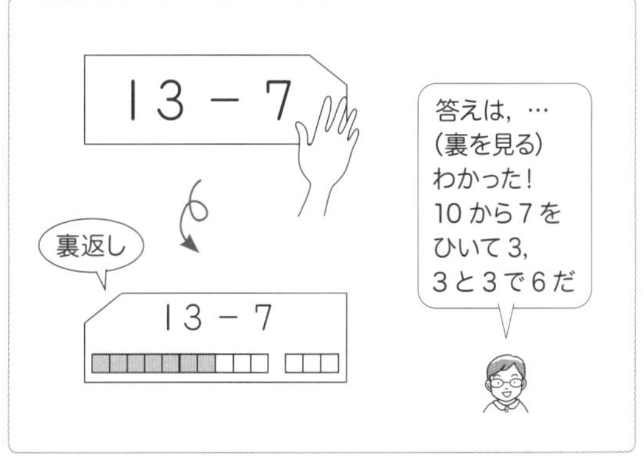

13 − 7
裏返し
13 − 7
答えは，…
（裏を見る）
わかった！
10 から 7 を
ひいて 3，
3 と 3 で 6 だ

第 6 時

迷路で計算練習

本時の目標　迷路を楽しみながら，繰り下がりのあるひき算の計算に習熟する。

板書例

かいじゅうめいろに ちょうせん しよう

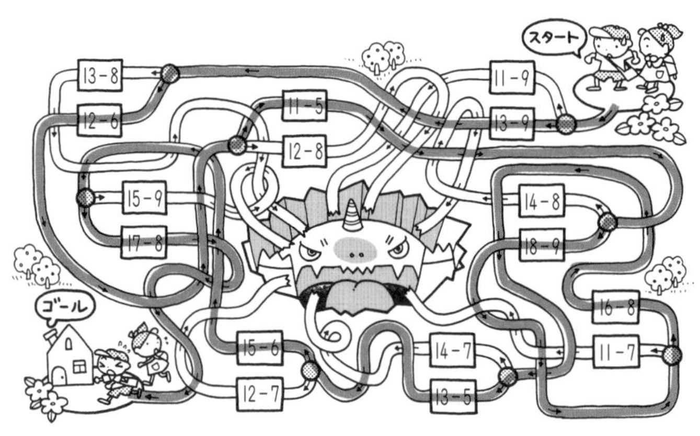

<やくそく>

・もんだいを ノートに うつす。

・こたえの おおきい ほうへ すすむ。

・ゴールまでの みちを いろえんぴつで ぬる。

POINT　迷路で楽しく計算の習熟を図ります。困ったときは，ブロック操作や「10 の図」に色塗りをして考えましょう。

1　怪獣迷路に挑戦しよう

ワークシートを活用する。

T　迷路をするときの約束を説明します。

❶ 問題をノートに写して計算します。
❷ 答えの大きい方へ進みます。
❸ 答えに困ったときは，ブロックや「10 の図」を使って考えます。
❹ ゴールまで進んだら，スタートからゴールまで通った道を色鉛筆で塗ります。

「10 の図」
ブロック操作のかわりに，□□□□□□□□□□ がたくさんかいてある「10 の図シート」を使ってもよい。

使用例　「12 − 8」の場合
10 から 8 をひくので，8 個色を塗る。

2 と 2

T　約束を守ってゴールを目指しましょう。

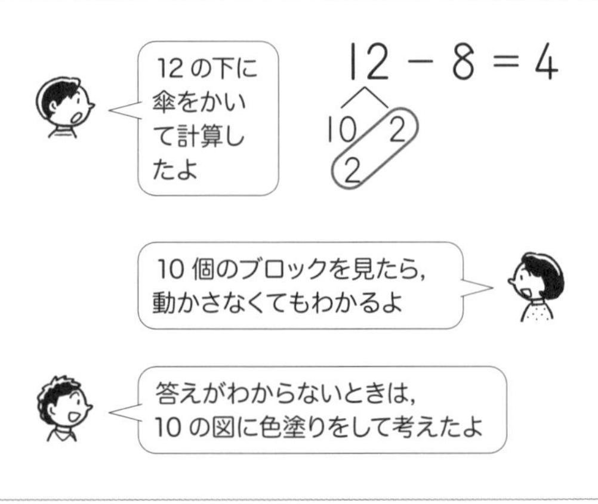

12 の下に傘をかいて計算したよ
12 − 8 = 4
10　2
2
10 個のブロックを見たら，動かさなくてもわかるよ
答えがわからないときは，10 の図に色塗りをして考えたよ

準備物	・算数ブロック（板書用・児童用）　・色鉛筆 ・10のブロックケース　　　　・計算カード QR ワークシート　　　　QR 10の図シート	ICT	「10の図シート」を児童用端末に配信し，計算に躓いたときは，色塗りをして答えを見つけ出す。「塗る」などの簡単な活動から端末操作に慣らしていくとよい。

こまった ときは ブロックや 10のずを つかう

12－8の とき

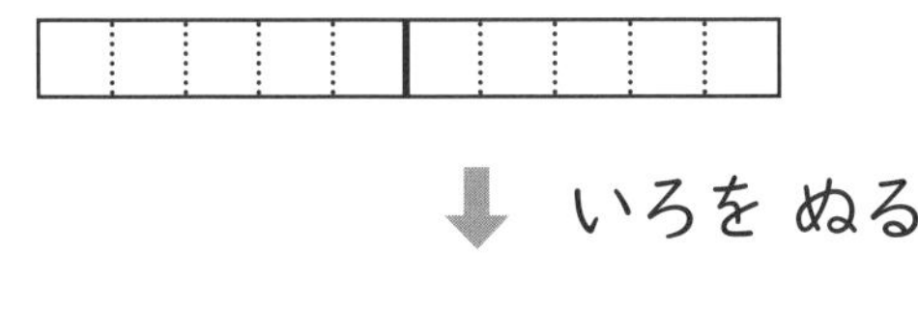

いろを ぬる

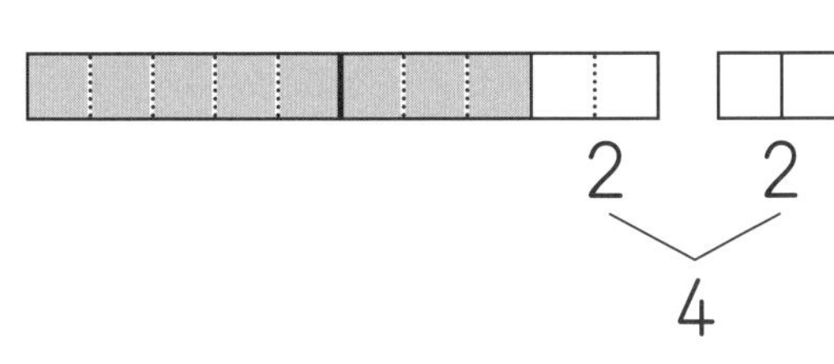

ゴールしたら ペアで
こたえあわせを しよう

2 ペアで答え合わせをしよう

T　まず，迷路で同じ道を通っているか確かめましょう。次は，1つ1つの計算をノートに書いていますね。答えが同じになっているか確かめましょう。

あれ？答えが違うね。
ブロックで確かめてみよう
そうか，10－7を
間違って4にしたんだ

なぜ，どこで間違ったのかを確認できるようにする。
ペアで学習している間に，躓いている児童の個別指導も大切にする。

3 計算カードを使って計算練習をしよう

T　みんなが作った計算カードを使って問題を出し合いましょう。

T　お互いに10枚ずつ問題を出したら，相手を交代してまた10枚ずつ問題を出し合います。

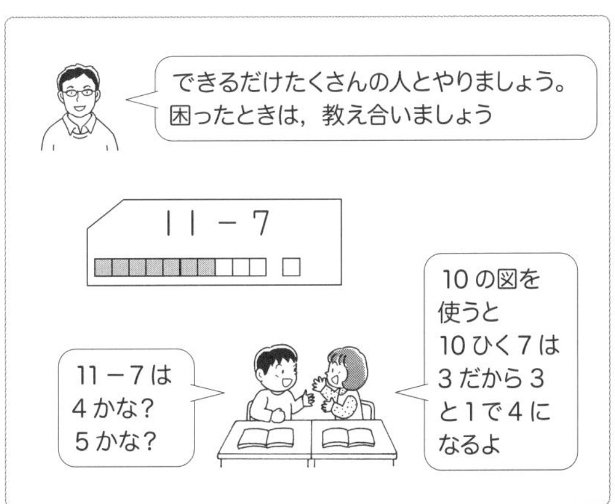

できるだけたくさんの人とやりましょう。

3だから3
と1で4に

上手な教え合いができていたら，称賛して学級全体に広めるようにする。

第7·8時

□−4，□−3，□−2の計算

本時の目標　減加法と減減法で，繰り下がりのある計算ができる。

板書例

12 − 3の けいさんを しよう

1 カエルくんが カードを 12まい もって いました。ともだちに 3まい あげました。カードは なんまい のこって いますか。

しき

12 − 3 = 9

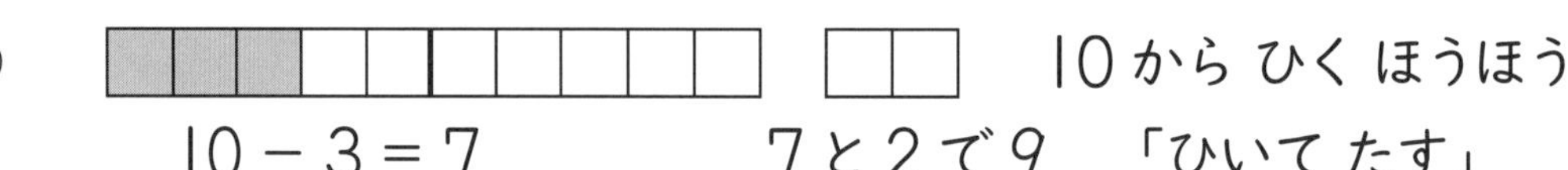

イ 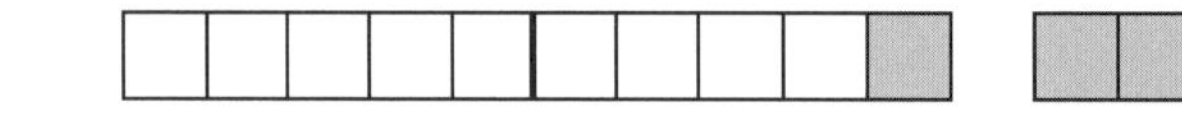

「ひいて ひく」

12 − 2 = 10

10 − 1 = 9

POINT どのように計算したかを「10の図」にかいて話し合います。これまでとは異なる減減法のやり方にも触れ，子どもたちが

1 残りのカードは何枚かな

C　式は，12 − 3になります。

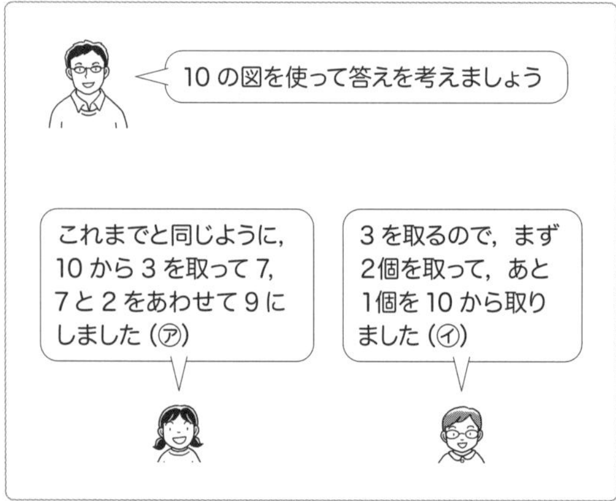

10の図を使って答えを考えましょう
これまでと同じように，10から3を取って7，7と2をあわせて9にしました（ア）
3を取るので，まず2個を取って，あと1個を10から取りました（イ）

C　3個取るときは，イのやり方でもわかりやすいね。

これまでアの減加法で学習してきたが，12 − 3などの計算では，イの減減法をする児童も必ずいる。イの方法も取り上げるようにする。

2 図を使って答えを求めよう

11 − 4，12 − 4，13 − 4，11 − 3，11 − 2の計算問題をする。

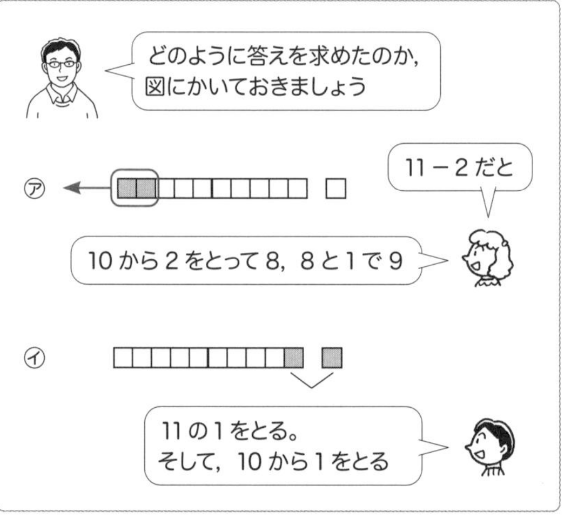

どのように答えを求めたのか，図にかいておきましょう
ア
11 − 2だと
10から2をとって8，8と1で9
イ
11の1をとる。そして，10から1をとる

C　これまでは，10からひくやり方でしていたけど，11 − 2は1取って，また1を取る方が簡単だ。

準備物	・算数ブロック（板書用・児童用） ・10 のブロックケース ・計算カード（6 枚×児童数） QR 計算カード用図　　QR ワークシート	ICT	プレゼンテーションソフトを使用して，□－4や□－3，□－2のカードを提示すると，計算の習熟を図ることができる。

2

① 11 － 4 ＝ 7

② 12 － 4 ＝ 8

③ 13 － 4 ＝ 9

④ 11 － 3 ＝ 8

⑤ 11 － 2 ＝ 9

3

11 － 3

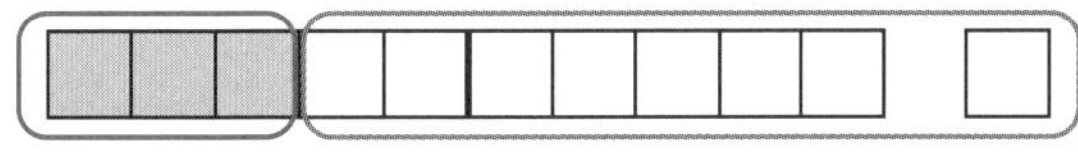

10 － 3 ＝ 7　　7と1で8

11 － 1 ＝ 10
10 － 2 ＝ 8

※ 10の図でやり方を説明する。

やりやすい方法で計算できるとよいでしょう。

3 どんな図になったかをみんなで話し合おう

減加法と減減法をそれぞれ紹介し，それぞれの方法を話し合う。代表の児童が発表する。

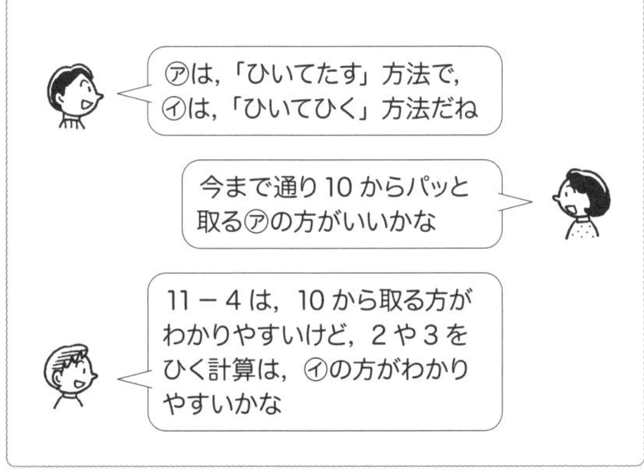

必要に応じてブロック操作もする。

減数が 4 のときは減加法が多くても，減数が 2 や 3 のときは減減法が多くなってくる。

T　㋐と㋑どちらの方法でも計算できますね。自分がやりやすい方法で計算しましょう。

4 計算カードを使ってペアで問題を出し合おう

第 3，4・5 時と同じような計算カード（6 枚）を準備する。

□－ 4, 3, 2 の計算は，減減法で計算する場合を考えて第 3，4・5 時のように色塗りはしないでおく。

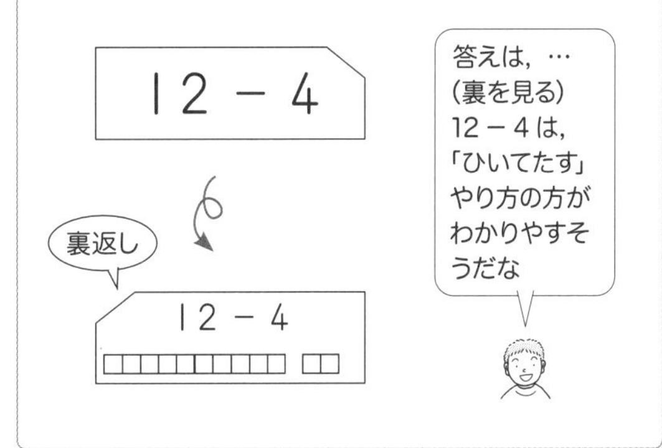

第9時

計算カードの並び方

本時の目標

ひき算の計算カードを並べ，数字の並び方の規則性に気づくことができる。

板書例

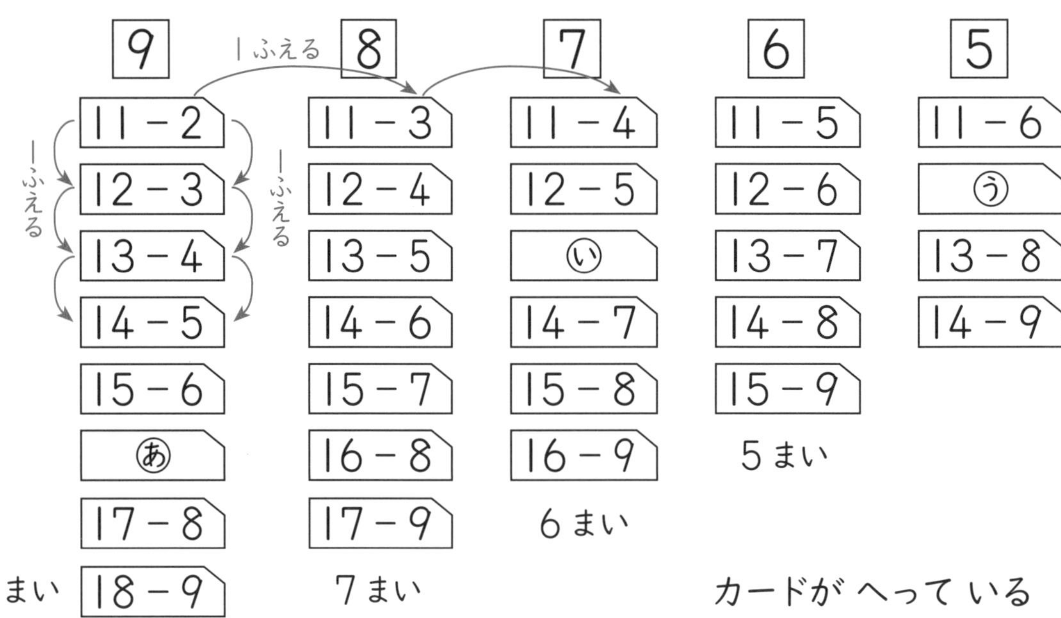

カードを ならべて かんがえよう

カードが へって いる

POINT 同じ答えごとに計算カードを並べ，そこからいろいろな規則性を見つけていきます。子どもから出たいろいろな発見をみん

1 ひき算カードで，これまでの学習を確かめよう

繰り下がりのあるひき算カードのみを使用する。

T　バラバラにしたカードを式が書いてある面を上にして1つに重ねましょう。

上から1枚ずつカードを取り，式とその答えを言います。裏を見て，答えが合っているか確かめましょう
12－5は，7！
16－8は，8！

まずは，各個人で計算練習をする。答えが容易に出ない児童は，算数ブロックや10の図を使って求める。練習できた児童は，ペアで問題を出し合って練習する。

2 答えが9になるカードを並べよう

T　この中で，答えが9になる式のカードはどれでしょう。

黒板にカードをバラバラに貼り，児童が交代で1枚ずつ選ぶ。

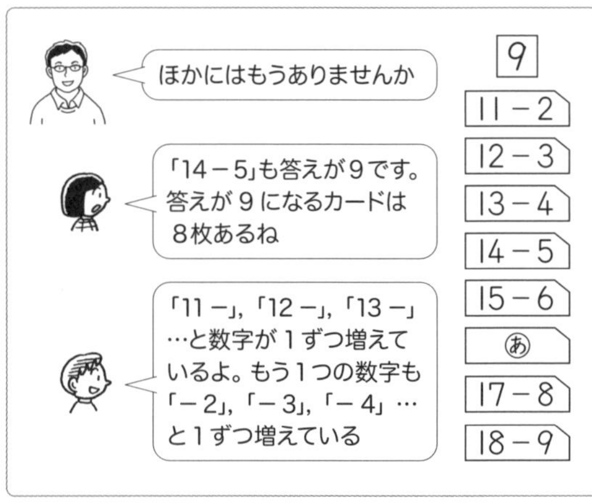

ほかにはもうありませんか
「14－5」も答えが9です。答えが9になるカードは8枚あるね
「11－」，「12－」，「13－」…と数字が1ずつ増えているよ。もう1つの数字も「－2」，「－3」，「－4」…と1ずつ増えている
9
11－2
12－3
13－4
14－5
15－6
あ
17－8
18－9

児童も計算カードを机上に同じように並べていく。

準備物	・ひき算カード（板書用・児童用） ・算数ブロック（児童用）	ICT	計算カードを並べた図を配信することで，児童がカードの並びから見つけたことや気づいたことを記録しやすくなる。

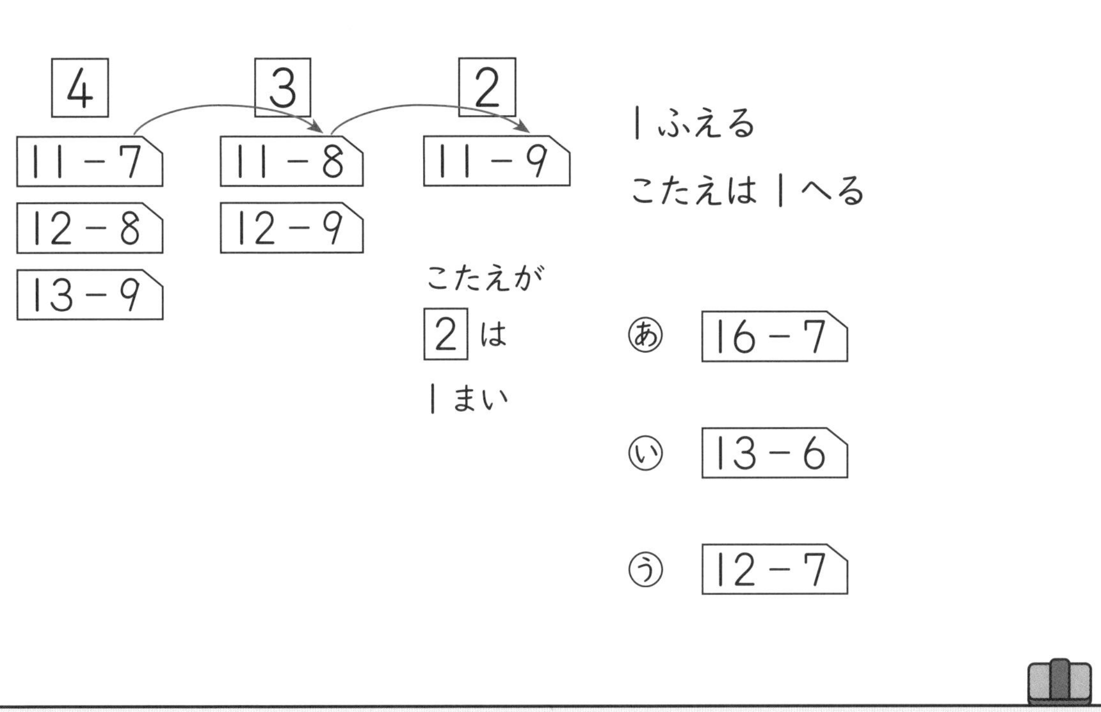

なで認め合いましょう。

3 すべてのカードを同じ答えで仲間分けしよう

9と同じように仲間分けしてカードを貼っていく。

C　カードの枚数が1枚ずつ減っているね。答えが2になるのは1枚だけだよ。

T　カードを横に見て気づいたことはありますか。どんな並び方になっていますか。

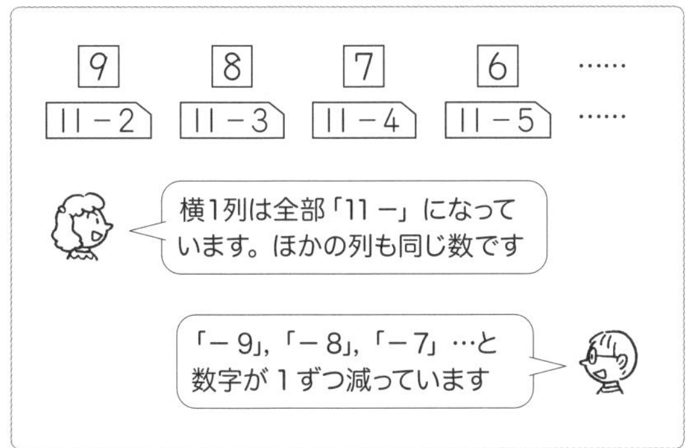

9
8
7
6
11－2
11－3
11－4
11－5
横1列は全部「11－」になっています。ほかの列も同じ数です
「－9」，「－8」，「－7」…と数字が1ずつ減っています

カードを斜めに見て気づいたこともまとめる。

4 どの式のカードが入るか考えよう

並べたカードから数枚抜き取り，どんな式が入るかを考えていく。なぜそう考えたか理由もあわせて発表できるようにする。

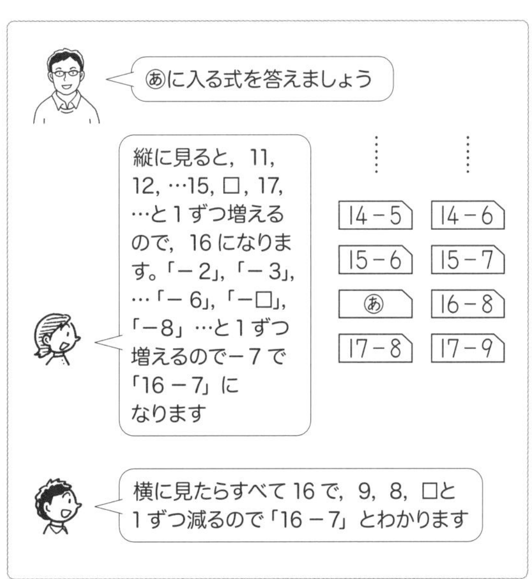

あに入る式を答えましょう
縦に見ると，11，12，…15，□，17，…と1ずつ増えるので，16になります。「－2」，「－3」，…「－6」，「－□」，「－8」…と1ずつ増えるので－7で「16－7」になります
14－5
14－6
15－6
15－7
あ
16－8
17－8
17－9
横に見たらすべて16で，9，8，□と1ずつ減るので「16－7」とわかります

第10時
ひき算カードゲーム

本時の目標　ひき算カードゲームや花びらの計算をして，繰り下がりのある計算に習熟する。

板書例

ひきざんカードを つかって ゲームを しよう

1 <ひきざん ビンゴゲーム>

・うらがえしの カードを 1まい とり しきを よむ。

・こたえと おなじ かずの ところに いろを ぬる。

・たて，よこ，ななめに 3つ そろったら ビンゴ。

5	8	3
7		4
2	9	6

2 <カードあわせ ゲーム>

・カードを おなじ まいすうずつ くばる。

・こたえが おなじ カードを 2まい だす。

・じゅんばんに カードを とって いき，こたえが おなじ カードがでたら 2まい だす。

・カードが なくなったら かち。

POINT　カードゲームでは，勝敗にこだわらず，互いに教え合いをするなどの学び合いの機会にしましょう。

1 班でひき算ビンゴゲームをしよう

【やり方】

❶ ビンゴカードのますの真ん中に好きな色を塗る。その他のますには，2から9までの数字を書く。

❷ 1人が裏返したカードを1枚取り，式を読む。答えと同じ数のところに色を塗る。縦，横，斜めに3つ揃ったらビンゴになる。

運で勝敗が決まる可能性の高いゲームからする。

2 班でカード合わせゲームをしよう

【やり方】　トランプのジジ抜きと同じルール

❶ カードを同じ枚数ずつ配る。

❷ 答えが同じカードを2枚組にして出す。

❸ 隣の人のカードを順番にとっていき，同じ答えのカードが出たら2枚組にして出す。

❹ カードが無くなったら勝ちとなる。

13－4だ，答えは9，
答えが9のカードが確かあったぞ
13－4と15－7を出します
あれ？
15－7は
答えは8だから
違うよ

答えが2，4，6，8になるカードは機数枚のため1枚増やすか減らしておく。ただし，1つだけは奇数枚にしておく。

準備物	・ひき算カード（裏面は白紙） ・ビンゴカード ・色鉛筆 QR ワークシート	ICT	表計算ソフトでビンゴの枠を作成すれば，数値を簡単に変更したり，色を塗りやすくなったりする。

3

＜カードとりゲーム＞

・カードを バラバラに ならべる。

・2から 9のうち 1つ かずを えらぶ。

・その かずが こたえに なる しきの カードを とる。

・ひとりが とれるのは 3まいまで。

・カードを たくさん とった ひとが かちと なる。

4

＜はなびら けいさんを しよう＞

まんなかの かずから まわりの かずを ひく。

3 班でカード取りゲームをしよう

【やり方】

❶ 式が書いてある面を上にして，バラバラに広げる。
❷ 1人が，2から9までの数の中から1つ数字を選ぶ。
❸ 選んだ数字が答えとなる式のカードを探して取る。
❹ カードをたくさん取った人が勝ちとなる。

8です
「12－4」を取ったよ
「15－7」を取ったよ，まだ他にもあるね

計算力の差が表れるゲームとなる。はじめは，1人3枚までという制約を作っておくとよい。

4 花びら計算をしよう

ワークシートを活用する。

T 真ん中の数からまわりの数をひいて，答えを花びらに書きましょう。

T どの花から始めてもいいですよ。

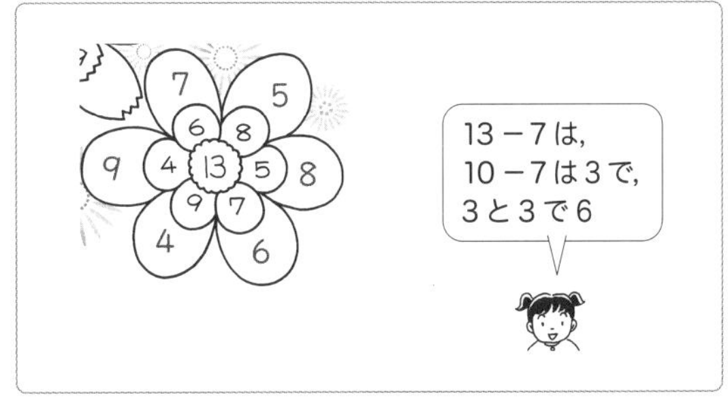

T できたら，2人で答え合わせをしましょう。

各自のペースで計算練習できるようにする。

第11時 ひき算・たし算迷路

本時の目標
迷路を楽しみながら，繰り下がりのあるひき算と繰り上がりのあるたし算に習熟する。

板書例

めいろに ちょうせんしよう

1

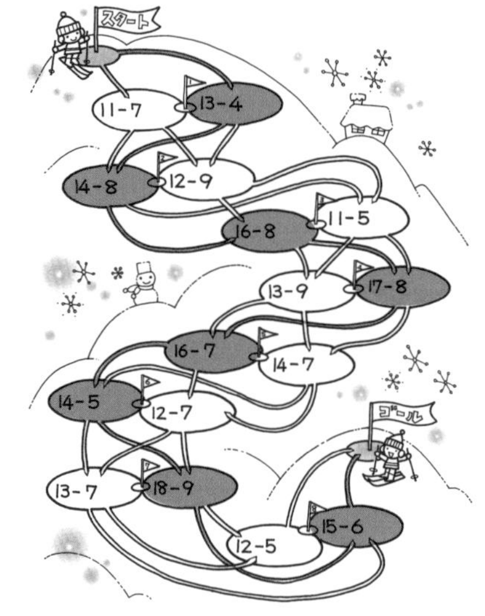

<やくそく>

・もんだいを ノートに うつす。

・こたえの たしかめを する。

・こたえの おおきい ほうへ すすむ。

・ゴールまでの みちを いろえんぴつで ぬる。

POINT 楽しい迷路のワークシートでたし算・ひき算の計算練習をします。一人ひとりの計算速度は違います。自分のペースで丁寧

1 スキー迷路をやってみよう

ワークシートを活用する。

T 迷路をするときの約束を説明します。

❶ 問題をノートに写して計算します。
❷ 答えのたしかめをします。
❸ 答えの大きい方へ進みます。
❹ 答えに困ったときは，ブロックや「10の図」を使って考えます。
❺ ゴールまで進んだら，スタートからゴールまで通った道を色鉛筆で塗ります。

ブロック操作のかわりに，10の図を使ってもよい。

14 − 9

T 答えのたしかめをしましょう。

「11−8＝3」の答えが正しいかどうかを，たし算で確かめることができます

(11) − 8 = [3]

[3] + 8 = (11)

たして，同じ数になったら正しいということだね

各自のペースで進めていく。躓いている児童には個別指導をする。早くできた児童は次の迷路に取り組む。

準備物
・色鉛筆　・計算カード
・算数ブロック（児童用）
QR 10の図シート
QR ワークシート

ICT
迷路のデータを配信することで，紙面よりも間違えた時に修正しやすい。また，拡大すると見やすくなって作業がしやすい。

1 こたえの たしかめ

$$⑪ - 8 = \boxed{3}$$

$$\boxed{3} + 8 = ⑪$$

たしざんで
たしかめる

2

$$⑥ + 9 = \boxed{15}$$

$$\boxed{15} - 9 = ⑥$$

ひきざんで
たしかめる

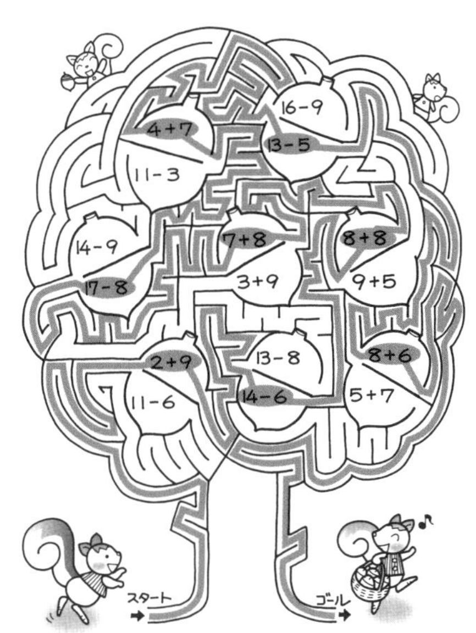

に計算すればよいことを伝えましょう。

2 リスの木登り迷路をやってみよう

T　今度は，たし算とひき算が混じった迷路になっています。間違えないように気をつけましょう。

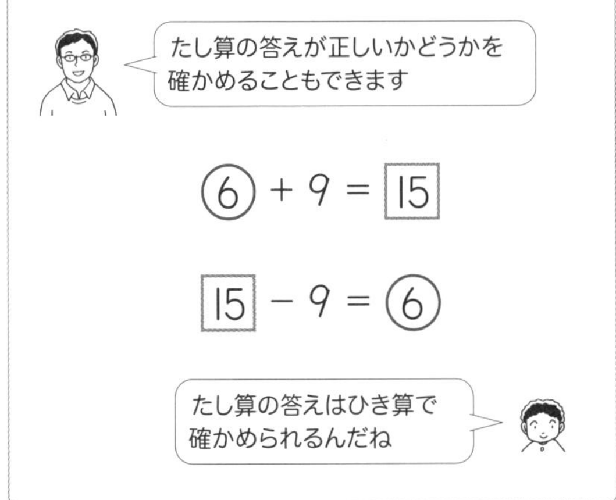

たし算の答えが正しいかどうかを確かめることもできます
⑥＋9＝15
15－9＝⑥
たし算の答えはひき算で確かめられるんだね

T　最後までできたら，ペアで答え合わせをしましょう。

（答え合わせの方法は第6時展開2参照）

3 計算カードを使って計算練習をしよう

T　これまでの計算カードを使って，計算の問題を出し合いましょう。お互いに10枚ずつ問題を出したら，相手を変えてまた10枚ずつ問題を出し合いましょう。何人の人とできるかな。

まだ苦手な計算があるけど，〇〇さんに10の図で教えてもらったよ
頭の中でブロックを思い浮かべて計算できるようになったよ

計算練習を通して，多くの児童と交流できるようにする。

第12時
文章問題

本時の目標 「12 − 7」の式になる問題を見つけたり，文章問題を作る活動を通して，減法の意味を確かめることができる。

板書例

12 − 7に なる ぶんしょうもんだい

1 2

1
きに りんごが 12こ なって います。
7こ とりました。
のこりは なんこですか。

しき 12 − 7 = 5

3
ゆうなさんは シールを 7まい，
おねえさんは 12まい つかいました。
あわせて なんまい つかいましたか。

しき 7 + 12 = 19

2
ガムが 12こ あります。
7にんで 9こ たべました。
のこりは なんこですか。

しき 12 − 9 = 3

4
りょうたさんは カードを 12まい，
おとうとは 7まい もって います。
どちらが なんまい おおく もって
いますか。

しき 12 − 7 = 5

POINT 1年生から文章問題をしっかり読む学習はとても大切です。文章から数字だけを見つけて式に表すことのないよう，ブロッ

1 「12 − 7」の式になる問題を選ぼう

1〜4の問題文を提示する。ワークシートを活用する。

T 1から問題文をみんなで読みましょう。

T まずは，ひとりで考えましょう。「12 − 7」になる式は1つだけではありません。

T 隣の人と答え合わせをしましょう。なぜそう思ったのか理由も言いましょう。

1は残りを求めているから
ひき算だね

2も残りを求めているよ。
3は「あわせて」とあるから
たし算だね

2 1から順に12 − 7の式になるか話し合おう

T 1の問題はどうですか。

C 残りのりんごの数を求めているからひき算です。12 − 7です。

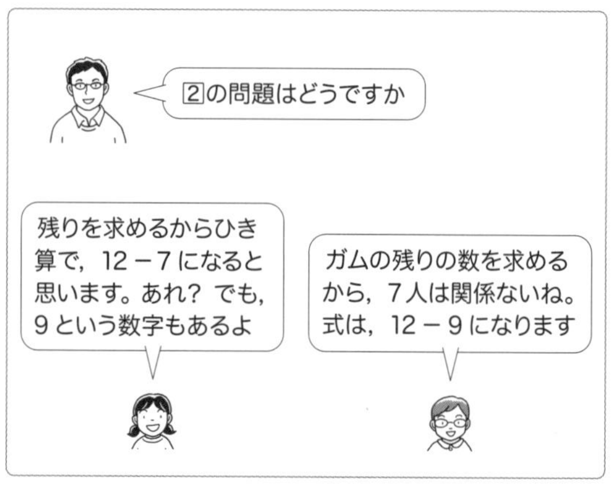

2の問題はどうですか
残りを求めるからひき算で，12 − 7になると思います。あれ？ でも，9という数字もあるよ
ガムの残りの数を求めるから，7人は関係ないね。式は，12 − 9になります

問題文に出てくる数字の順に式を立ててしまう児童も多い。文章をしっかり読み解く力が必要になる。

準備物	・算数ブロック（板書用・児童用） ・色鉛筆 QR 板書用イラスト QR ワークシート	ICT	児童が作った問題をデータ化して共有すれば，他の児童の問題作りのヒントになったり，問題作りの意欲を高めたりすることにつながる。

3 < 12 − 7 になるおはなしをつくろう >

・ねこが 12 ひき います。
さかなを もって いる
ねこは 7 ひきです。
さかなを もって いない ねこは
なんびきですか。

※ 児童が作ったお話を紹介する。

・たくやさんは さかなを 12 ひき つりました。
7 ひき やいて たべました。
のこりは なんびきですか。

クや図を使って場面を確かめましょう。

T ③の問題はどうですか。
C 「つかいました」とあるからひき算かな。
C 「あわせて」とあるからたし算だよ。式は，12 ＋ 7 になります。

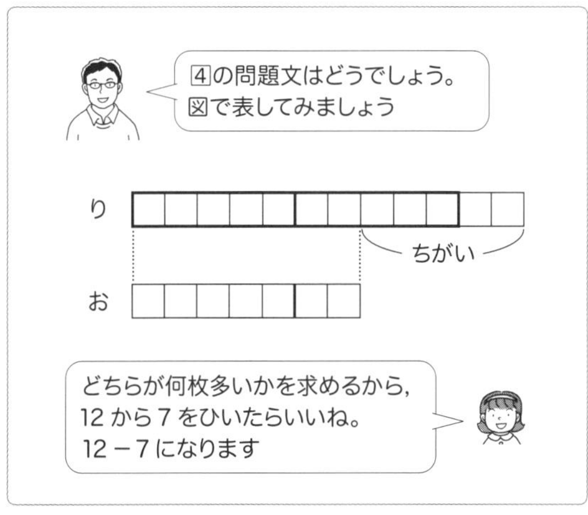

④の問題文はどうでしょう。
図で表してみましょう
り
ちがい
お
どちらが何枚多いかを求めるから，
12 から 7 をひいたらいいね。
12 − 7 になります

必要に応じてブロックや図を使って問題文を整理する。

3 「12 − 7」のお話を作ってみよう

ワークシートの絵を参考にしてもよい。

C 猫が全部で 12 匹いて，魚を持っている猫が 7 匹いるよ。魚を持っていない猫は何匹かの問題ができるね。

求補の問題を苦手とする児童は多いため，絵を参考にする。また，児童が作った求差の問題（比較的作問しやすい）を紹介し，見本とする。

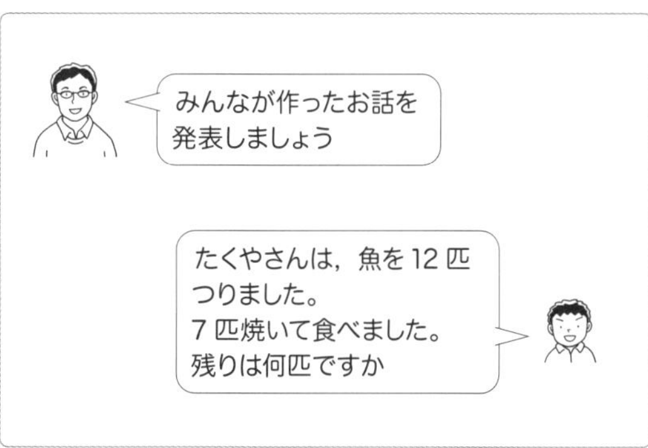

第３時　ワークシート

なまえ ______________

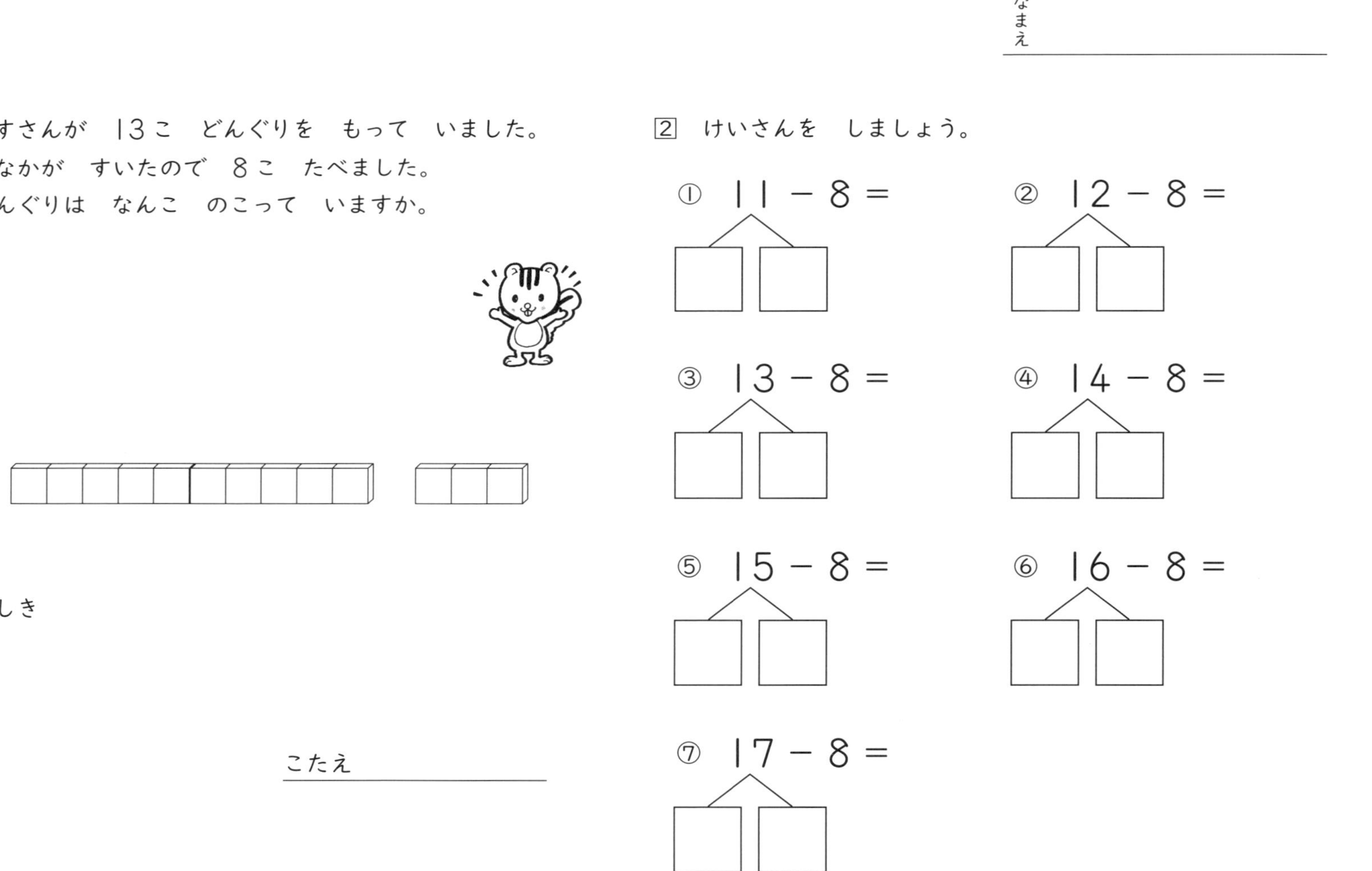

1　りすさんが　13こ　どんぐりを　もって　いました。
おなかが　すいたので　８こ　たべました。
どんぐりは　なんこ　のこって　いますか。

しき

こたえ ______________

2　けいさんを　しましょう。

① 11 − 8 =

② 12 − 8 =

③ 13 − 8 =

④ 14 − 8 =

⑤ 15 − 8 =

⑥ 16 − 8 =

⑦ 17 − 8 =

第 10・11 時　ワークシート

なまえ

● まんなかの　かずから　まわりの　かずを ひいて，こたえを　はなびらに　かきましょう。

なまえ

● こたえの　おおきい　ほうへ　すすんで，ゴールまで　いきましょう。

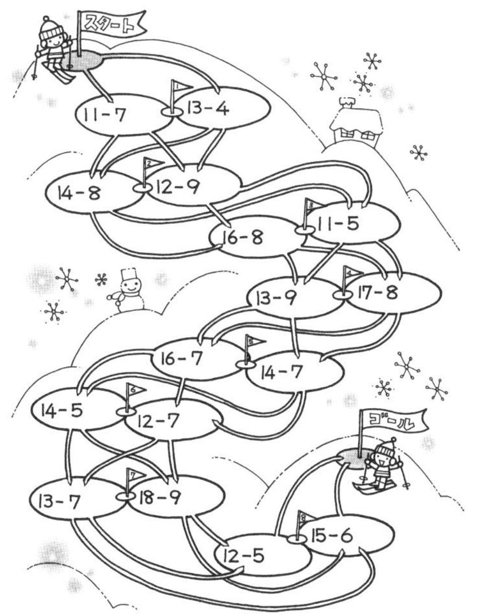

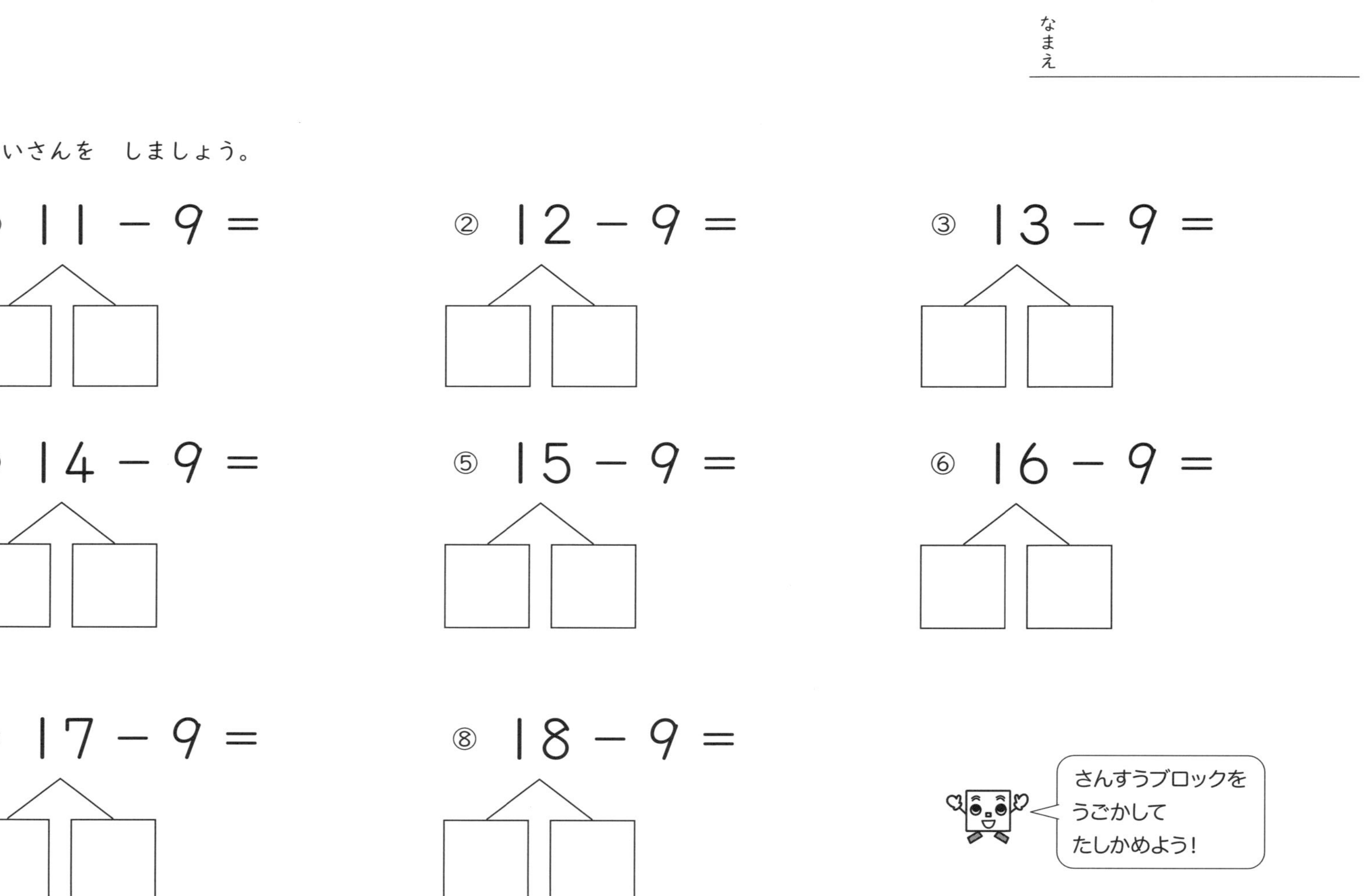
なまえ
けいさんを　しましょう。
① 11 − 9 =
② 12 − 9 =
③ 13 − 9 =
④ 14 − 9 =
⑤ 15 − 9 =
⑥ 16 − 9 =
⑦ 17 − 9 =
⑧ 18 − 9 =
さんすうブロックを
うごかして
たしかめよう！

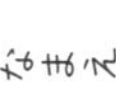

めいろの　やくそく

① ２つの　けいさんを　ノートに　かいて　けいさんする。

② こたえの　おおきい　ほうへ　すすむ。

③ とおった　みちに　いろを　ぬる。

スタート

11－9　13－9

14－8　18－9

16－8　11－7

14－7　13－5

11－5　12－8

15－6　12－7

13－8　12－6

15－9　17－8

ゴール

ひきざん（B案）

全授業時数11時間

◎ 学習にあたって ◎

これまでに「9までのたし算・ひき算」「2けたの数」「繰り上がりのあるたし算」を学習してきています。本単元はこれらの延長上にあり，「繰り下がり」の意味を理解し，ひき算の計算ができるようにしていくことがねらいです。この学習は「多位数のひき算」の基礎となるものです。

整数は「十進位取り記数法」の原理で成り立っていて，一の位で「10」ができると十の位の「1」となるのが「繰り上がり」です。「繰り下がり」はその逆で，十の位の「1」を一の位の「10」にしていくことです。この意味をしっかりと理解させていくことが大事です。そのためにもできれば，横書きの計算でなく，「位の部屋」がわかりやすい縦書きの計算（筆算）で指導するとよいでしょう。

問題数は45題ありますが，「繰り下がり」をしたあと，ひく数をどこから取るかで3通りの方法があります。児童が最初に見つけたりするのは，まず「一の位」からひけるだけひいて，不足分を「10」からひくという「減々法」と呼ばれるやり方です。この方法はひく数をいろいろに分解しなければならず，「逆引き」をさせてしまうことになりがちでやらせたくない方法です。

一般的に教科書などで行われている方法が「減加法」と呼ばれるもので，まず，「繰り下がり」をした「10」からひき，その補数と「一の位」から「いくつ」をひき「5」と合わせます。一見わかりづらそうですが，児童はブロックをイメージしてぱっと念頭操作で計算してきます。ここでは「減加法」を中心にして「五・二進法」も取り入れて進めていきます。ブロック操作からブロック図，補助数字を書いて念頭操作で計算できるようにします。

ひき算の意味理解を深めるために，「求残」を主として「求補」の場面を素材として，「繰り上がり」で登場した「ぶろっくんと5のお姉さん」が宝島を探検していくストーリーを入れて進めていきます。

◎ 評　価 ◎

知識および技能	11～18から1位数をひく「繰り下がり」のある減法計算ができる。 10のまとまりに着目することで，11～18から1位数をひく「繰り下がり」のある減法計算ができることを理解する。
思考力，判断力，表現力等	11～18から1位数をひく「繰り下がり」のある減法計算で，2けたの数の構成や10の補数に着目して計算の仕方を考え，操作や言葉などを用いて表現したり工夫したりすることができる。
主体的に学習に取り組む態度	既習の減法計算や数の構成を基に，11～18から1位数をひく「繰り下がり」のある減法計算の仕方を進んで考えようとしている。

◎ 指導計画　11時間 ◎

時	題	目　　標
1	ひき算の場面 「10 − 3 型」の計算	減法が用いられる場面を理解して式に表し，「10 −3型」の計算の仕方を考えることができる。
2	「12 − 9 型」の計算	「12 −9型」で，減加法の計算の仕方を理解する。
3	「12 − 4 型」の計算	「12 −4型」で，減加法の計算の仕方を理解する。
4	「13 − 7 型」の計算	「13 −7型」で，減加法の計算の仕方を確認し，五・二進法の方法を見つける。
5	「13 − 7 型」 2通りの方法	「13 −7型」で，減加法と五・二進法の2通りの方法を理解する。
6	「14 − 9 型」の計算	「14 −9型」の計算を減加法と五・二進法で理解する。
7	「15 − 6 型」の計算	「15 −6型」の2通りの計算方法を理解し，自分のやりやすい方法で計算することができる。
8	「16 − 7 型」の計算	「16 −7型」の計算で2通りの方法の違いを見つけ，自分のやりやすい方法で計算することができる。
9	「12 − 5 型」の問題作りと計算	「12 −5型」で「求補」の問題を作ることができ，計算を確実に行うことができる。
10	いろいろな型の計算 おはじき取りゲーム	いろいろな型の混ざった数計算を念頭操作でできる。
11	ひき算迷路にチャレンジ	繰り下がりのあるひき算が確実にできる。

※ 全 11 時間のうち，第 4 時～第 11 時の指導案は QR コードに収録されています。

第1時 ひき算の場面
「10－3型」の計算

本時の目標 減法が用いられる場面を理解して式に表し，「10－3型」の計算の仕方を考えることができる。

板書例

のこりの フルーツは いくつかな

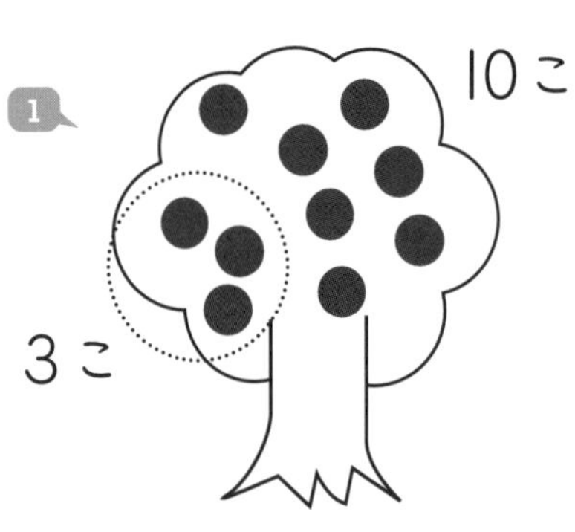

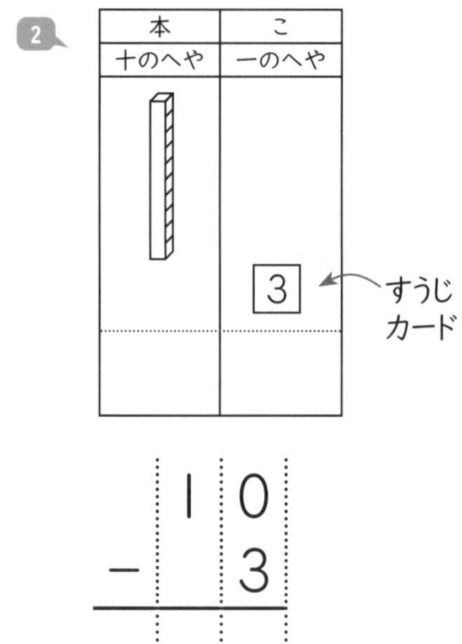

しき 10－3＝7

7こ

POINT ひく数の算数ブロックを裏返して色を変えると，残りの数がよくわかります。

1 お話の場面を理解し，式に表そう

QR「宝島の探検」のお話1を読む。

答えられないと
食べられちゃうよ
虹色のフルーツは
10 個あって，
3 個をドラゴンに
あげるから…

T どんな式になりますか。

C 残りを求めるからひき算です。

C 10－3で，答えは7個です。

「のこりはいくつ」で「10－□」は学習しているため，答えは容易に出てくる。「求残」の意味を再度確認する。

2 「位の部屋」に算数ブロックを置いて考えよう

黒板に位取り表を提示し，「十の部屋」（十の位）に 10 のブロックを1本置く。

C 0から3はひけないよ，どうしよう。

T ひく数がわかるように，3の数字カードを置いておきます。

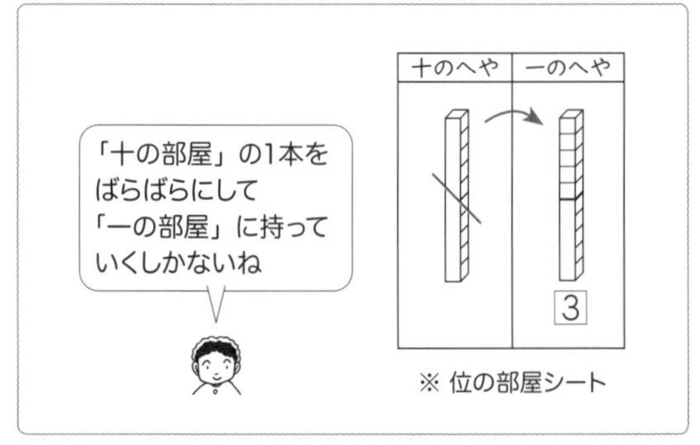

「十の部屋」の1本を
ばらばらにして
「一の部屋」に持って
いくしかないね
十のへや
一のへや
3

※ 位の部屋シート

T 「十の部屋」にある1本を 10 個にして「一の部屋」に持っていくことを「変身1本繰り下がり」といいます。

準備物	・算数ブロック（板書用・児童用） ・「位の部屋シート」（印刷して児童に配る） ・色鉛筆　　　　・数字カード QR お話「宝島の探検 その1～その9」	ICT	位の部屋でブロック操作をする動画を準備しておく。動画を使って「変身1本繰り下がり」「ポイ」を説明すると効果的であり，児童も同じように操作することができる。

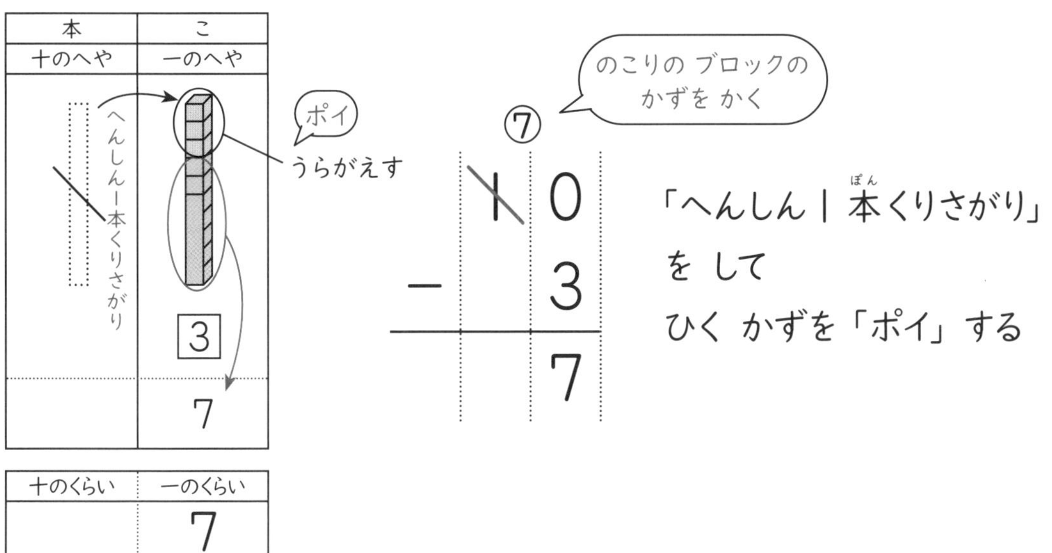

のこりの ブロックの かずを かく

3 ブロックを動かして，数字で計算してみよう

T 「変身１本繰り下がり」した10から３をひきます。

C ひく数の３個のブロックを「ポイ」と裏返したよ。残っているのは７個とすぐにわかるよ。

ブロック図をかき，操作の順に色塗りをしておくと後で確認もできる。

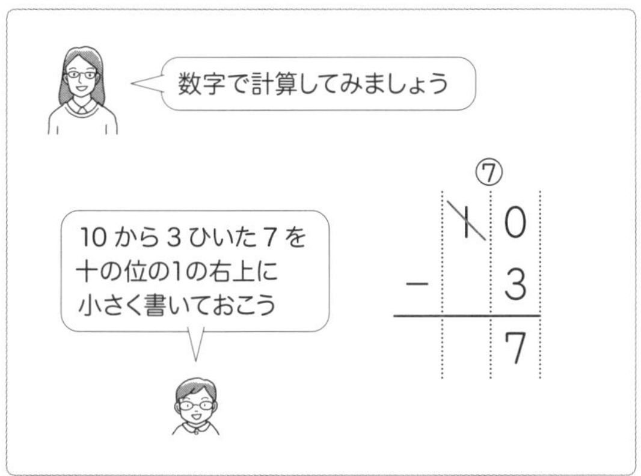

10から３ひいた７を十の位の1の右上に小さく書いておこう

計算の補助数字の書き方は児童と相談して決めていく。本書の通りでなくてよい。お話2を読む。

4 ひく数だけブロックを裏返して，「10 −□」の計算をしよう

T フルーツを２個，５個，８個，…取ったときの残りは何個になるか計算してみましょう。

C 「十の部屋」の１本を「変身１本繰り下がり」して10個にするよ。

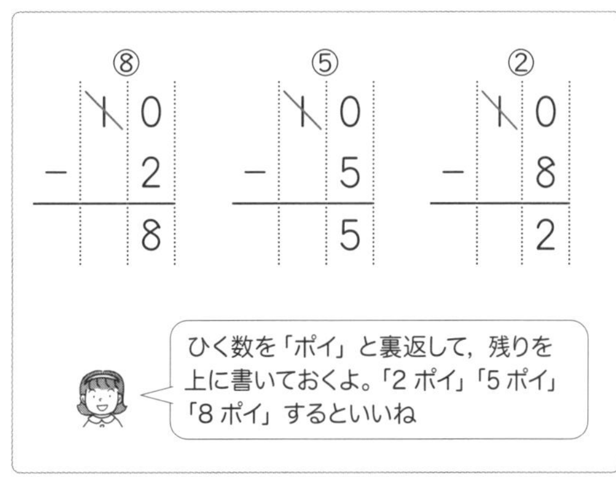

⑧
10
− 2
8
⑤
10
− 5
5
②
10
− 8
2
ひく数を「ポイ」と裏返して，残りを上に書いておくよ。「2ポイ」「5ポイ」「8ポイ」するといいね

ブロック操作で，「はじめの数」から「ひく数」を取り除くと，もとの数や，どこから取ったのかがわからなくなる。ブロックを裏返すことで２色になり，はじめの数も明確である。

第2時

「12－9型」の計算

本時の目標　「12－9型」で，減加法の計算の仕方を理解する。

板書例

どんぐりを なんこ おとしたかな

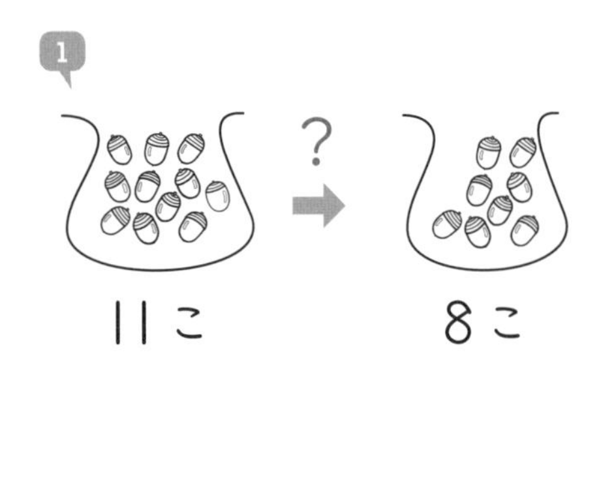

しき　11－8

2

本	こ
十のへや	一のへや
	8

本	こ
十のへや	一のへや
くり下がり	ガチャン ポイ 8
	3

十のくらい	一のくらい
	3

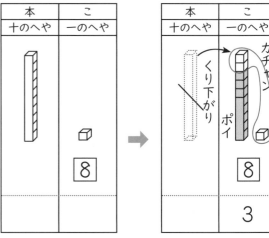

POINT　「変身１本繰り下がり」「ポイ」「ガチャン」の３拍子を唱えながら計算していきましょう。

1 お話の場面を理解し，式に表そう

「宝島の探検 その２」のお話1を読む。

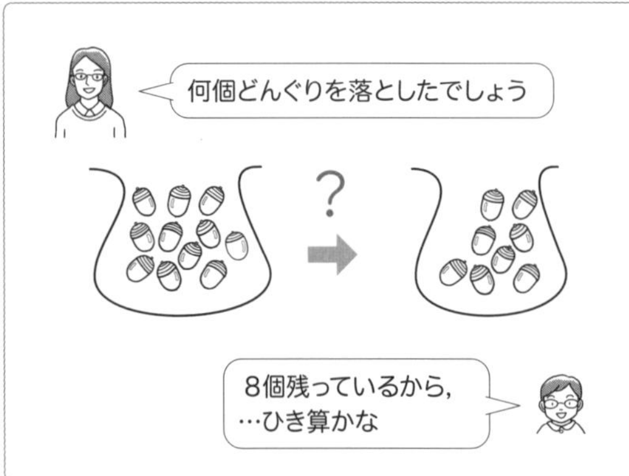

何個どんぐりを落としたでしょう
?
8個残っているから，
…ひき算かな

C　式は，11－8になります。

C　1から8はひけないけど，どうしよう。

C　これも「変身１本繰り下がり」かな。

「12－9型」の一の位が0ではなく，数字のある一般型の計算になる。一の位の計算である「1－8」ができないことを確認する。

2 「位の部屋」に算数ブロックを置いて考えよう

位取り表を提示し，「十の部屋」と「一の部屋」に10のブロック１本と，ばら１個を置く。ひく数８の数字カードを置く。

C　1から8はひけません。

C　「変身１本繰り下がり」をして，「一の部屋」へ10個動かしたらいいね。

C　8をひくので，8個のブロックを「ポイ」と裏返すよ。10から8を取ったら2だね。

T　ブロックは何個残っていますか。

C　2個と1個です。

T　2個と1個を「ガチャン」して3個になります。

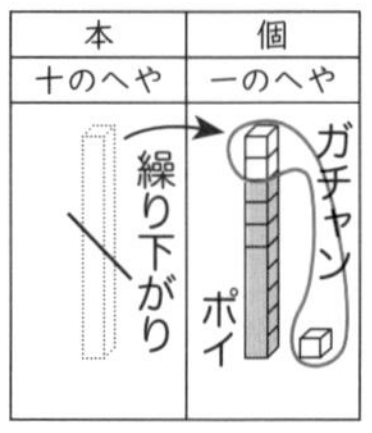

「変身１本繰り下がり」「ポイ」「ガチャン」という言葉を使ってブロック操作を繰り返す。ブロック図をかき，操作の順に色塗りをする。お話2を読む。

準備物	・算数ブロック（板書用・児童用） ・「位の部屋シート」 ・色鉛筆 ・数字カード

ICT	位の部屋で「変身1本繰り下がり」「ポイ」「ガチャン」のブロック操作をする動画を準備しておく。動画とあわせて数計算の仕方を説明すると効果的である。

＜へんしん１本くりさがり，ポイ，ガチャンで けいさん＞

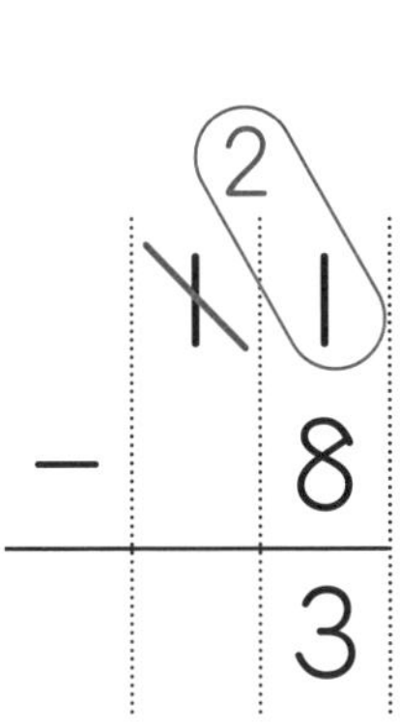

10から
8ポイ

2と1で
ガチャン

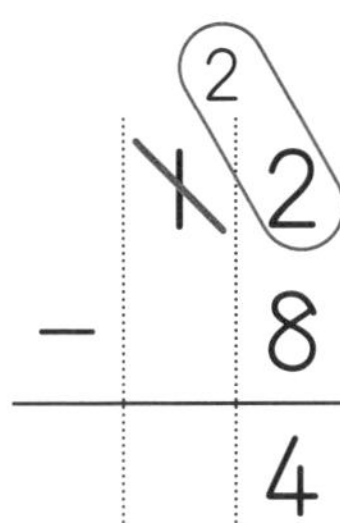

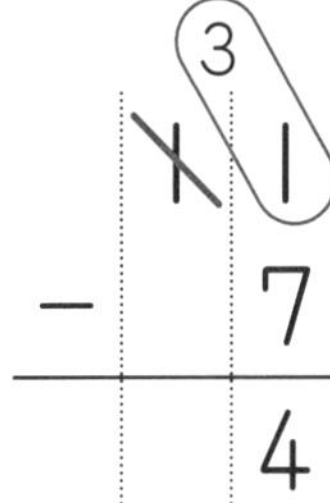

2 12 − 8 = 4

3 11 − 7 = 4

3 ブロックを動かして，練習問題をしよう

「12 − 9型」の計算問題（13 − 9，11 − 9，12 − 8，11 − 7，12 − 9）をブロック操作で解く。

C　一の位の計算はできないから，「変身１本繰り下がり」をするよ。

C　「一の部屋」にかんづめの５と，ばらの５のブロックを置くよ。

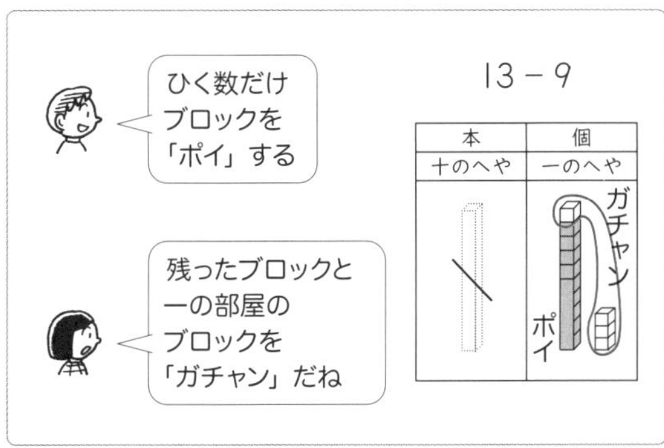

ひく数だけ
ブロックを
「ポイ」する
残ったブロックと
一の部屋の
ブロックを
「ガチャン」だね
13 − 9
本
個
十のへや
一のへや
ガチャン
ポイ

4 「変身１本繰り下がり，ポイ，ガチャン」に合わせて計算しよう

❶「変身１本繰り下がり」
十の位の「１」に斜線を入れる。

11 − 8 = 3

❷ 10から８を「ポイ」して「２」十の位の１の右上に２を書く。

11 − 8 = 3

❸ ２と１を「ガチャン」して「３」２と１を囲んで３と書く。

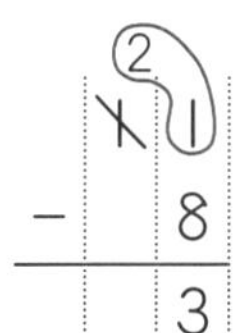

唱えながら繰り返し練習する。
展開３の計算問題５問も同じように計算する。

第3時

「12 − 4型」の計算

本時の目標 「12 − 4型」で，減加法の計算の仕方を理解する。

板書例

ゆうれいやしきの もんだいを つくろう

1 ＜12 − 4の もんだいづくり＞

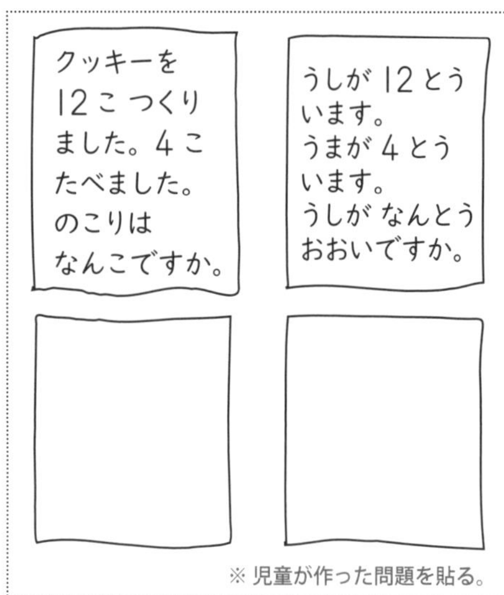

クッキーを
12こ つくり
ました。4こ
たべました。
のこりは
なんこですか。
うしが 12とう
います。
うまが 4とう
います。
うしが なんとう
おおいですか。
※ 児童が作った問題を貼る。

2

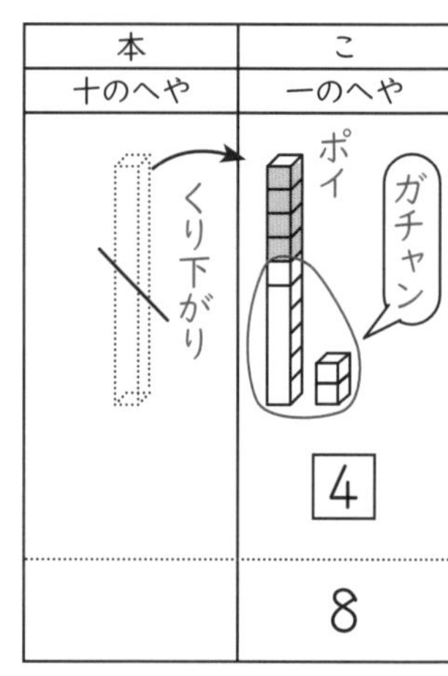

十のくらい	一のくらい
	8

POINT 「変身1本繰り下がり」「ポイ」「ガチャン」の3拍子を唱えながら計算を確実にしていきましょう。

1 お話の場面を理解し，式に表そう

「宝島の探検 その3」のお話1を読む。

式が「12 − 4」になる
問題を作りましょう
ひき算だから，
残りを求める問題に

作れないと幽霊に
されちゃうよ

C お菓子を食べた問題にしよう。

C どちらがいくつ多いかを考える問題でもいいのかな。

早くできた児童は，画用紙に大きくペンで問題を書き，黒板に貼る。また，タブレットなどを活用する。数人に発表してもらう。

2 算数ブロックを使って，「12 − 4」の答えを求めよう

位取り表を提示し，「十の部屋」と「一の部屋」に10のブロック1本と，ばら2個を置く。ひく数4の数字カードを置く。

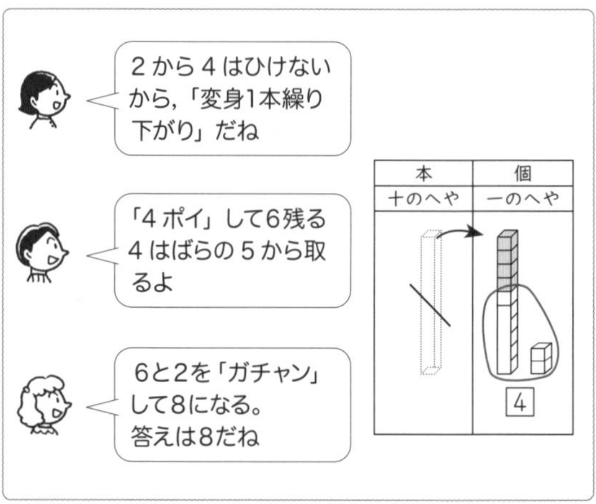

下がり」だね
「4ポイ」して6残る
4はばらの5から取

して8になる。
答えは8だね

「変身1本繰り下がり」「ポイ」「ガチャン」という言葉を使ってブロック操作を繰り返す。ブロック図をかき，操作の順に色塗りをしておく。お話2を読む。

準備物	・算数ブロック（板書用・児童用） ・位の部屋シート　・画用紙　・色鉛筆 ・ゲーム用の袋　　　　・数字カード

ICT	児童が作った問題をデータ化して共有する。色々な問題に触れることで，ひき算の意味理解も深まる。動画にまとめたブロック操作を児童に配信しておくと，いつでも確認できる。

3

<けいさんしよう>

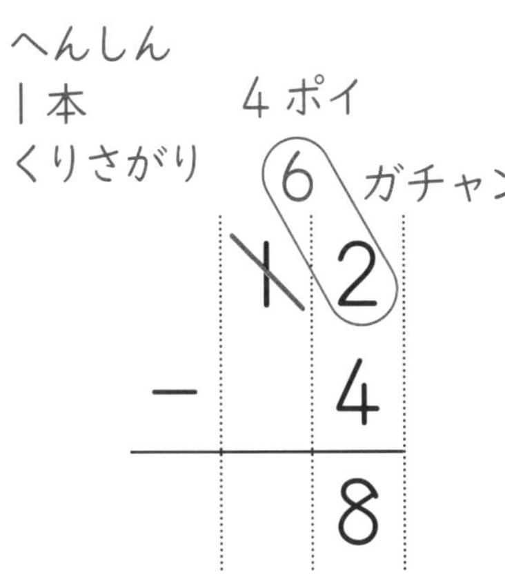

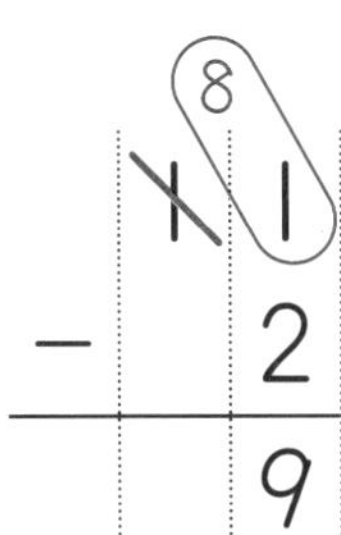

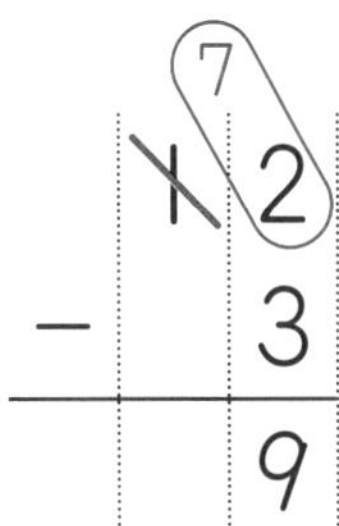

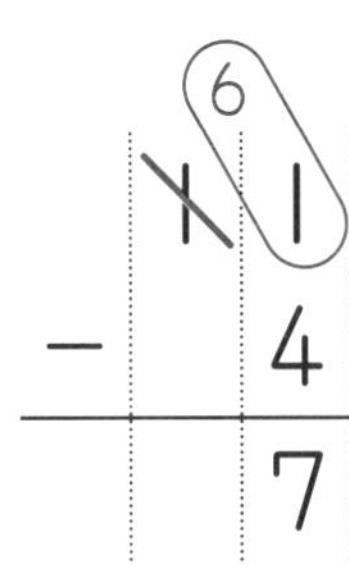

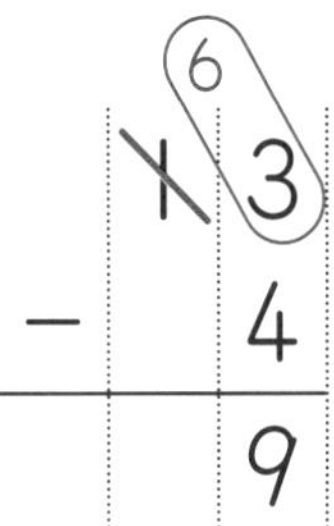

3 「変身1本繰り下がり，ポイ，ガチャン」に合わせて計算しよう

T 「12 － 4」を数計算しましょう。

❶「変身１本繰り下がり」

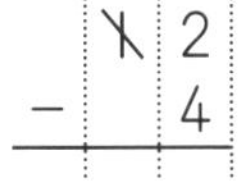

❷ 10から「４ポイ」して６

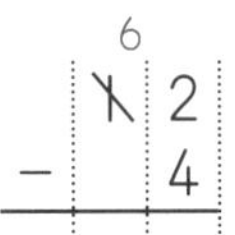

❸ ６と２を「ガチャン」して８

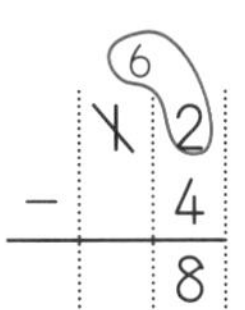

「12 － 4型」の計算問題（11 － 2，12 － 3，11 － 4，13 － 4，11 － 3）をする。「変身１本繰り下がり」「ポイ」「ガチャン」の言葉に合わせて補助数字を書いていく。ブロック操作を頭の中でできるようにしていく。

4 「10からいくつ取った」ゲームをしよう

【ルール】

❶ ２人組になって机の上に５のブロックとばらのブロック５個を置く。
❷ じゃんけんをして負けた人は目を閉じ，勝った人は好きな数だけブロックを取って袋に入れる。
❸ 負けた人は目を開けて，残ったブロックの数を見て，袋にブロックが何個入っているかを当てる。
❹ 袋からブロックを取り出し確認する。
❺ 役割を交代し，繰り返しゲームをする。

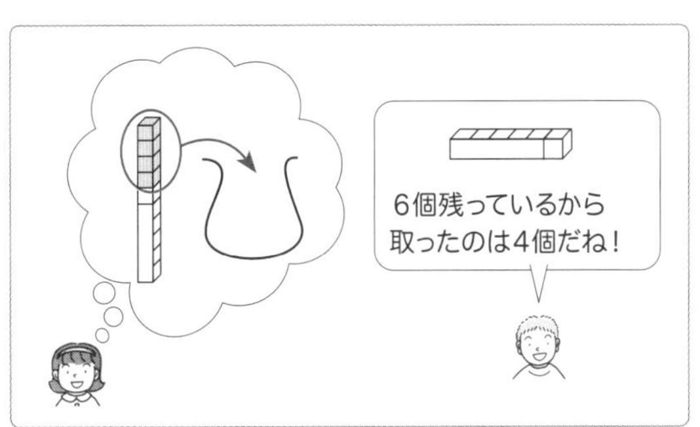

20 より大きいかず

全授業時数 12 時間

◎ 学習にあたって ◎

<この単元で大切にしたいこと>

20 より大きい数の単元は「大きな数」（十進位取り記数法）を理解するために不可欠な位取りの概念を養う大切な単元です。本来は，２桁の数を扱う段階で位取りをおさえた指導を行う方が好ましいのですが，20 までの数の指導では，位取りを扱わないままに２桁の数表記を学習します。そのため，ここではじめて十進位取り記数法に基づく２位数の学習をすることになります。

十進位取り記数法の最大の特徴は，数字の位置によって数が表す大きさが決まる点にあります。数字の位置が「位」です。しかし，１年生には「位」という概念は掴みにくいため，「10 集まるごとに数の部屋が変わる」という教え方をあわせて行います。また，仕組みを理解するには，算数ブロックを使い，10 個の集まり「10」と，ばらの個数「1」で数を構成する体験操作がとても大切になります。

<数学的見方考え方と操作活動>

十進位取り記数法は古くはインドで生まれアラビアで発達した記数法で「インドアラビア数字」と呼ばれていました。この記数法はその後ヨーロッパに渡り，たった 10 個の数字だけで大きな数までを簡単に表せることが出来，印刷しやすいこともありヨーロッパに一挙に広まりました。また位取りに応じた計算方法（筆算）も一般化しました。さて，先にも書いたとおりこの記数法の特徴は数字の位置によって数の表す大きさが判断されることです。その仕組みを学ぶ学習を３桁の学習へとつないでいきます。数字だけの学習にしないで，数を具体物やブロック，数直線に表し，目に見えるようにすることで理解が確かになります。その体験活動を大切に進めましょう。

<個別最適な学び・協働的な学びのために>

子どもたちは，この時期になると数への関心が高まり 100 以上の数を数えられるようになっている児童もいます。しかし，それは単に数えたり知識として知っていたりするだけで，数の仕組みを理解しているわけではありません。そこで本単元では，まず児童が「数を知りたい」という場面を設定していろいろな方法で考えられるようにします。そして，数を捉えるためにはきちんと並んでいた方が分かりやすいことに気付き，数図ブロック操作につないでいきます。ここで数の位を押さえ，数詞と数字の関係を捉えることができるようにします。

板書用絵カード，
数字カード，お金カード
〔全単元共通〕

◎ 評　価 ◎

知識および技能	120 までの数を工夫して数えたり，算数ブロックに置き換えたり，数詞や数字に表したりすることができる。 十進位取りの構造を理解し，130 までの数の表し方，大小，順序，系列がわかる。
思考力，判断力，表現力等	大きな数は 10 ごとにかたまりを作って数え，「10 がいくつとばらがいくつ」で捉えればよいことに気づく。
主体的に学習に取り組む態度	身近にある物事の数量に興味を持ち，進んで数えたり，数詞や数字に表したり，大小を比べたり，順序よく並べたりすることができる。

◎ 指導計画　12 時間 ◎

時	題	目　標
1	2 位数の表し方	十進位取り記数法としての2位数の表し方を理解する。
2	空位のある 2 位数の表し方	空位がある場合の2位数の表し方を理解する。
3	具体物の数を表す	具体物をブロックに置きかえて数字に表すことで，2位数の理解を確かなものにする。
4	2 位数の数の構成	数の構成を整理し，半具体物と数字と数詞の関係理解を深める。
5	100 (百) という数	10 のまとまりが 10 個で 100 (百) になることを理解し，100 の数え方や読み方，書き方がわかる。
6	100 までの数の並び方	100 までの数の表を作り，数の並び方の規則性に気づき，数の構成の理解を深める。
7・8	数直線 ①	100 までの数を，数の線 (数直線) に表したものを見て，並び方 (系列) や大小について理解する。
9	100 より大きい数	100 をこえる数について，集合数として理解し，120 くらいまでの数の読み方や表し方がわかる。
10	数直線 ② (0 ～ 130)	100 をこえる数の順序，系列について理解する。
11	(何十) ± (何十) の計算， 百－ (何十) の計算	(何十) ± (何十) や，百－ (何十) の簡単な計算の仕方を考える。
12	(2 位数) ± (1 位数) の計算	2位数は「何十と何」という構成であることを理解し，2位数と1位数の加減の計算ができる。
やってみよう	カエルになって跳んでみよう 100 のねこを完成しよう	身体的活動を通して数直線の系列についての理解を深める。 自分たちがかいた絵を 100 集める活動を通して大きな数の量感をもつことができる。

第1時 2位数の表し方

本時の目標 十進位取り記数法としての2位数の表し方を理解する。

板書例

みかんの かずを あらわそう

1

2

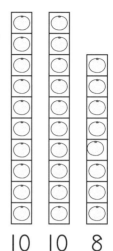

10 10 8

10が 2つで 20

20と 8

※児童がカードを並べ替える。

POINT 算数セットにある「10のブロックシート」を使って操作をすると，2位数の仕組みがよくわかります。

1 みかんは全部で何個あるかな

黒板にみかんの絵カード28枚をバラバラに提示する。

T どうしたら，間違えずに数を調べられるでしょう。

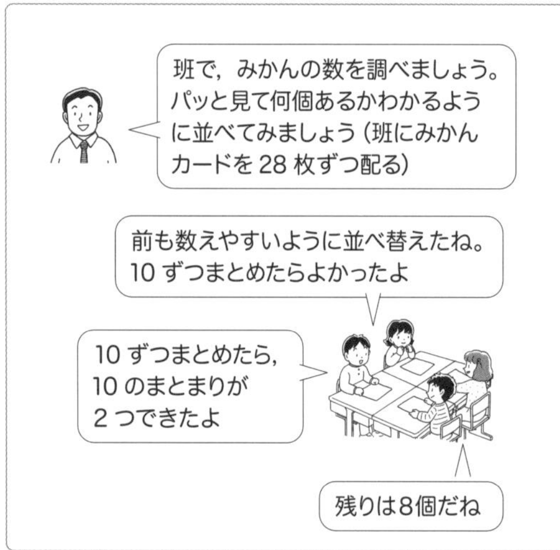

班で，みかんの数を調べましょう。パッと見て何個あるかわかるように並べてみましょう（班にみかんカードを28枚ずつ配る）
前も数えやすいように並べ替えたね。10ずつまとめたらよかったよ

残りは8個だね

他の班の並べ方を見る活動も取り入れて，10ずつまとめる方法を全体で共有できるようにする。

2 みかんカードを並べ替えよう

T 黒板のカードを並べ替えてください。

「10のまとまり」を作って数えた班を指名する。

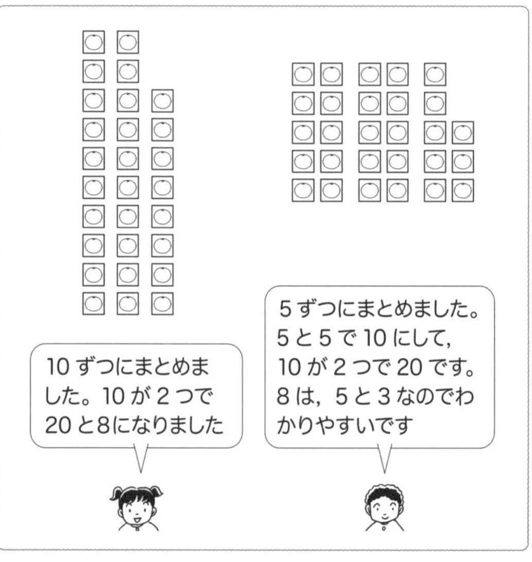

10ずつにまとめました。10が2つで20と8になりました
5ずつにまとめました。5と5で10にして，10が2つで20です。8は，5と3なのでわかりやすいです

T みかんの数は，「20個と8個」ですね。

準備物	・算数ブロック（板書用・児童用） ・みかんカード 28 枚（班の数） QR 位取りシート

ICT	授業後半にアンケート機能を使用して，児童が数問の適応題に解答するようにすれば，学習の定着度を把握することができる。

3

十のへや	一のへや
2（ほん）	8（こ）

10が 2ほんと
1が 8こで
28

4

十のくらい	一のくらい
2	8

にじゅう　　はち

3 みかんをブロックに置きかえて「十の部屋」と「一の部屋」に入れてみよう

黒板に「位の部屋」を書く。児童は「位取りシート」を使う。

T　みかんをブロックに置きかえて，「十の部屋」と「一の部屋」へ入れましょう。

C　10 個のブロックは，1 本に変身して「十の部屋」に入れたね。

「十の部屋」には 10 が2本，
「一の部屋」には，
8個のブロックが入ります

10のブロックは，算数セットの「10のシート」を使うとよい。

4 みかんの数を数字で表そう

T　10 がいくつあるかを書くところを「十の位」，1 がいくつあるかを書くところを「一の位」といいます。

十の位は，10 が 2 本であることを強調し，各位に書く数字は 1 つであることを確認する。

T　10 が 2 本と，1 が 8 個で，28 と書いて「にじゅうはち」と読みます。

第2時 空位のある2位数の表し方

本時の目標　空位がある場合の２位数の表し方を理解する。

板書例

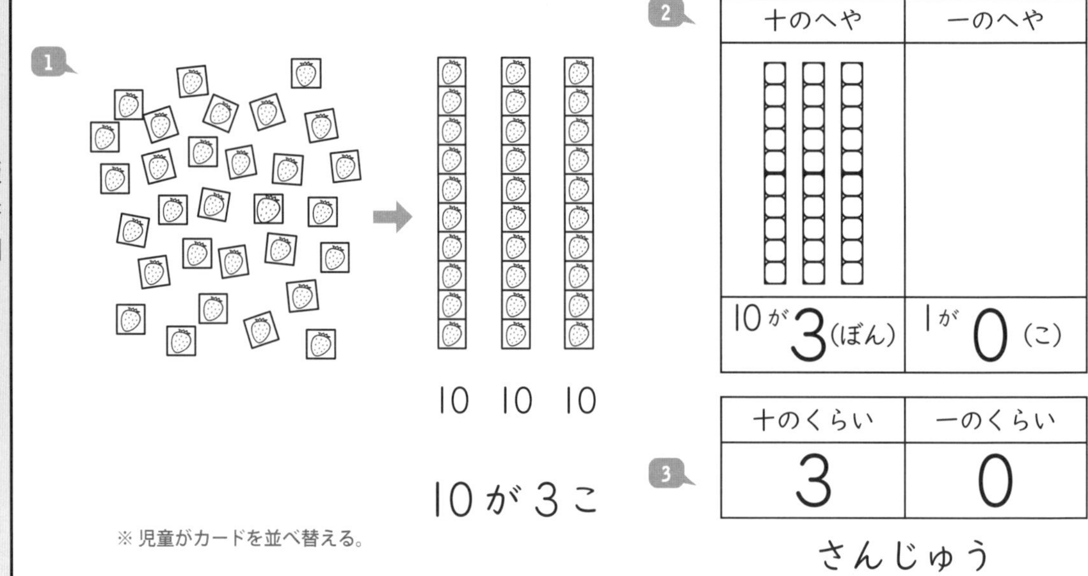

POINT 「位の部屋」に「10 が○本」「1 が□個」とそれぞれブロックを分けて入れることで，「十の位」と「一の位」の仕組みが

1 いちごは全部で何個あるかな

黒板にいちごの絵カード 30 枚をバラバラに提示する。

T　いちごが何個あるかを調べます。どうやって調べたらよかったですか。

C　10 ずつにまとめて数えたらいいです。

代表の児童がカードを並べ替える。

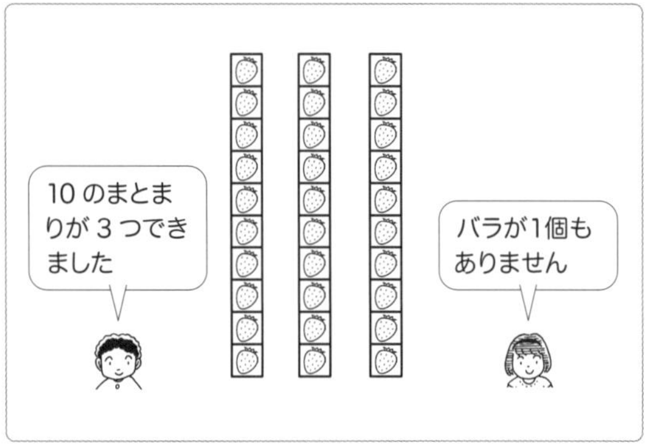

10 のまとまりが 3 つできました
バラが1個もありません

第 1 時と同じように，各班での活動にしてもよい。

2 いちごをブロックに置きかえて「位の部屋」に入れてみよう

黒板に「位の部屋」を書く。児童は「位取りシート」を使う。

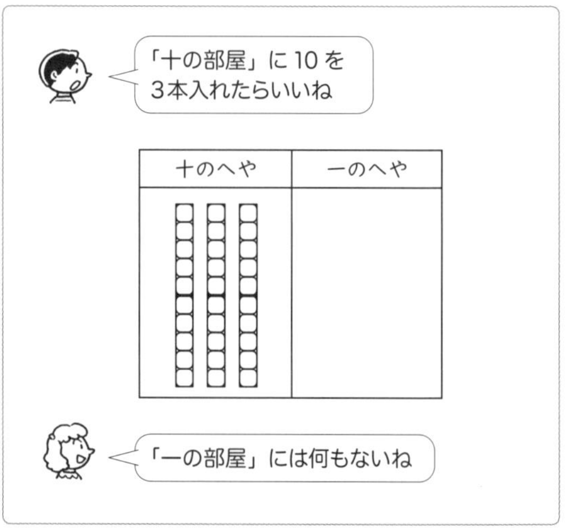

「十の部屋」に 10 を 3本入れたらいいね
十のへや
一のへや
「一の部屋」には何もないね

10のブロックは，算数セットの「10のシート」を使うとよい。

準備物	・算数ブロック（板書用・児童用） QR 位取りシート

ICT	位取りシートを児童へ配信すれば，表に何度でも書き込むことができて，習熟を図ることができる。

4 すうじで あらわそう

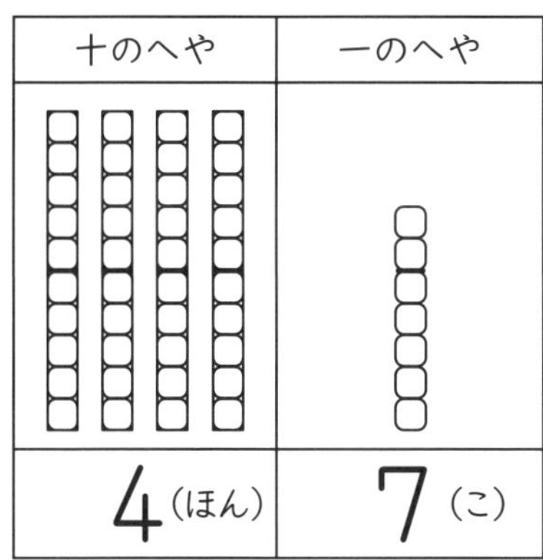

十のへや	一のへや
4（ほん）	7（こ）

十のくらい	一のくらい
4	7

よんじゅうなな

十のへや	一のへや
5（ほん）	0（こ）

十のくらい	一のくらい
5	0

ごじゅう

理解できるようになります。

3 いちごの数を数字で表そう

T 「10が３本」を数字で書いてみましょう。「十の位」と「一の位」に数字を入れましょう。

10が3本だから，十の位は3，一の位は何もないから何も書かなくていいのかな
一の位は0を書かないと，3になってしまうよ。30になります

各位に数字が必ず１つずつ入ることを確かめる。

T 10が３本を30と書いて「さんじゅう」と読みます。

4 ブロックを「位の部屋」に入れて，数字で表そう

黒板の「位の部屋」に教師がブロックを置く。
空位のある数や空位なしの数を扱う。

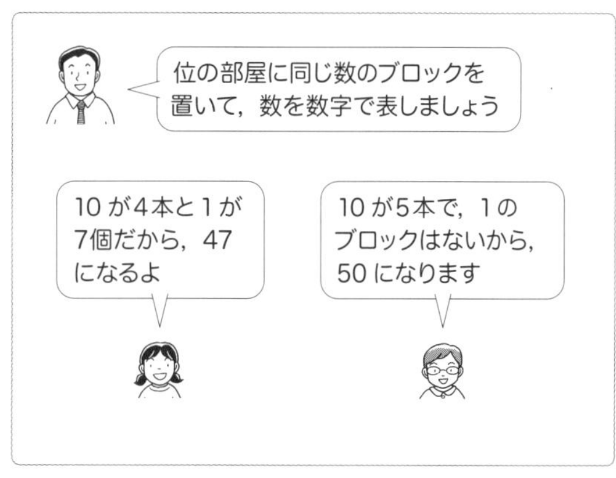

C 一の位にブロックがなくても必ず０を書かないといけないね。

全体で読み方も確認する。

第3時

具体物の数を表す

本時の目標

具体物をブロックに置きかえて数字に表すことで，2位数の理解を確かなものにする。

板書例

はんで かずを しらべよう

すうじを かこう

1

十のへや	一のへや
10が3(ぼん)	1が4(こ)

十のくらい	一のくらい
3	4

2

1ぱん どんぐり 34こ

2はん おはじき 50こ

3ぱん クリップ （　）こ

4はん ボール （　）こ

※ 各班が問題を出す。

POINT 算数ブロックを「十の部屋」と「一の部屋」に実際に入れて，それぞれがいくつあるかで数を表していきます。

1 班で調べるものを決めて，何個あるか調べよう

どんぐりやクリップ，おはじきなど班の数だけ具体物を準備する。具体物の数は，班によって変えておく。

T 班で協力して数を数えましょう。卵パック（10個入り）を使って調べてもいいですよ。

どんぐりを数えるよ。何個くらいあるのかな
10こずつまとめていったらいいね
コロコロ転がるから数えにくいね。卵パックに入れたら便利だね

各班で活動をする。

T 数え終わったら，ブロックを使って，数を数字で書いてみましょう。

C 10のまとまりが3つと，バラが4個になったね。

C 「位の部屋」に入れてみよう。

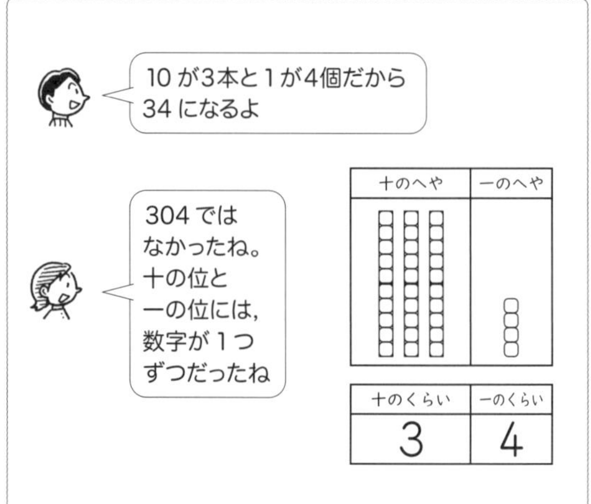

10が3本と1が4個だから34になるよ
304ではなかったね。十の位と一の位には，数字が1つずつだったね

準備物	・算数ブロック（板書用・児童用） ・数えるもの（ブロック，どんぐり，クリップなど）　・卵パック（10個入り） QR 位取りシート　QR ワークシート

ICT	具体物を数えて，算数ブロックに置きかえて，数字に表す活動を動画で撮影しておく。10のまとまりと1のばらで数を表すことを確かめることができる。

3 かずを しらべよう

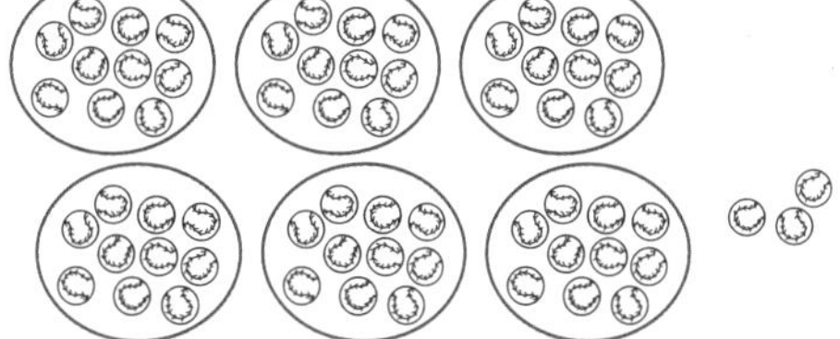

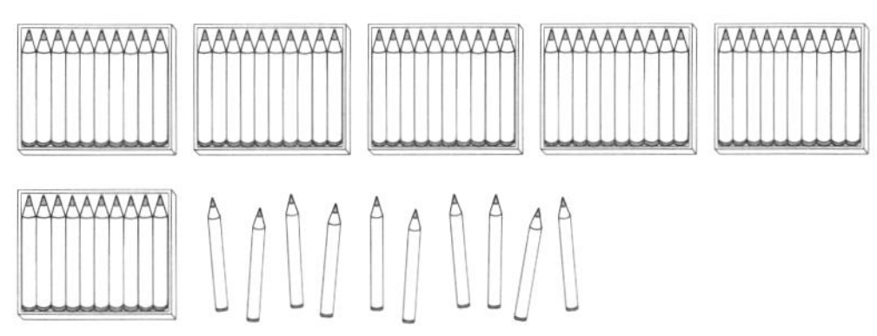

十のへや	一のへや
10が 6	1が 3

十のくらい	一のくらい
6	3

十のへや	一のへや
10が 7	1が 0

十のくらい	一のくらい
7	0

2 他の班の人に問題を出そう

T　自分たちが調べたものの数をブロックに表して，他の班の人にその数を書いて，読んでもらいましょう。

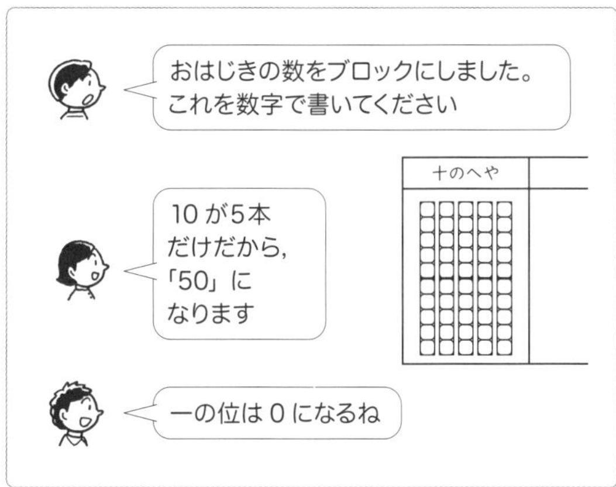

T　50を読みましょう。

他の班も同じように問題を出す。10がいくつ，1がいくつあるかを，それぞれの位で表すことを確認する。

3 数を工夫して調べよう

ワークシートを活用する。

C　ボールがたくさんあるね。10ずつ線で囲んでいこう。

C　色鉛筆は，10本ずつケースに入っているから，ケースの中は数えなくてもいいね。

それぞれ，ブロックで表して数を確認する。

第4時

2位数の数の構成

本時の目標　数の構成を整理し，半具体物と数字と数詞の関係理解を深める。

板書例

ブロックの かずを あらわそう

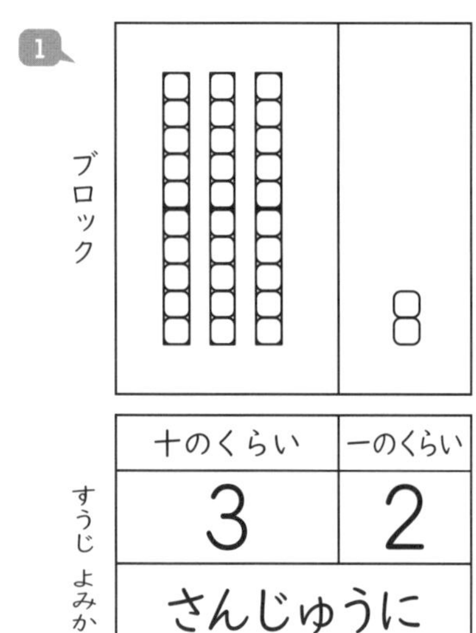

※ ブロックは問題ごとに入れかえる。

1 ・10 が 3 ぼんで 30
1 が 2 こで 2
30 と 2 で 32

2 ・10 が 4 ほんで 40
1 が 6 こで 6
40 と 6 で 46

POINT ブロックを見て，「10 がいくつで〇〇，1 がいくつで□，〇〇と□で△△」と声に出して唱えましょう。

1 算数ブロックの数を位ごとにまとめよう

「位の部屋」にブロック 32 個を表した図を提示する。ワークシートを活用する。

T　10 のブロックは何本ありますか。
T　10 が 3 本でいくつですか。
T　1 のブロックは何個ありますか。
T　1 が 2 個でいくつですか。

1 つずつ確認しながら，位ごとにまとめる。

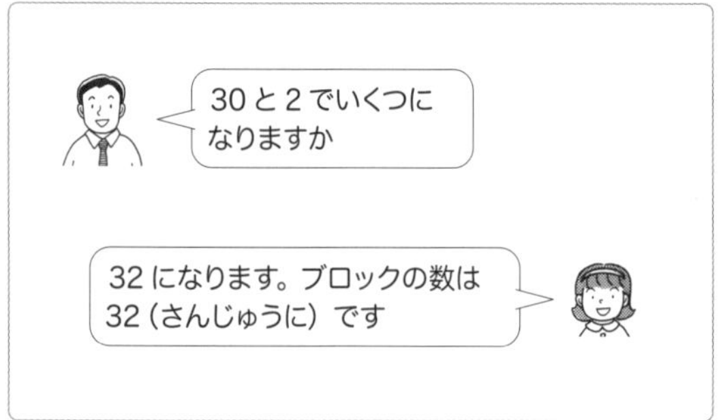

30 と 2 でいくつになりますか
32 になります。ブロックの数は 32（さんじゅうに）です

「10 が 3 本で 30，1 が 2 個で 2，30 と 2 で 32」をみんなで声に出して何度か繰り返す。

2 数を「10 がいくつで〇〇，1 がいくつで□，〇〇と□で△△」で表そう

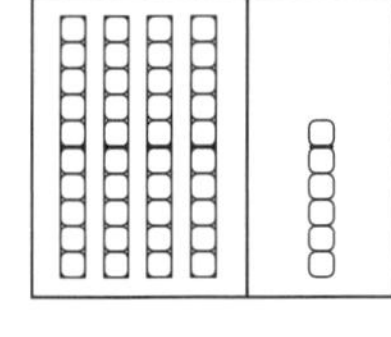

C　10 が 4 本と，1 が 6 個あるね。

C　10 が 4 本で 40，1 が 6 個で 6，40 と 6 で 460 になります。

C　10 は 4 本だから，十の位の数字は 4 で 46 になるよ。

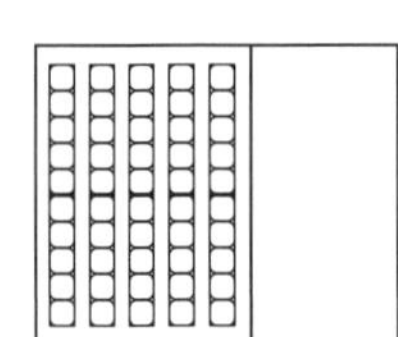

C　10 が 5 本で，1 はありません。10 が 5 本で 50 になります。

T　みんなで大きな声で言ってみましょう。

何度か繰り返して声に出していく。

準備物	・算数ブロック（板書用・児童用） QR 位取りシート QR ワークシート

ICT	位取りシートを児童に配信することで，何度も数字と数詞を同時に捉えることができ，理解を深めることができる。

3 すうじを ブロックで あらわそう

74

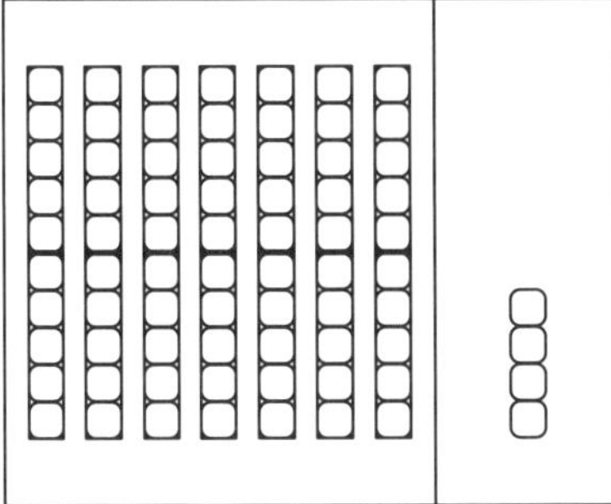

10 が 7 ほん　1 が 4 こ
70　4

80

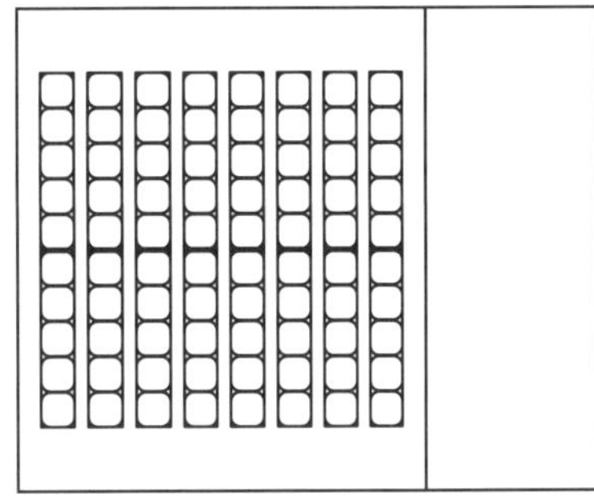

10 が 8 ほん　1 が 0 こ
80

3 数字をブロックで表そう

T　先生が書いた数字をブロックで並べてみましょう。「74」をブロックで表しましょう。

74 は，70 と 4 だから，10 が7本と，1 が4個になるね

「十の部屋」に 10 が 7本，「一の部屋」に 1 が 4 個入るよ

T　次は「80」です。

C　一の位の数字は 0 だから，1 のブロックは 0 個だね。10 が 8 本になります。

何問か繰り返して練習する。
展開 2 と同じように，「10 がいくつ，1 がいくつ，何十と何でいくつ」で表し，声に出す。

4 練習問題をしよう

ワークシート②を活用する。

T　□にあてはまる数を書きましょう。

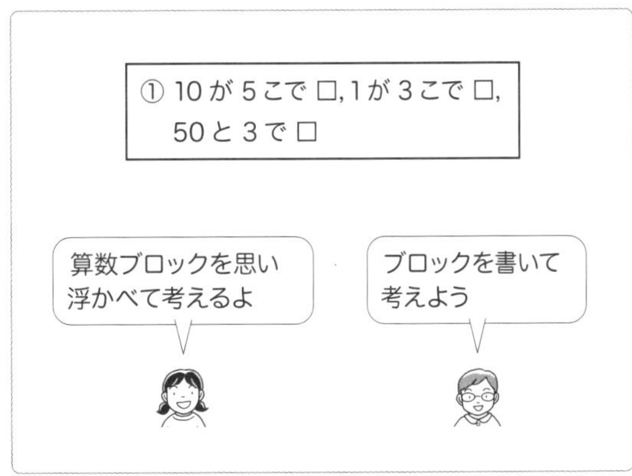

① 10 が 5 こで □,1 が 3 こで □,
50 と 3 で □
算数ブロックを思い浮かべて考えるよ
ブロックを書いて考えよう

ことばと数字だけの問題に慣れていない児童も多いため，数字をブロックで表し，問題の意味を確かめるようにする。

第5時 100（百）という数

本時の目標　10のまとまりが10個で100(百)になることを理解し，100の数え方や読み方，書き方がわかる。

板書例

とりは ぜんぶで なんわかな

1

2

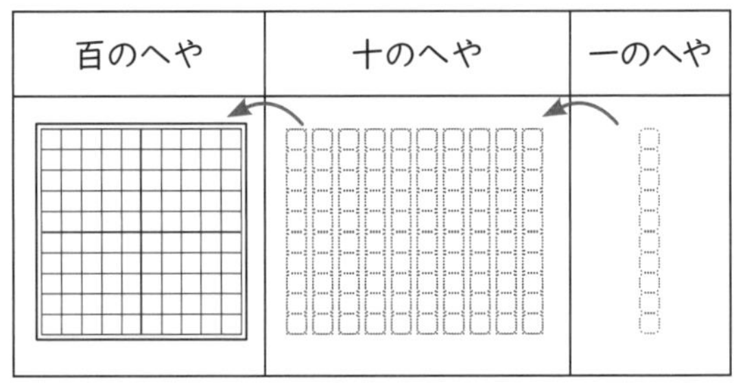

95，96，97，98，99，100

100は99より１おおきい かず

3 10が　10こ

100（百〔ひゃく〕）

POINT　1が10個集まると変身して1本になり，10が10本集まるとまた変身して大きな箱になることを，ブロック操作で

1 鳥は全部で何羽いるか，工夫して調べよう

ワークシートを活用する。

C　たくさんの鳥がいるね。何羽まで数えたかわからなくなってしまうよ。

C　これも，10羽ずつまとめたらいいね。

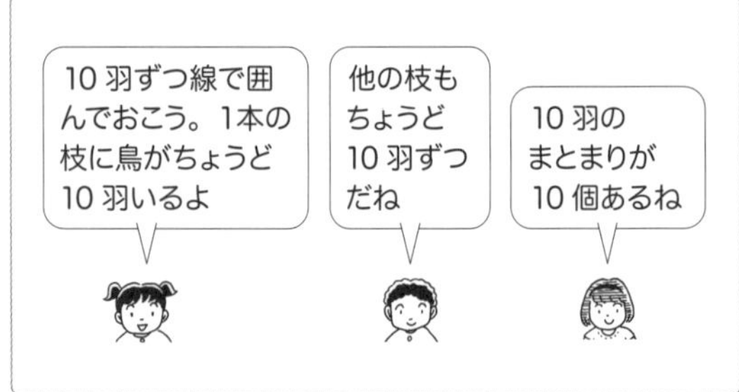

10羽ずつ線で囲んでおこう。1本の枝に鳥がちょうど10羽いるよ
他の枝もちょうど10羽ずつだね
10羽のまとまりが10個あるね

これまでの学習で，10ずつまとめることの便利さを理解している児童も多いが，1羽ずつ数える児童がいれば，10でまとめることを伝える。

2 10のまとまりはいくつできたかな

C　10羽ずつ囲んだら10個できました。

T　10のまとまり10個を算数ブロックで表してみましょう。

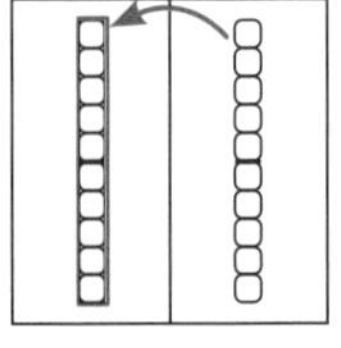

T　1が10個集まるとどうなりましたか。

C　1本に変身して，隣の十の部屋に引っ越ししました。

T　同じように，10が10本集まると，大きな箱に入って，隣の百の部屋へ引っ越しをします。

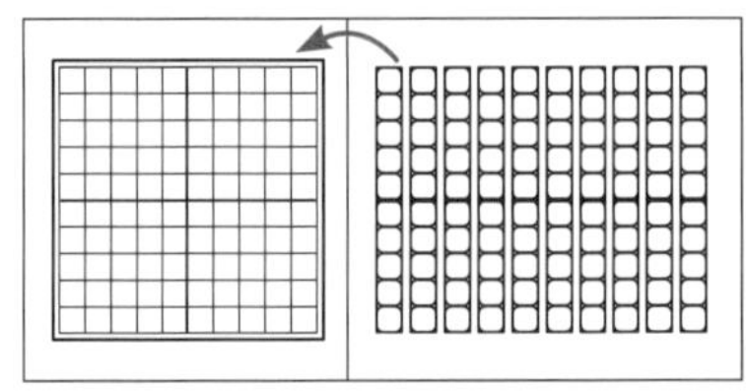

準備物	・算数ブロック（板書用・児童用） QR 位取りシート QR 板書用イラスト QR ワークシート	ICT	鳥や物などの具体物をどのように数えて数字に表しているかを撮影しておくと，児童が10のまとまりをどこまで意識して理解しているかを確認できる。

4 10ずつ まとめて かぞえよう

たまご

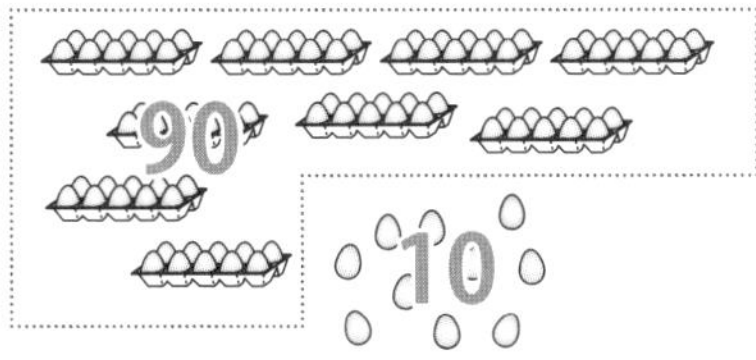

10が 9こで 90

90と 10で 100

おだんご

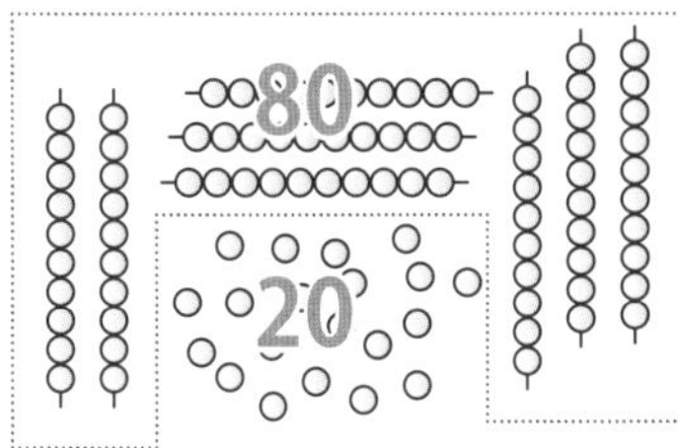

10が 8こで 80

10が 2こで 20

80と 20で 100

しっかりと児童に見せましょう。

3 100という数について知ろう

T　10が10個で百(ひゃく)といい，100と書きます。鳥は全部で100羽です。

T　みんなで数を数えていきましょう。

10を1本，2本，…と順に並べながら，数を読んでいく。

…9本で90，ここから1個ずつブロックを増やしていきます
91，92，93，94，…，99，100！
99の次が100だね

T　99より1大きい数が100です。90より10大きい数が100です。

100になると，箱に入って百の部屋へ移動することを，再度操作して示す。

4 いくつあるか数えよう

ワークシートを活用する。

C　これも10ずつまとめていこう。

卵は，10個ずつパックに入っているね
10個が9パックと，バラの卵が10個あるから，10が10こで100だね
お団子は10個ずつ串にさしてあるのが，8本あって，1個1個のお団子が20個で，これも100個になるね

10ずつまとめることにより，「10が10で100」や「90と10で100」「80と20で100」などを意識させる。

第6時

100までの数の並び方

本時の目標　100までの数の表を作り，数の並び方の規則性に気づき，数の構成の理解を深める。

板書例

100までの かずの きまりを みつけよう

1	2	3	4	5	6	7	8	9	10
11	12	13	14	15	16	17	18	19	20
21	22	23	24	25	26	27	28	29	30
31	32	33	34	35	36	37	38	39	40
41	42	43	44	45	46	47	48	49	50
51	52	53	54	55	56	57	58	59	60
61	62	63	64	65	66	67	68	69	70
71	72	73	74	75	76	77	78	79	80
81	82	83	84	85	86	87	88	89	90
91	92	93	94	95	96	97	98	99	100

2

<はっけんした こと>

たての れつ

・一のくらいの すうじが おなじ

・十のくらいの すうじは
1，2，3，4，5，6，7，8，9

・したに いくと
10ずつ おおきく なる

POINT　規則性を見つける時間を十分に確保するようにしましょう。

1　表に1から100までの数字を丁寧に書こう

ワークシートを活用する。ここでは，0からではなく，1から書き始める。教師が書き方の見本を見せ，各自で取り組む。数の順序と数字が正しく書けているか見て回る。

T　ゆっくりきれいに書きましょう。書けたら，隣の人と見せ合って確かめましょう。

T　1人1つずつ順番に数字を読んでいきます。○○さんから後ろの人にいきます。

大きな声で続けていきましょう
①
②
③

2　表を縦に見て気づいたことを発表しよう

1から100までの数の表を提示する。

1の下を見ていくと，一の位の数字がどれも1になっています
2の下を見たら，一の位の数字はどれも2です
どの列も一の位の数字は同じだね
1から9の十の位は，1, 2, 3, …，7，8，9となっています
10の列は，10，20，30，…と10ずつ大きくなっています

C　1，11，21，31，…2，12，22，32，…どれも10ずつ大きくなっているよ。

準備物	・板書用「数の表」 QR ワークシート

ICT	数の表を児童と共有し，自分たちが見つけた数のきまりを書き込んだり印をつけたりする。学習を振り返ったときに確かめることができる。

3

よこの れつ

・十のくらいの すうじが おなじ

・よこに いくと 1ずつ おおきく なる

ななめの れつ

・十のくらいも 一のくらいも すうじが 1ずつ おおきく なる

4

① 76より 1 おおきい かず 77

② 60より 1 ちいさい かず 59

③ 82より 3 おおきい かず 85

④ 100より 1 ちいさい かず 99

3 表を横に見て気づいたことを発表しましょう

C 11，12，13，…と，十の位の数字がすべて同じです。最後だけ 2 になります。

C どの列も同じです。

C 横は，1 ずつ数が大きくなっています。

どんな小さな発見でも，認めて全体で共有する。

4 表を見て確かめよう

ワークシートを活用する。

T 76 より 1 大きい数はいくつですか。

C …76，77，だから 77 です。

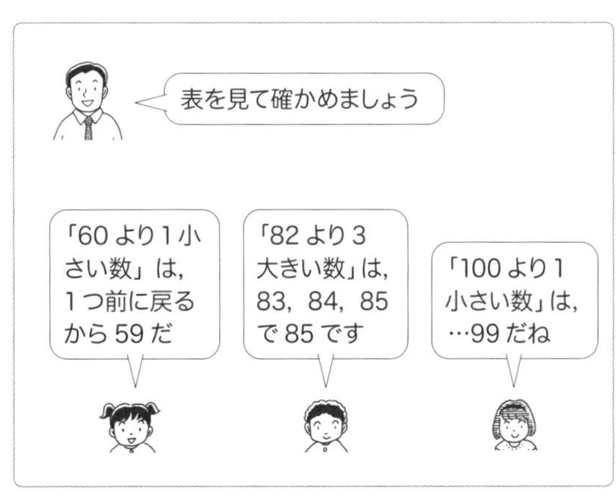

数字だけではまだ理解できない児童も多い。表を見て考えたり，状況によってブロックで表したりして確かめる。

第 7·8 時
数直線 ①

本時の目標　100 までの数を，数の線（数直線）に表したものを見て，並び方（系列）や大小について理解する。

板書例

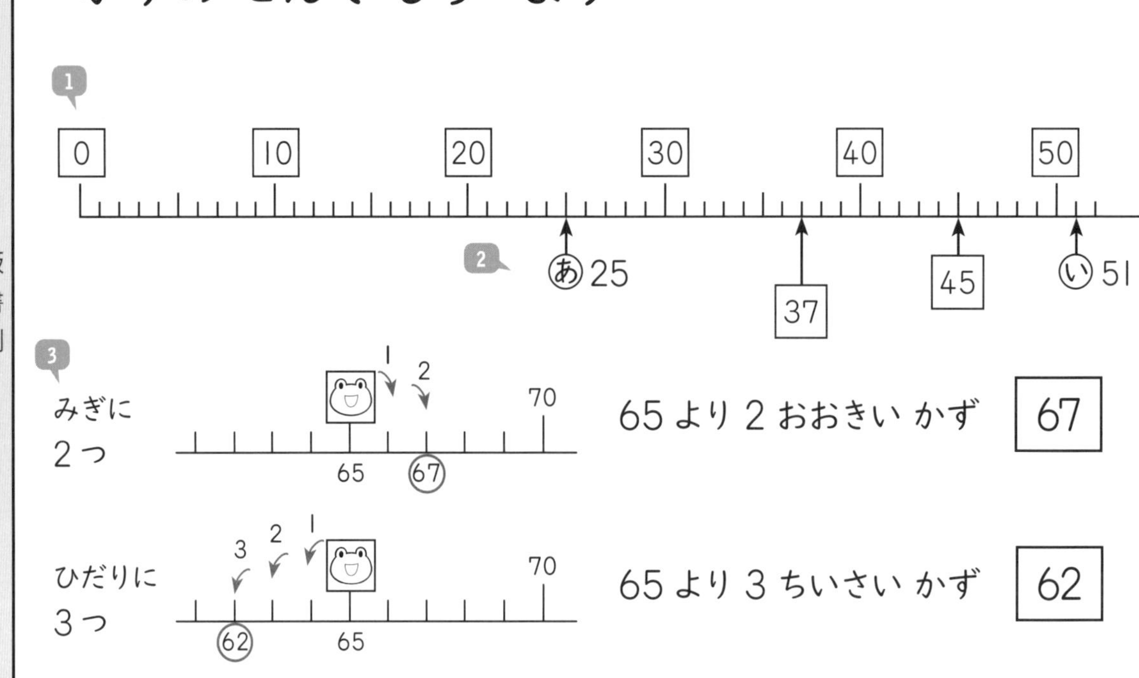

かずの せんで しらべよう

POINT　10 ずつの数字カードを 100 まで並べて直線でつなぎ，1 の目盛りをかき込んで数直線を完成します。1 目盛りが 1 である

1　数が小さい順に数字カードを並べよう

数字カード（0，10，…90，100）を準備する。
11 枚のカードをバラバラに提示する。

T　これらの数字カードを，数が小さい順に黒板に並べましょう。

数直線をかくことを考えて，間を空けて貼る。

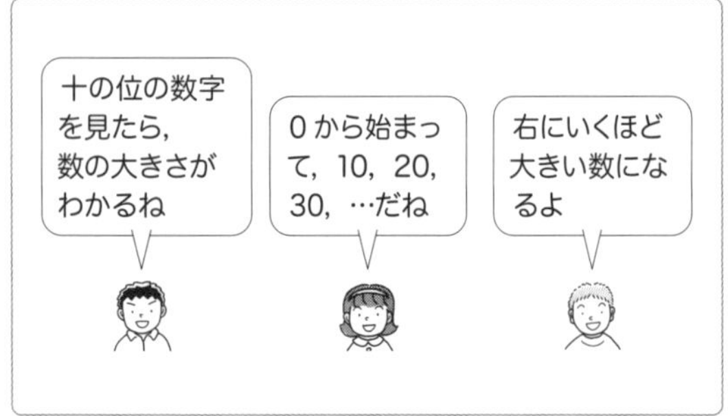

十の位の数字を見たら，数の大きさがわかるね
0 から始まって，10，20，30，…だね

代表の児童が並べ替える。0 〜 100 のカードを線でつなぐ。

T　10 ずつ数が大きくなっていますね。みんなで 0 から読みましょう。

2　0 から 100 までの「数の線」をつくろう

T　45 はどこに入りますか。（カードを提示する）
C　40 と 50 の間です。（40 と 50 の間に貼る）
T　45 の線もかきます。（40 と 50 の間に小さな線をかく）
C　ほかの数字のところにも小さな線がいるね。

0 から 100 までの数直線を黒板に提示する。

あ〜おの目盛りが表す数は何ですか。小さい線の 1 目盛りはいくつですか
小さな線は 1 ずつ大きくなっています
数を順番に読んでいったらわかるね
あは，20，21，22，23，24，25 です

ワークシートを活用する。

準備物
・板書用数直線
・算数ブロック（板書用）
QR ワークシート

ICT
大型テレビに数直線を映しながら，数の並び方や１目盛りの大きさを伝え合うことで，数の大きさを正しく読んだり，比較したりしやすくなる。

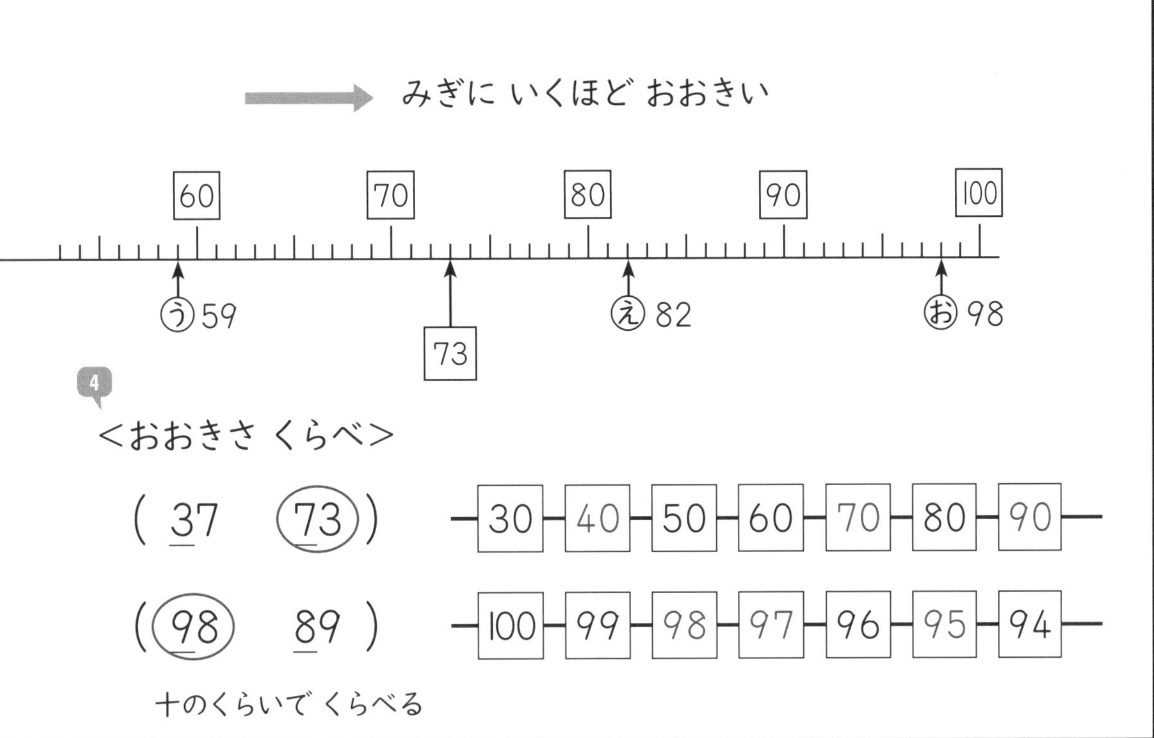

ことや，右にいくほど大きな数になることを確認しましょう。

3 カエルが右（左）に１目盛り跳んだらいくつになるかな

T　カエルが 40 の目盛りにいます。右に１つ跳びます。カエルはどこにいますか。

C　１目盛り右になるので 41 です。

T　40 より１大きな数になりますね。

左に１つ跳んだ場合も確かめる。他の数から，右に２つ，左に３つなどもやってみる。

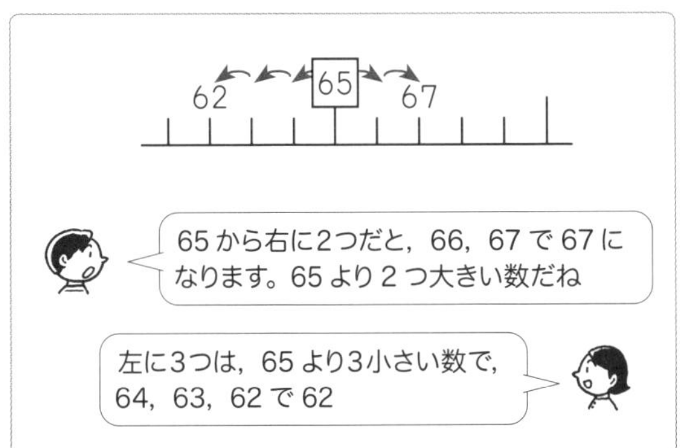

65 より２大きい数のとき，「65，66」と誤って数えないよう気をつける。

4 ２つの数の大きさを比べよう

T　37 と 73 はどちらが大きいですか。

C　数の線を見たら，73 の方が右にあるから 73 の方が大きいです。

数直線だけでなく，算数ブロックでも大きさを示し，十の位の数字で比べることを教える。

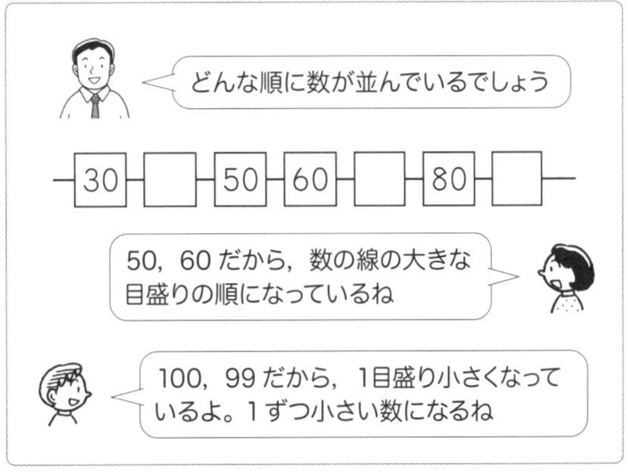

数直線を見ながら，どんなきまりで数が並んでいるかを考える。

第9時 100より大きい数

本時の目標
100をこえる数について，集合数として理解し，120くらいまでの数の読み方や表し方がわかる。

板書例

あめは なんこ あるか しらべよう

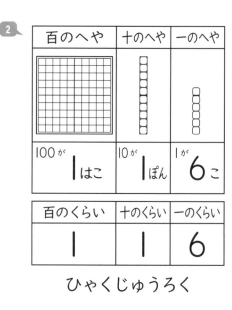

1

100が
1はこ

10が
1ぽん

1が
6こ

16

100と　16で　116

2

百のへや	十のへや	一のへや
100が 1はこ	10が 1ぽん	1が 6こ

百のくらい	十のくらい	一のくらい
1	1	6

ひゃくじゅうろく

POINT 「110」を「10010」と，「103」を「13」と誤表記して，児童に間違いを気づかせることも有効です。なぜ間違いなのか

1 あめは全部で何個あるか調べよう

実物の10個入りのあめ11本とバラ6個を準備する。
または，あめのイラストを提示する。

C　10個ずつで1本にまとまっているね。

C　じゃあ，また，10本でまとめたらどうかな。

T　どうやって数を調べたらいいか，あめを並べてみましょう。　代表の児童に実演させる。

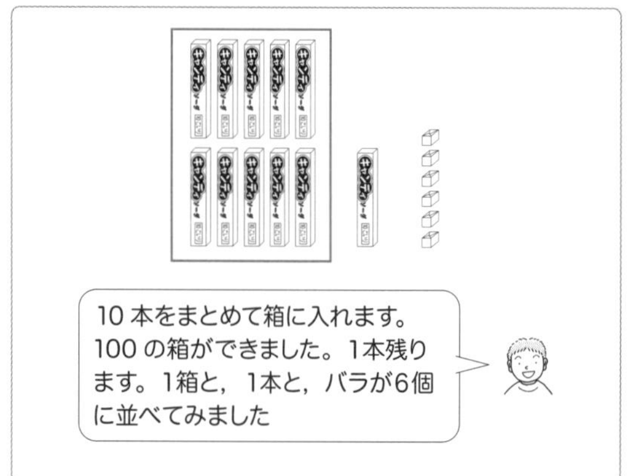

10本をまとめて箱に入れます。100の箱ができました。1本残ります。1箱と，1本と，バラが6個に並べてみました

2 あめを算数ブロックに置きかえて数を数字で表そう

C「百の部屋」には100を1箱，「十の部屋」には10を1本，「一の部屋」には6個入れます。

T　100がいくつあるかをかくところを「百の位」といいます。1箱なので百の位は1になります。

「百の位」の説明は2年生で学習するが，本書では，本単元で扱っておく。

準備物	・算数ブロック（板書用） ・10 個入りのお菓子（あれば） QR ワークシート　QR 板書用イラスト QR 画像「いくつあるか数えてみよう」

ICT	位取りシートを配信し，100 をこえる数の表し方を繰り返し確かめることによって，習熟を図ることができる。

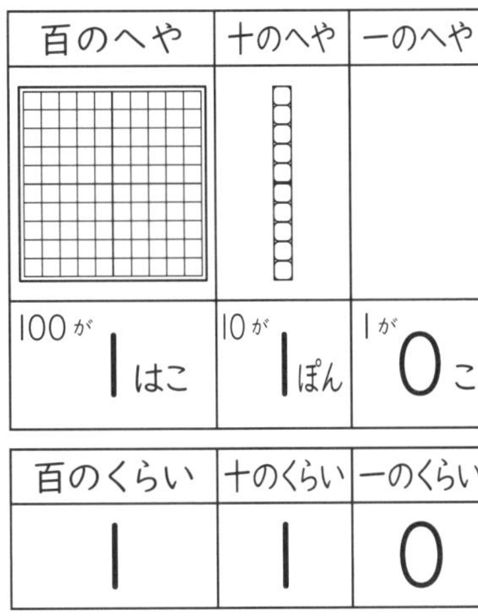

0 このときも 0 をかく

ひゃくじゅう

百のへや	十のへや	一のへや
100 が 1 はこ	10 が 0 ほん	1 が 3 こ

百のくらい	十のくらい	一のくらい
1	0	3

0 をよまない

ひゃくさん

を完璧ではなくても説明できるといいでしょう。

3 あめの数をブロックで表して数字で書いて読もう

ワークシートを活用する。

C 「百の部屋」に 1 箱と，「十の部屋」に 1 本入ります。100 と 10 で 10010 と書くのかな。

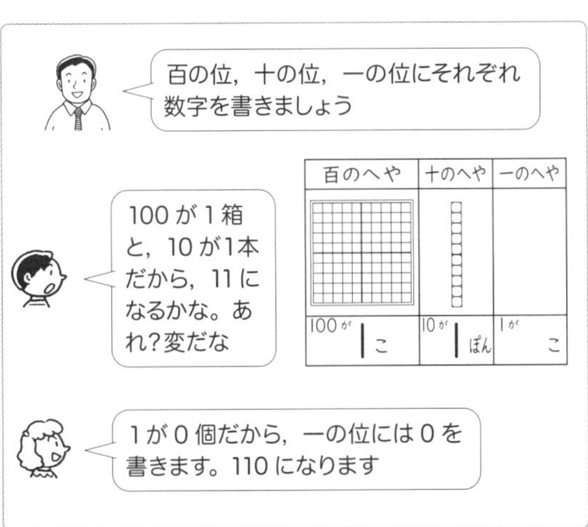

百の位，十の位，一の位にそれぞれ数字を書きましょう
100 が 1 箱と，10 が1本だから，11 になるかな。あれ?変だな
百のへや
十のへや
一のへや
100 が 1 こ
10 が 1 ぽん
1 が こ
1 が 0 個だから，一の位には 0 を書きます。110 になります

各位に，数字が必ず 1 つずつ入ることを再度確認する。読み方も確認する。

C 今度は，「百の部屋」に 1 箱と，「一の部屋」に 3 個入ります。「十の部屋」には何もありません。

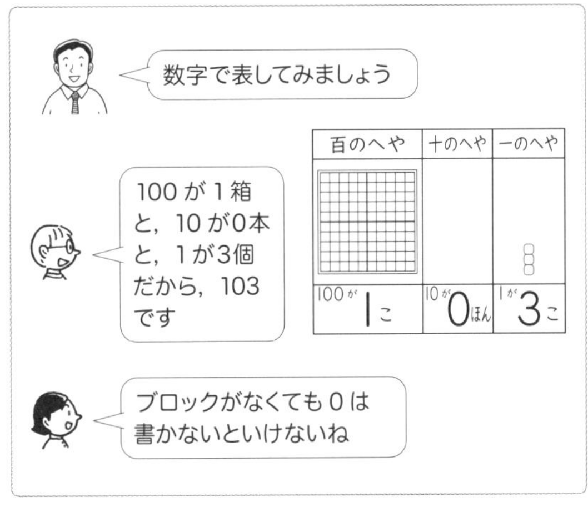

T 100 と 3 で 103 と書き，「ひゃくさん」と読みます。0 は読みません。

ワークシートの練習問題をする。

第10時 数直線②（0～130）

本時の目標　100をこえる数の順序，系列について理解する。

板書例

かずの せんを つかって しらべよう

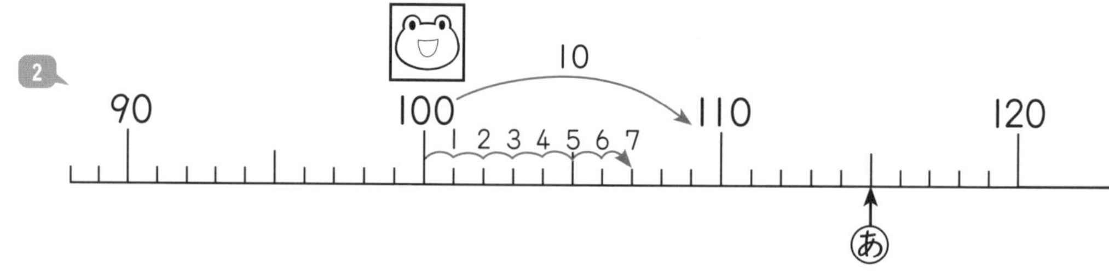

3
- ・100より 7 おおきい かず　107
- ・100より 10 おおきい かず　110
- ・120より 3 ちいさい かず　117

POINT 「～より○大きい」「～より○小さい」の理解が難しい児童もいます。数直線上でカエルを動かしながら繰り返して確認しま

1 100をこえる数の表を書こう

ワークシートを活用する。
100より大きい数は，見本を提示してもよい。

T　90から順に数字を丁寧に書きましょう。

C　110からは，百の位の数字の1に，10，11，12，…と2桁の数を書いていけばいいね。

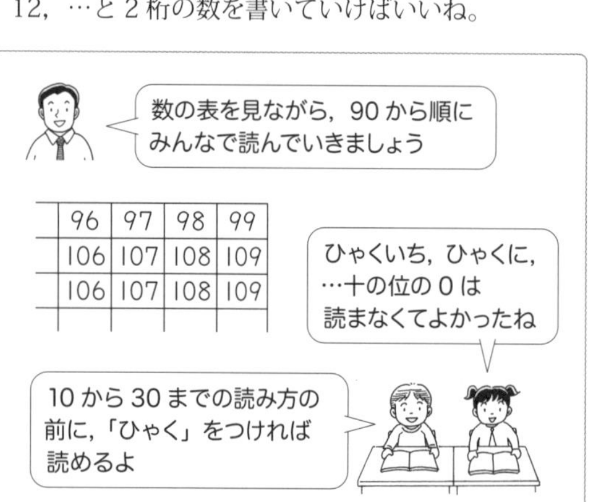

数の表を見ながら，90から順にみんなで読んでいきましょう
96 97 98 99
106 107 108 109
106 107 108 109
ひゃくいち，ひゃくに，…十の位の0は読まなくてよかったね
10から30までの読み方の前に，「ひゃく」をつければ読めるよ

児童が気づいたことなども取り上げる。

2 数の線の目盛りを読もう

数直線を提示し，90から130までの数が，数直線のどの目盛りにあたるかも確認していく。

C　前に100までの数の線を習ったよ。今度は130まであるね。まだまだずっと右に続きそうだね。

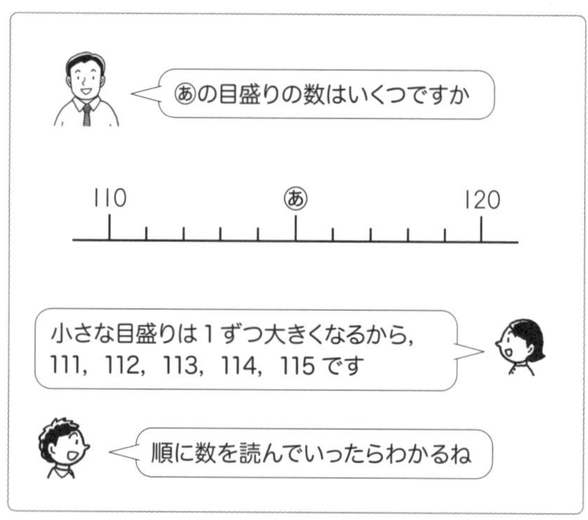

あの目盛りの数はいくつですか
110
あ
120
小さな目盛りは1ずつ大きくなるから，111，112，113，114，115です
順に数を読んでいったらわかるね

何問か練習する。

準備物
・板書用数直線
・算数ブロック（板書用）
QR ワークシート

ICT
大型テレビに数直線を映しながら，目盛りの数を読み合うことで，100 をこえる数の順序や読み方の習熟を図ることができる。

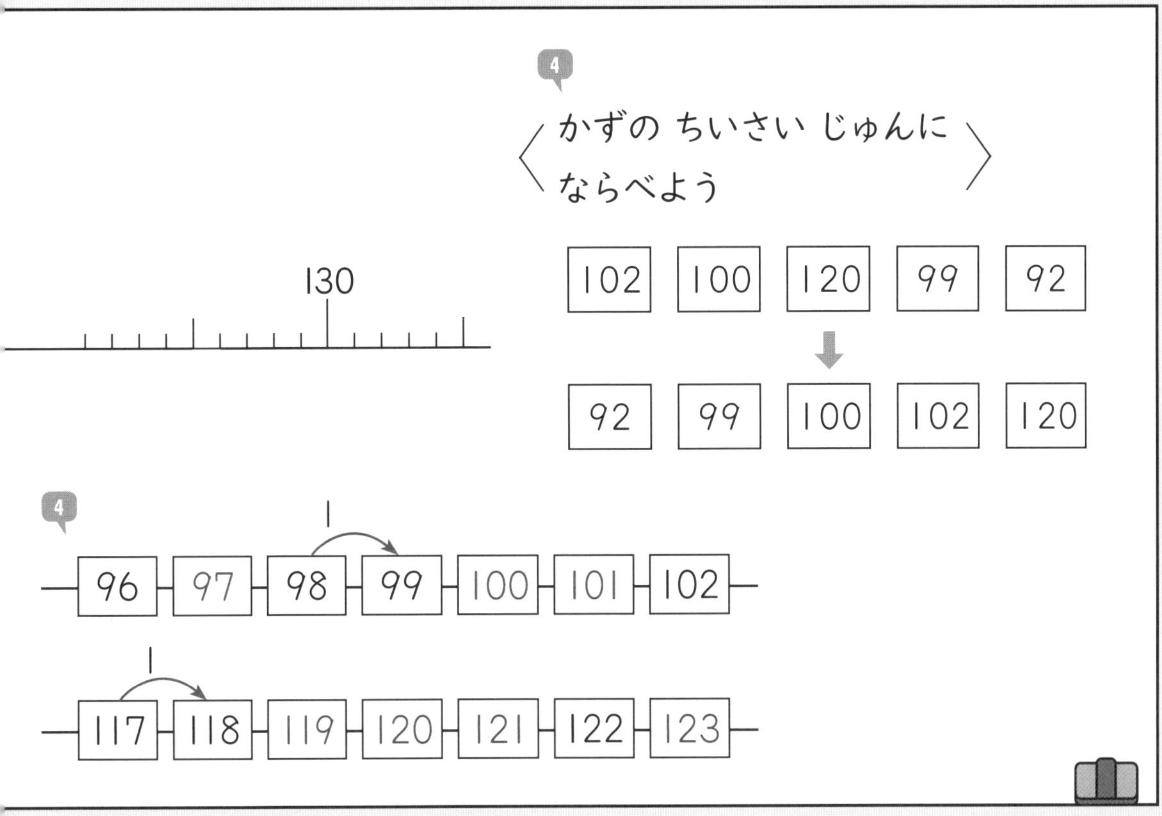

4

〈かずの ちいさい じゅんに ならべよう〉

130

102	100	120	99	92

↓

92	99	100	102	120

4

1

96 - 97 - 98 - 99 - 100 - 101 - 102

1

117 - 118 - 119 - 120 - 121 - 122 - 123

しょう。

3 カエルはどの目盛りまで跳ぶかな

T　カエルが 100 の目盛りにいます。100 より 7 大きい数まで跳んでいきます。数の線を見て考えましょう。

数の線は，右にいくほど数が大きくなったね

101，102，103，…107，107 になります

「100 より 10 大きい数」や「120 より 5 小さい数」なども扱う。

90
100
110
10 大きい数は, 1, 2, 3, …と数えなくても，大きく 110 までピョーんと跳べるよ

4 どんな順番で数が並んでいるかを考えよう

C　2 つ続けて数が書いてあるところを見たらわかるね。97，98 だから，1 ずつ大きくなっているよ。

数の表や数直線で確認する。

次の 5 つの数を小さい順に並べましょう。どうやって比べたらいいでしょう
102
100
120
99
92
99 と 92 は 100 より小さいね
120 は 102 とどっちが大きいのかな
120 は 100 と 20 だし，102 は 100 と 2 だから，120 の方が大きいよ

5 つの数を数直線に表して確かめる。
必要に応じて，算数ブロックで表して比べる。

第 11 時
(何十)±(何十)の計算, 百−(何十)の計算

本時の目標　(何十)±(何十)や，百−(何十)の簡単な計算の仕方を考える。

板書例

なんこに なるか かんがえよう

1

40 こと 30 こを あわせると なんこに なりますか。

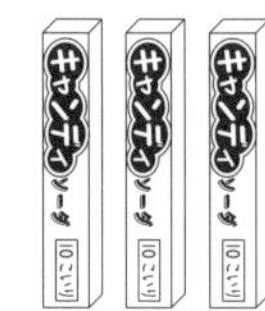

しき　40 + 30 = 70

が 7 ほん

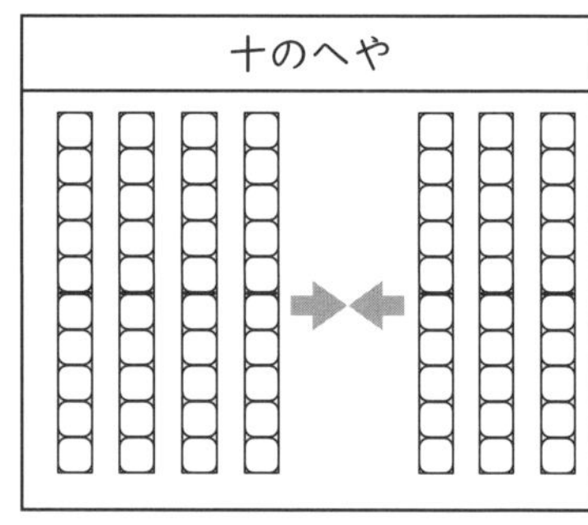

10 が 4 ほん　10 が 3 ぼん

10 が 4 + 3 = 7

10 が 7

POINT (何十)+(何十)，(何十)−(何十)，百−(何十)の計算は，10 がいくつかで考えると簡単に計算できることをブロック

1 あめは全部で何個になるかな

ワークシートを活用する。

T　あめが 40 個と 30 個あります。あわせると，全部で何個になるでしょう。

C　1 本に 10 個入っているから，10，20，30，…と数えていったらわかるよ。

あわせるからたし算でいいね。

10 個入りが7本あるから，答えは70 個

2 40 + 30 を算数ブロックでやってみよう

T 「位の部屋」にブロックを置きましょう。

代表の児童が黒板で操作をする。

「十の部屋」に 10 のブロックを4本入れます。
そこに，10 のブロックを3本入れます。
ブロックは，全部で7本になりました

C　10 が 4 本と 10 が 3 本だから，あわせて 7 本で，答えは 70 になるんだね。

T　(何十)+(何十)の計算は，10 がいくつかで考えると簡単に計算できます。

練習問題をして計算の仕方を確認する。

準備物

・算数ブロック（板書用）
QR ワークシート

ICT

アンケート機能を使用して，児童が（何十）±（何十）や百－（何十）の適応題に解答するようにすれば，学習の定着度を把握することができる。

3

80こ あります。
30こ あげました。
のこりは なんこですか。

しき　80 － 30 ＝ 50

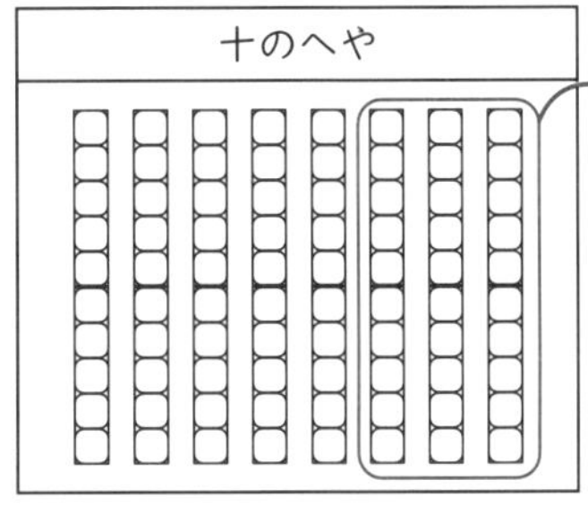

10が　8ほん

10が
8 － 3 ＝ 5
10が　5

4 ＜100 － 40＞

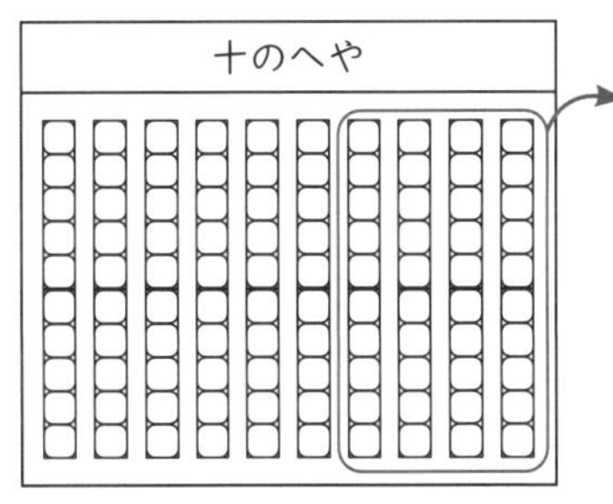

10が　10ぽん
10が　10 － 4 ＝ 6
10が　6
100 － 40 ＝ 60

操作で確かめましょう。

3 のこりのあめは何個になりますか

T　あめが80個ありました。30個あげました。残りは何個になりますか。

C　残りを求めるから，式は80 － 30だね。

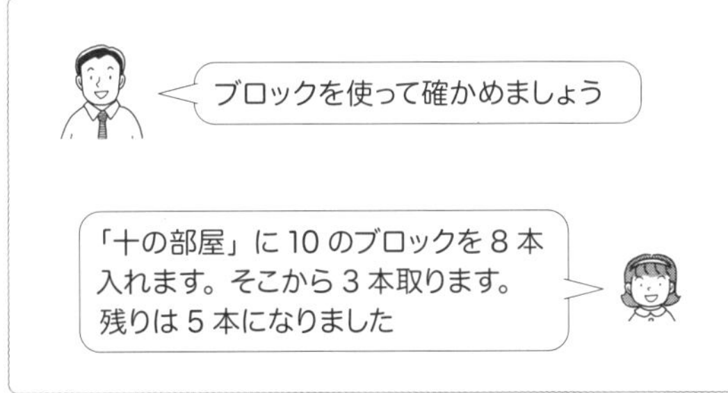

ブロックを使って確かめましょう
「十の部屋」に10のブロックを8本入れます。そこから3本取ります。残りは5本になりました

C　8本から3本を取って，残りは5本。10が5本なので50個になるよ。

T　ひき算も，10がいくつかで考えます。

練習問題をして計算の仕方を確認する。

4 100 － 40の計算をブロックを使ってやってみよう

「百の部屋」に100を1箱入れました。ここから，10を4本取りたいのですが，箱に入っていたら取れないので，箱から出して，10を10本，「十の部屋」に入れます。ここから，4本取ります。残りは何本になりましたか

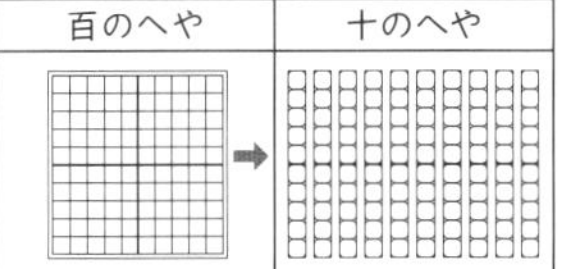

10が6本です。10が6本だから60だね

T　100 －（何十）の計算は，100は10が10本と考えて計算したらいいですね。

練習問題をして計算の仕方を確認する。
必要に応じて，ブロック操作もする。

第⑫時
（2位数）±（1位数）の計算

本時の目標　2位数は「何十と何」という構成であることを理解し，2位数と1位数の加減の計算ができる。

板書例

なんまいに なるか かんがえよう

1 30まい もって いました。
4まい もらいました。
ぜんぶで なんまいに なりますか。

しき　30 + 4 = 34

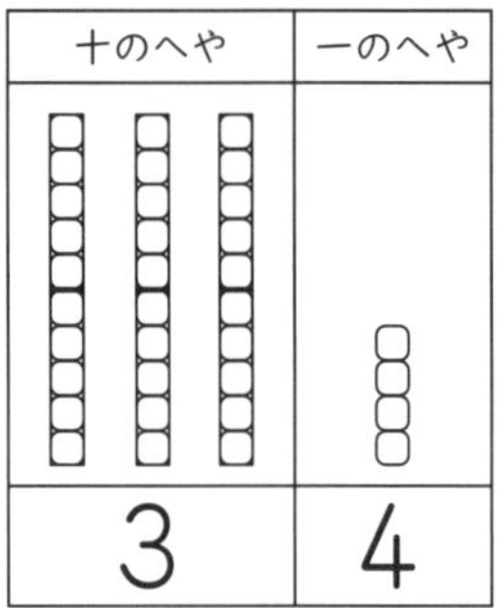

こたえ

34まい

2 < 45 − 5 >

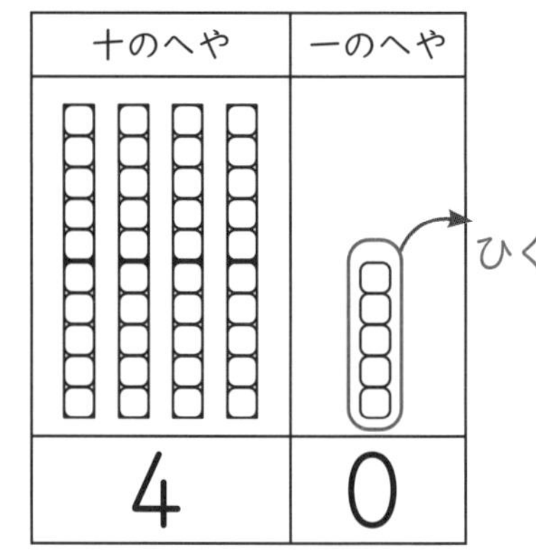

45 − 5 = 40

POINT 「位の部屋シート」に算数ブロックを配置して考えます。「十の部屋」と「一の部屋」のどちらにブロックを置いたらよいの

1 折り紙は全部で何枚かな

T　折り紙を30枚持っていました。4枚もらいました。全部で何枚になりますか。

場面理解のために，色紙30枚と4枚を提示する。

C　10枚が3束と，バラが4枚だね。

C　式は30＋4で，答えは34枚かな。

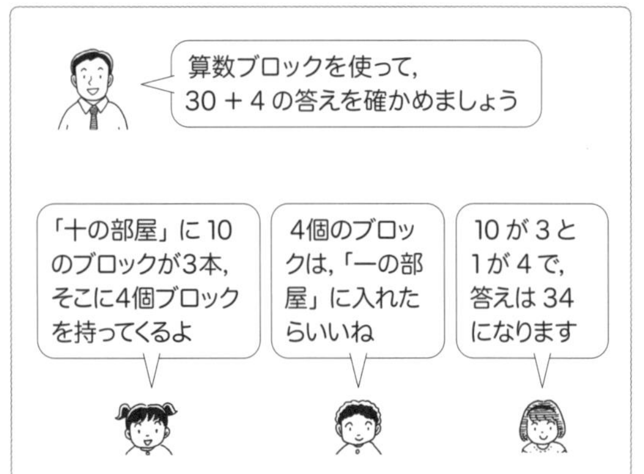

練習問題をして計算の仕方を確認する。

2 45 − 5を算数ブロックでやってみよう

T　「位の部屋」に45のブロックを置きましょう。

代表の児童が黒板で操作をする。

C　「十の部屋」に10のブロックを4本入れます。「一の部屋」に5個入れます。

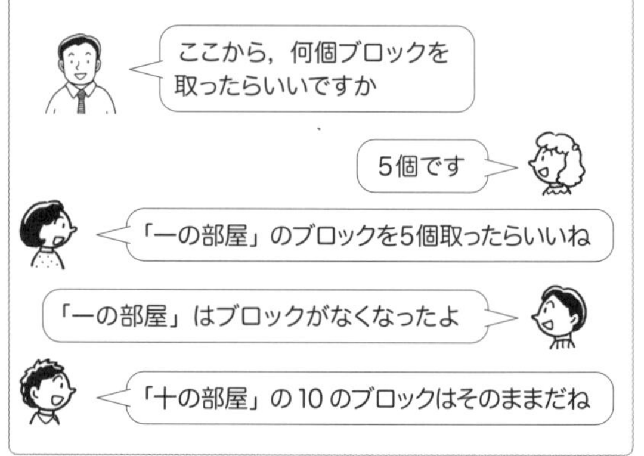

C　45－5の答えは，10が4本で40です。

練習問題をして計算の仕方を確認する。

準備物	・算数ブロック（板書用・児童用） ・色紙（34 枚） QR 位取りシート QR ワークシート

ICT	位取りシートを児童へ配信すると，表に書き込みながら計算することができ，2 位数と 1 位数の加減の計算の習熟を図ることができる。

3 ＜ 24 ＋ 3 ＞

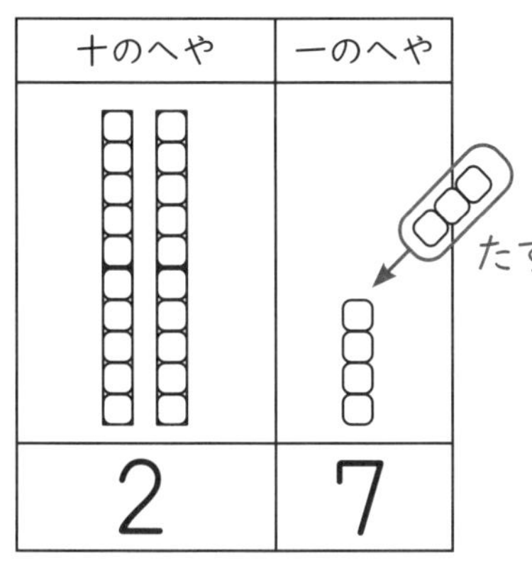

$24 + 3 = 27$

4 ＜ 38 － 6 ＞

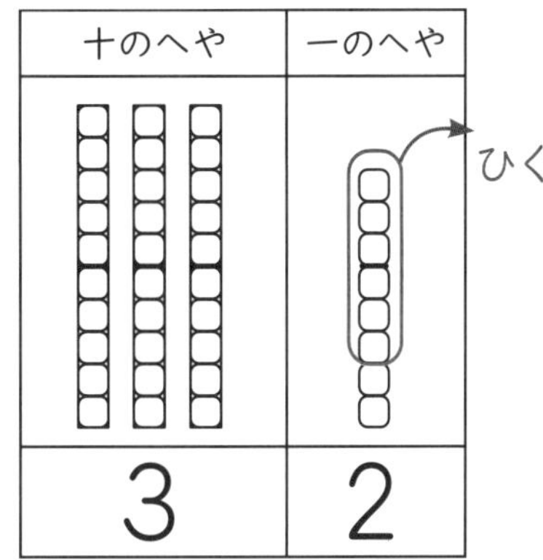

$38 - 6 = 32$

か，どちらからブロックを取ればよいかがよくわかります。

3 24 ＋ 3 の計算の仕方を考えよう

T　24 ＋ 3 の答えを，2 に 3 をたして 54 と考えました。正しいでしょうか。ブロックを使って確かめてください。 QR「位取りシート」を使う。

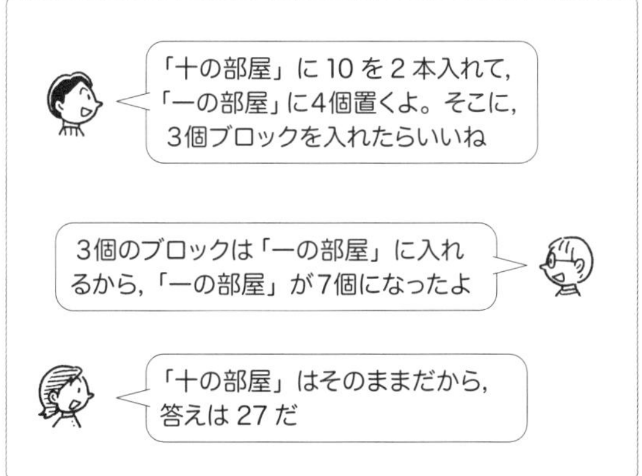

「十の部屋」に 10 を 2 本入れて，「一の部屋」に4個置くよ。そこに，3個ブロックを入れたらいいね
3個のブロックは「一の部屋」に入れるから，「一の部屋」が7個になったよ
「十の部屋」はそのままだから，答えは 27 だ

代表の児童が黒板で操作する。ブロック操作をすると，一の位での計算であることがはっきりとわかる。間違いを示すことで，注意すべきことを明確にする。
練習問題をして計算の仕方を確認する。

4 38 － 6 の計算の仕方を考えよう

T　ブロックを使って 38 － 6 の計算の仕方を考えましょう。

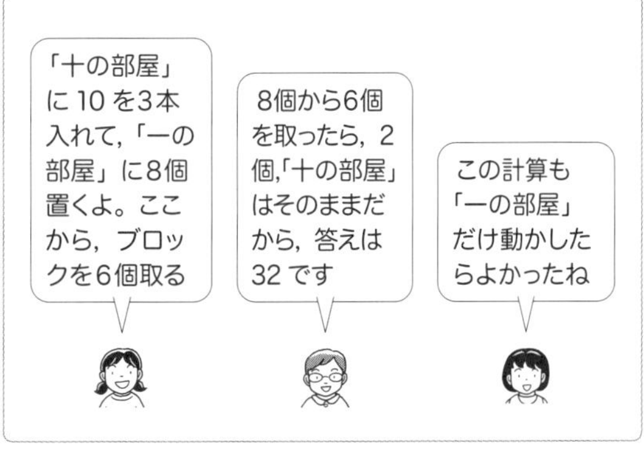

「十の部屋」に 10 を3本入れて，「一の部屋」に8個置くよ。ここから，ブロックを6個取る
8個から6個を取ったら，2個,「十の部屋」はそのままだから，答えは 32 です
この計算も「一の部屋」だけ動かしたらよかったね

練習問題をして計算の仕方を確認する。
どの型も，1 ～ 2 問はブロック操作をして確かめる。
ワークシートを活用する。

やってみよう

カエルになって跳んでみよう／100 のねこを完成しよう

本時の目標　身体的活動を通して数直線の系列についての理解を深める。

［手順］

❶ 校庭に白線を引き，20cm くらいの等間隔に0から 20 までの目盛りと数字を書いておきます。

❷ 0 の線に児童が並び，教師の指示通りに目盛りを跳んで進みます。
- ・1 つずつ跳んで 10 まで
- ・2 こずつ跳んで 20 まで（2 跳び）
- ・5 こずつ跳んで 20 まで（5 跳び）
- ・ここで，2 とび，5 とびの意味が活動を通して理解できるでしょう。

❸ 次に，ある数字の目盛りに立ち，〇大きい数，〇小さい数への目盛りまで跳んで進みます。

例「5より7大きい数はいくつでしょう」
「20 より6小さい数はいくつでしょう」
「8 より2大きい数はいくつでしょう」
「10 より5大きい数はいくつでしょう」
2 とびや 5 とびで跳んで進む児童もいるでしょう。

校庭で体を動かしながらぜひ数直線の活動をしてみてください。絵で見る数直線よりも児童は何倍も理解できます。校庭が無理な場合は，教室内で紐などを使ってもできます。

カエルになって跳んでみよう

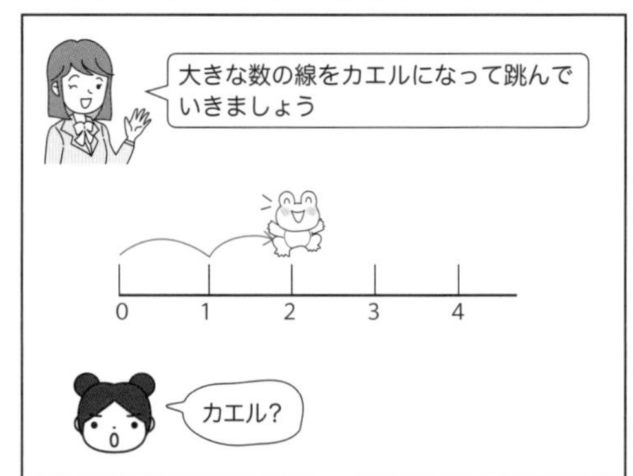

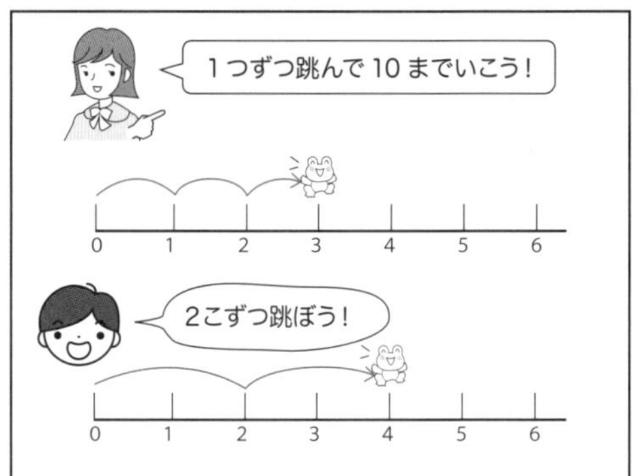

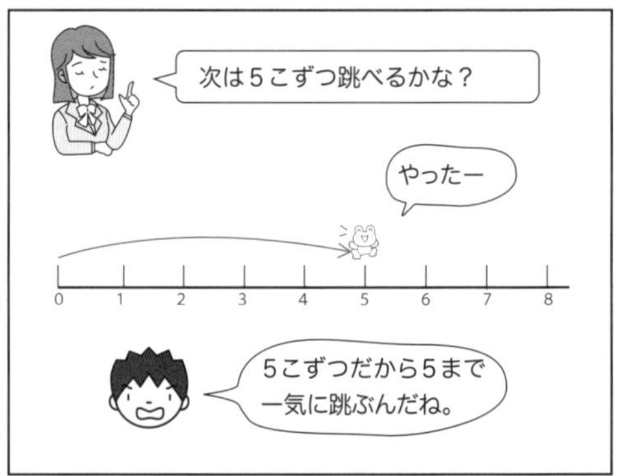

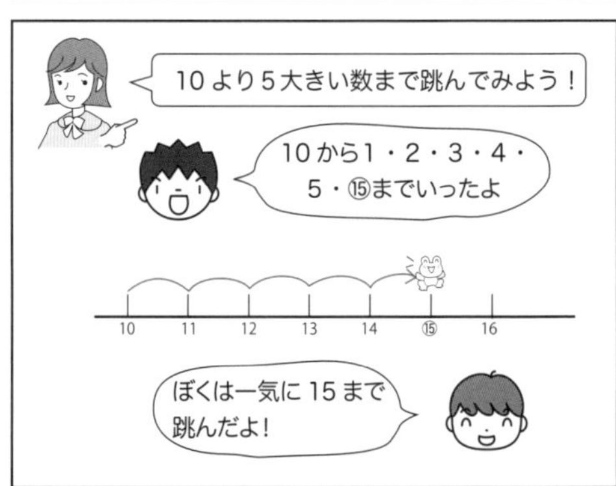

100のねこを完成しよう

本時の目標 自分たちがかいた絵を100集める活動を通して大きな数の量感をもつことができる。

準備物
- 模造紙（60cm × 60cm くらい）
- 画用紙（5cm × 5cm）100枚
- のり

［手順］

❶ 60㎝× 60㎝の模造紙に縦10，横10の枠を薄い線で引いておきます。（100の枠を作ります。）

❷ 児童に5㎝四方の画用紙を配り，題材を決めて絵をかきます。（例：ねこ，妖怪など）

クラスの人数に合わせて，１人の枚数が変わります。枚数が均等にならない場合は，他の先生方にも協力してもらうとよいでしょう。

❸ 模造紙の100の枠に，児童がかいた絵を貼っていきます。児童が好きなところに貼ってもよいでしょう。

❹ 完成した「わたしたちの100の〇〇」は，教室内に貼っておきましょう。

第３時　ワークシート

なまえ

● かずを　かぞえましょう。

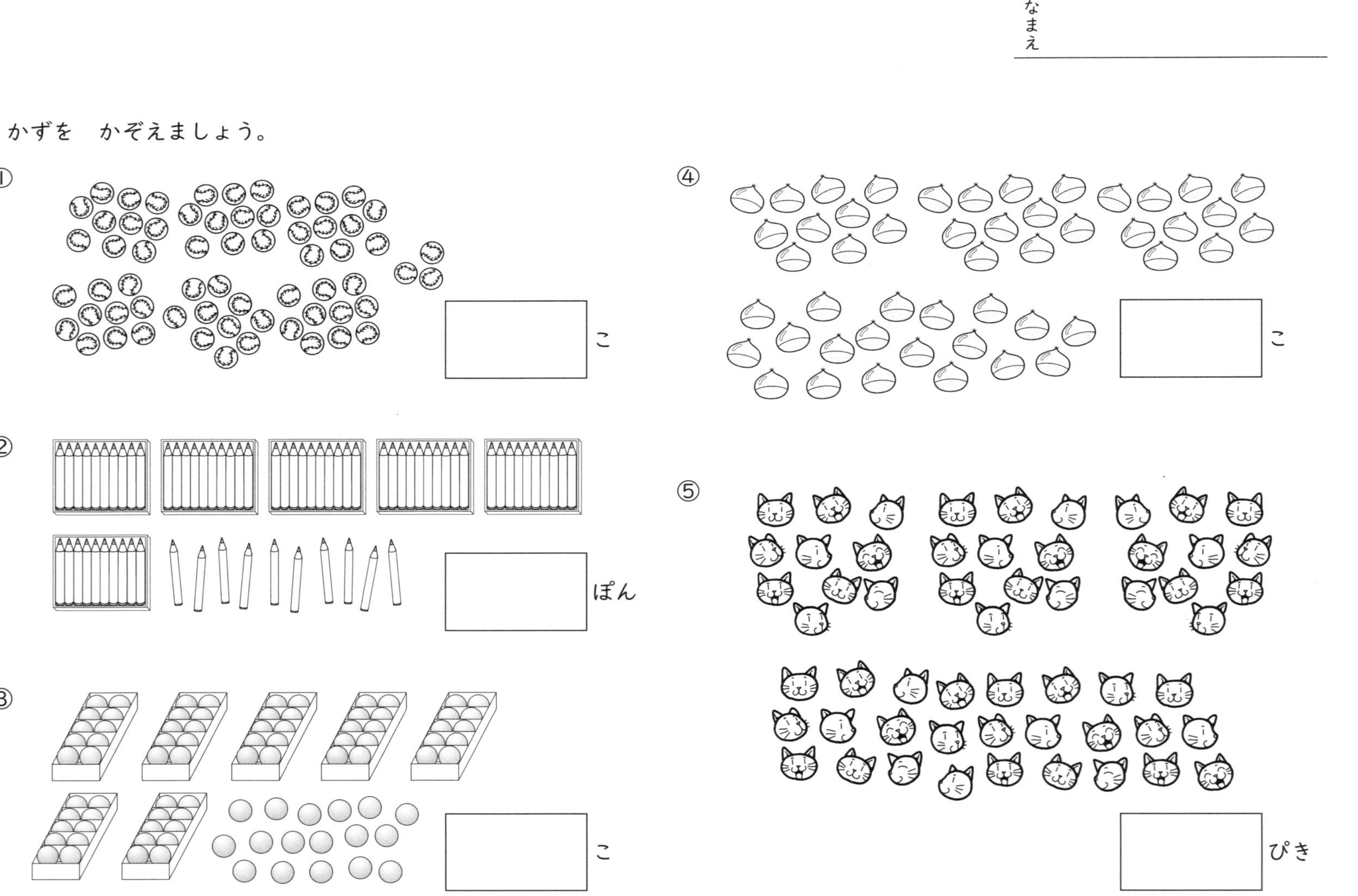

第6時　ワークシート

なまえ ______________________

1　1から　100までの　かずを　ゆっくり　ていねいに　かきましょう。

1	2	3	4	5	6	7	8	9	10
11									20
21									30
31									40
41									
51									

2　□に　あてはまる　かずを　かきましょう。

① 76より　1　おおきい　かずは　□

② 60より　1　ちいさい　かずは　□

③ 82より　3　おおきい　かずは　□

④ 100より　1　ちいさい　かずは　□

3　かくれた　すうじを　かきましょう。

1	2	3	4	5	6	7	8	9	10
11	12	13	14	15	16	17	18	19	20
21	22	23	★	25	26	27	28	29	30
31	32	●	☽	▲	36	37	38	39	40
41	42	43	■	45	46	47	48	49	50
51	52	53	54	55	56	57	58	59	60

★（　　　　）

●（　　　　）

☽（　　　　）

▲（　　　　）

■（　　　　）

どちらがおおい

全授業時数４時間

◎ 学習にあたって ◎

<この単元で大切にしたいこと>

本単元は，かさの比べ方を考え，どちらが多いかを比べるために，直接比較，間接比較を経て任意単位いくつ分でかさを表す方法へと進みます。（本格的なかさの単位の学習は２年生になります）

この単元で大切にしたいことは「かさを比べるにはどうすればいいのか」「どちらがどれだけ多いのか」を伝えるためにはどういった方法がいいのかを子どもたち自身が考え，話し合って実物を操作しながら考えを進めることです。

<数学的見方考え方と操作活動>

かさは，直接的に手にとって感じることが出来ない量で，容器に入れて初めて理解できるという間接的にしか理解できない量です。そのため，同じかさであっても，入れ物の形状によって多く見えたり，少なく見えたりする事が起こります。こういった量の保存性が未発達な子もいることを配慮して，４段階の指導をする必要があります。

① 直接比較（量の保存性確認・形状の異なる容器に入ったかさを同一容器に入れ比べる）
② 間接比較（比較する２つのかさを同じ大きさのコップで比較する）
③ 個別単位（任意のかさを基準として用いて２つのかさを測り，比較する）
④ 普遍単位（mL・dL・L 等の単位を用いて長さを理解する）←２年の学習内容

教科書もこの量の４段階指導法に基づいて指導展開をしています。各段階における指導では，具体的なかさを，子どもたちがどのように比べるのか，直接比べられないときにはどうすれば比べられるのかという課題を，操作を通して解決する事が最も大切です。

<個別最適な学び・協働的な学びのために>

子どもたちは日常の生活の中で，液量の多い，少ないを比べたり，容器を移し替えてたりして，量の保存性を身につけています。しかし，このような保存性が未発達な児童もいます。この単元では，そういった子どもたちの量感を形成することも目標にしてかさの比較操作・かさの計量を体験的に学習させる必要があります。子どもたちが「こうやったら比べられる」とか「こんなふうに並べた方がいい」とか「これだったらいくつ分が分かる」という発見をすることが主体的な学習につながります。また，そういった発見や工夫を友達と相談したり，実際に試行したりすることで学びが深まります。

◎ 評　価 ◎

知識および技能	直接比較や間接比較，任意単位による測定などによって，かさを比較できる。 かさの保存性や比較方法，任意単位による測定の方法を理解している。
思考力，判断力，表現力等	直接比較や間接比較，任意単位によるかさの測定方法を考えることができる。
主体的に学習に取り組む態度	身近にある入れ物のかさに関心を持ち，かさの比較方法を工夫しようとしている。

◎ 指導計画　4 時間 ◎

時	題	目　標
1・2	かさの直接比較・間接比較	かさを比べる方法を考え，直接比較・間接比較することができる。
3・4	かさの任意単位	任意単位を用いることで，かさを数として表したり，比較したりすることができる。

第 1·2 時　かさの直接比較・間接比較

本時の目標　かさを比べる方法を考え，直接比較・間接比較することができる。

板書例

どちらが たくさん はいるかな

1

ちがう いれものに いれても
かさは かわらない

2
3

あ

い

あふれた

あが おおい

まだ みずが
はいる

いが おおい

POINT　実際に水を使っての実演は，準備も必要で時間もかかりますが，子どもたちの興味をひき，理解も深まるでしょう。

1　兄弟うさぎのジュースのかさは同じかな

QR お話㋐を読む。その後，500mL くらいのペットボトルに入った色水を２本見せる。

T　この２本のジュースのかさは同じですか？

C　同じです。(「かさ」という言葉にも触れておく)

(お話㋑を読む)弟うさぎは，少ないと言っています。お兄さんうさぎは同じと言っています。みんなはどう思いますか

コップが違うから，少なく見えるだけだと思うな

もとのジュースは同じだから，同じだよ

実際に，形の違うコップ２つを使って実演し，元のペットボトルに色水を戻して見せる。形が変わっても，かさは変わらないことを確認する。

2　どちらがたくさん入るか考えよう

形や大きさが違う容器等を準備する。(例：ペットボトル２種類，コップと２m程度の細いホース)

T　たくさん水が入るのは，あといのどちらだと思いますか。まずは，予想を立てる。

T　どうやって調べたらいいでしょう。

あ
い
う
え
どっちが重いか持ってみる
1本に水を入れて，それをもう1本に入れる
どっちにも水を入れて，同じ入れ物に入れたらどうかな

準備物	・500mL 入りペットボトル２本（色水を入れる） ・容器（ペットボトル，コップ）　・漏斗 ・1L ますやビーカー　・トレイ　・ホース QR ワークシート　　QR お話の絵	ICT	水を使った実演ができない場合は，前もって動画を準備しておく。動画を使って全体提示や個人配信で説明を行うとわかりやすい。

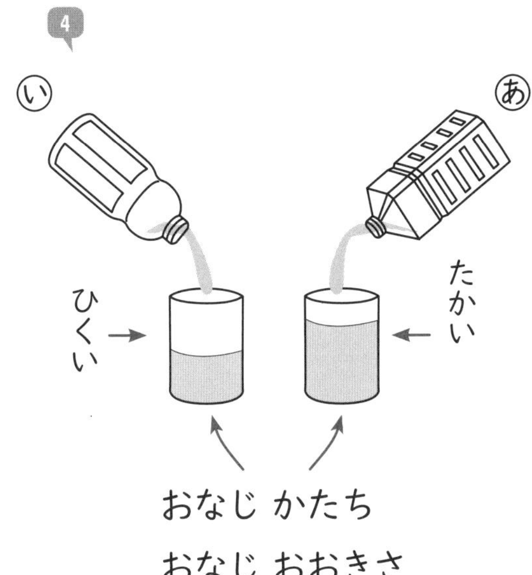

たかい ほうが
おおい

あが おおい

3 実際に水を入れて調べてみよう（直接比較）

水を移し替えるため，受け皿や漏斗を準備しておく。

T　ペットボトル㋐と㋑を調べます。㋐に水をいっぱい入れます。そして，その水を㋑に移し替えます。

やってみます（実演する）
水があふれました。
どちらが多いですか
わー，水が
あふれたよ
あふれたから，
あの方が多いね
あ
い

いにまだ水が入る場合は，いの方が多く入ることも確認しておく。うコップと，えホースも同じように比べる。

4 【第２時】 他の入れ物を使って調べてみよう（間接比較）

同じ形・大きさの容器（1L ますなど）を２個準備する。

T　同じ容器が２個あります。これを使って調べてみましょう。

C　同じ容器だと，並べたらわかりそうだね。

あといに入れた
水を移し替えます
（実演する）
同じ入れ物だから，水の高さで
比べたらいいね
高い方が水が多いよ
やっぱり，たくさん水が
入るのはあの方だ

ワークシートで学習の確かめをする。

第3·4時

かさの任意単位

本時の目標　任意単位を用いることで，かさを数として表したり，比較したりすることができる。

板書例

どちらが どれだけ おおいかな

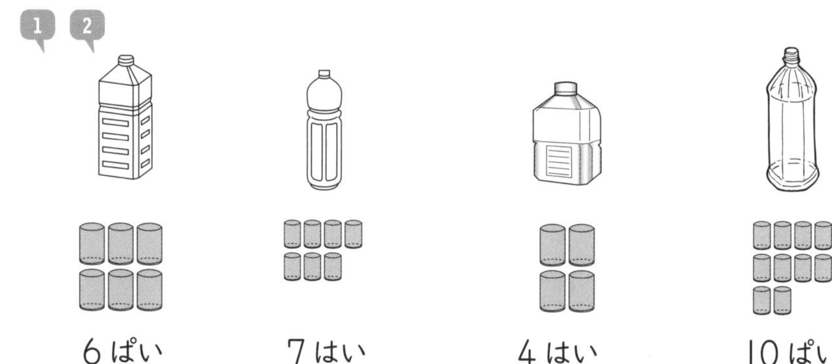

いちばん おおい

↓

おなじ おおきさの かっぷを つかう　3

7はい ぶん　5はい ぶん　6ぱいぶん と すこし　6ぱい ぶん

POINT　実際に水を使っての実演は，準備も必要で時間もかかりますが，子どもたちの興味をひき，理解も深まるでしょう。

1　どちらが多いかを数で表す方法を考えよう

水の入ったペットボトルを見せる。

T　どちらがどれだけ水が多く入っているかを調べます。どうやって調べたらいいでしょう。

「長さ」を比べたときのことを振り返る。

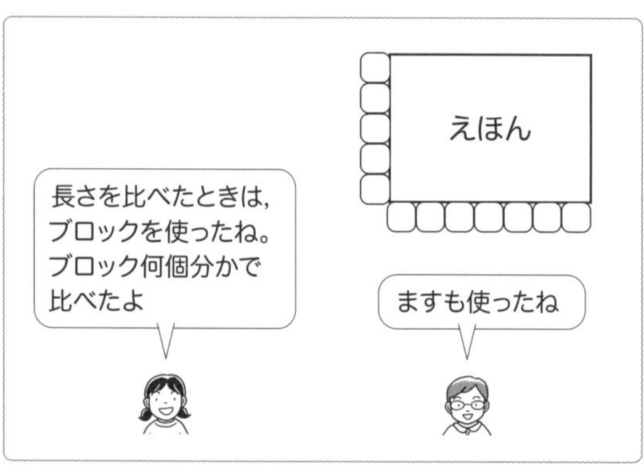

えほん
長さを比べたときは，ブロックを使ったね。ブロック何個分かで比べたよ
ますも使ったね

C　水は，ブロックでは調べられないね。

C　何か小さい入れ物で調べられないかな。

2　小さな容器何杯分かで調べよう

プリンカップなど大きさの違う容器と，水が入ったペットボトル（大きさや形の違うもの）を班の数分準備する。

ペットボトルの水は，小さな容器で何杯分になるか調べましょう
カップ6杯分と少しになりました
私たちは，10 杯分になったよ

T　4 班の水が 10 杯分でいちばん多いですね。

C　でも，使った容器の大きさが違うから，比べられないと思います。

同じ容器で何杯分かを調べないと比べられないことに気づかせる。

準備物	・単位となる容器（プリンカップ，紙コップなど） ・かさ調べに使う入れ物（ペットボトル，やかん，水筒，鍋など） QR ワークシート	ICT	かさ調べを動画で記録しておく。または，実演ができない場合は前もって動画を準備しておく。紙面ではなく，実物の方が子どもたちの印象にも大きく残る。

4 <いろいろな もののかさを しらべよう>

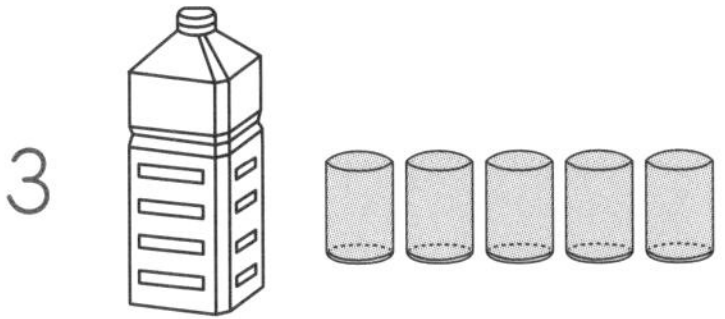

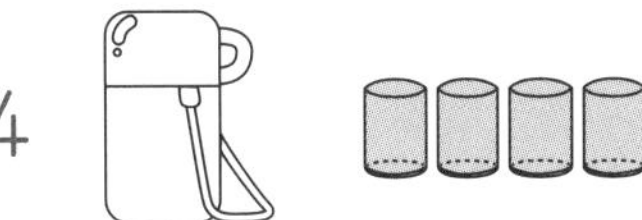

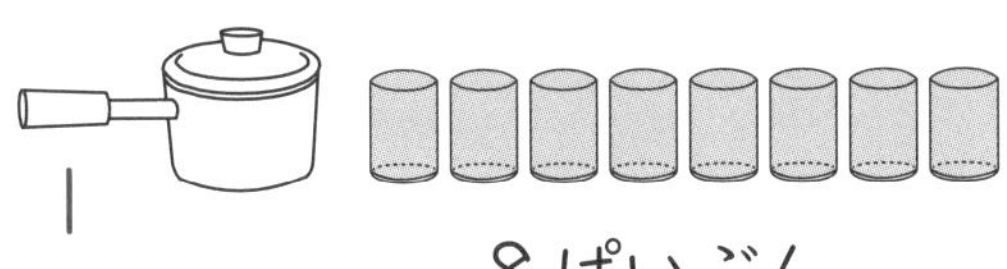

いちばん おおい

3 同じ大きさの容器を使って何杯分かを調べよう

T　今度は，同じ大きさの容器を使って調べます。

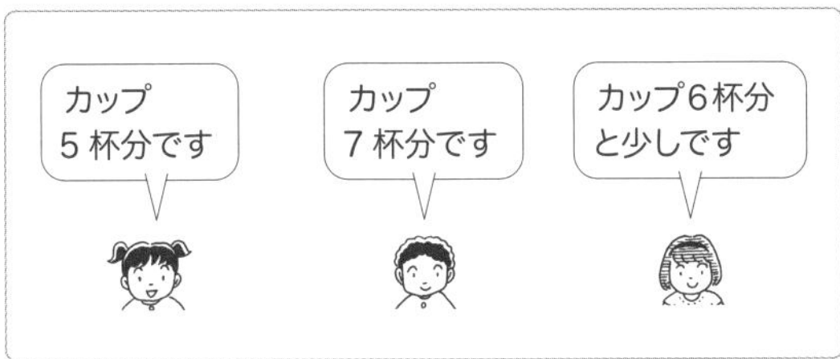

カップ
5杯分です
カップ
7杯分です
カップ6杯分
と少しです

T　1班と2班の水は，どちらがどれだけ多いですか。

C　5杯と7杯だから，1班の方が，カップ2杯分多いです。

T　同じ大きさの容器で調べたら，どちらがどれだけ多いかもわかりますね。

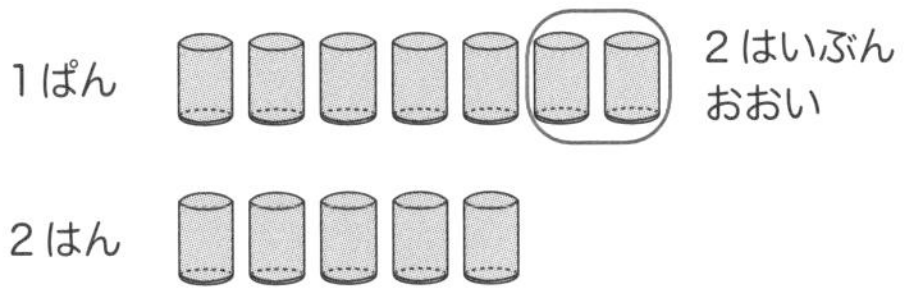

4 【第4時】いろいろな入れ物のかさを調べよう

同じ大きさの容器を使って，やかん，鍋，水筒などに入るかさを調べる。班で調べるものを決める。

T　どの入れ物に水がいちばん多く入るでしょう。

まずは，予想を立てる。

何杯分になりましたか
鍋は8杯分でした
やかんは6杯分です

調べた結果を板書して，多い順番を確認する。

C　同じ容器だから，何杯分かでどれがどれだけ多いかがわかるね。

どちらがひろい

全授業時数 1 時間

◎ 学習にあたって ◎

<この単元で大切にしたいこと>

量の指導の 1 つに「広さ」があります。広さという概念は多義的で，空間の広さもあれば，平面の広さもあれば，曲面の広さもあり，心の広さという修辞的な広さもあります。算数で扱う広さはもちろん平面の広さです。そこで，広さ比べは 1 年生に扱える範囲での平面の広さに限定して行います。例えばノートと教科書はどっちが広いか？という問題定義をして実際に重ねて比べます。重ねて比べられないときにはどうやって比べるといいのかと考えながら，広さの概念を身につけていくことになります。

<数学的見方考え方と操作活動>

4 年で学習する面積の基礎体験を，他の量の学習同様に 1 年生の時に体験しておこうというのが，この単元の目標です。広さを直接重ねて判断したり，決まった広さを単位にして，どちらがどれだけ分広いという任意単位による比較をしたりする内容をここで扱います。しかし，単位とする広さを発見するのは 1 年生では難しいと思われます。そこで直接比較，間接比較のの後は，方眼紙を使って陣取りゲームをして方眼のマス目いくつ分で比べる体験をさせたいと思います。

<個別最適な学び・協働的な学びのために>

身のまわりにあるいろいろな広さを比べようというのは，かなり範囲が広くなります。そこで，例えば敷物はどちらが広いか，と直接重ね合わせて比べたり，直接比べられない場合は，仲立ちを使って広さを比べたりします。このように，目標を絞ることで，何をどのようにしたら比べられるのかと考えることができるようになります。そして，話し合いを通して，比べる方法を考えることができるようになります。

◎ 評　価 ◎

知識および技能	広さの直接比較，間接比較，任意（個別）単位での数値化で広さを比べることができる。 広さについての基礎的な概念や比較の仕方，任意（個別）単位での数値化の方法がわかる。
思考力，判断力，表現力等	広さの比べ方を考えたり，任意単位での測り方を考える。
主体的に学習に取り組む態度	身近なものの広さに関心を持ち，いろいろな方法を工夫して比べようとする。

◎ 指導計画　1 時間 ◎

時	題	目　標
1	広さ比べ	どちらが広いか比べる方法を考え，直接重ねたり，画用紙やますを使って比べたりすることができる。

第1時
広さ比べ

本時の目標　どちらが広いか比べる方法を考え，直接重ねたり，画用紙やますを使って比べたりすることができる。

板書例

どちらが ひろいかな

1 ＜シートを くらべる＞

かさねて くらべる

ⓐの ほうが ひろい

2 ＜ポスターを くらべる＞

まえ　うしろ

かさねる

がようし

ひろい

POINT 広さ比べも，長さやかさと同じく「直接比較」→「間接比較」→「任意単位」の順に指導していきます。

1 敷物の広さ比べをしよう（直接比較）

T　みんなが持ってきてくれたシートを広げてみましょう。

C　○○さんのシートは大きいね。

C　□□さんのシートも大きいよ。

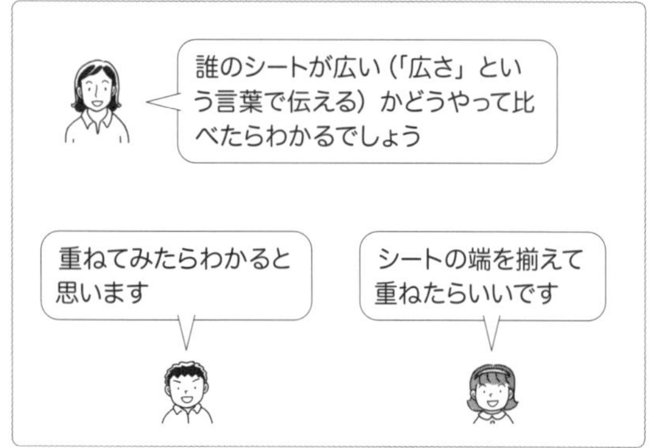

誰のシートが広い（「広さ」という言葉で伝える）かどうやって比べたらわかるでしょう
重ねてみたらわかると思います
シートの端を揃えて重ねたらいいです

長さ比べと同様，端を揃えて比べることに気づかせる。

T　まずは，隣の人と比べてみましょう。その後，班で比べてみましょう。

2 ポスターの広さ比べをしよう（間接比較）

T　教室の前と後ろにポスターがあります。どちらが広いでしょう。まずは，予想を立てる。

C　離れているから重ねることができないね。

T　長さを比べるときに，テープを使ったことを覚えていますか。

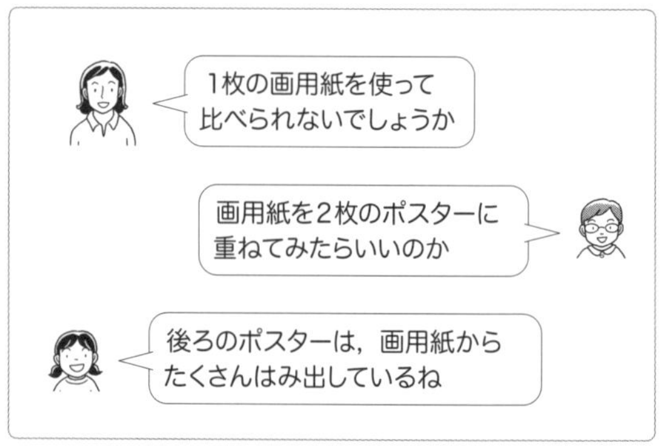

1枚の画用紙を使って比べられないでしょうか
画用紙を2枚のポスターに重ねてみたらいいのか
後ろのポスターは，画用紙からたくさんはみ出しているね

T　重ねて比べられないときは，他のものを使って比べることができますね。

準備物	・シート（児童持参）　・ポスターや掲示物 ・画用紙　・正方形の色板（なければ小さい色紙） ・メンディングテープ　・色鉛筆など QR ワークシート　QR 陣取り遊び用紙	ICT	陣取りゲームの表シートを配信し，2人組で陣取りをする。塗りつぶす時間や修正に費やす手間を省き，どの児童でも手軽に楽しむことができる。

3 どれだけ ひろいかな

まえ

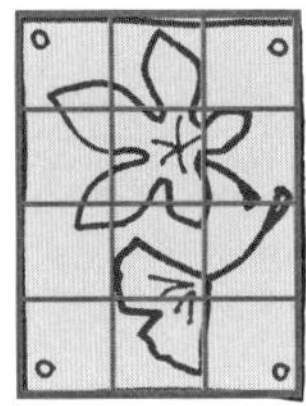

うしろ

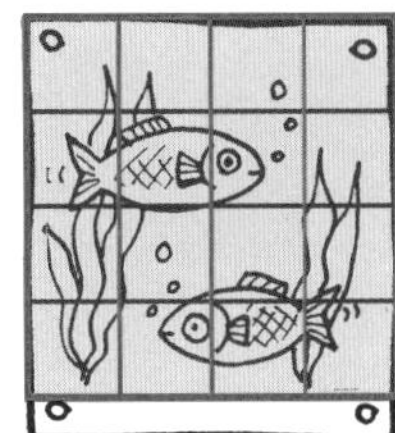

うしろの ポスターの ほうが 4まいぶんと すこし ひろい

12 まいぶん

16 まいぶんと すこし

3 折り紙を使って広さを比べよう（任意単位）

T　後ろのポスターは，前のポスターよりどれだけ広いでしょう。

長さはブロック何個分，かさはカップ何杯分と数字で表したことを振り返る。広さを数値化し，数の大きさで比べる。

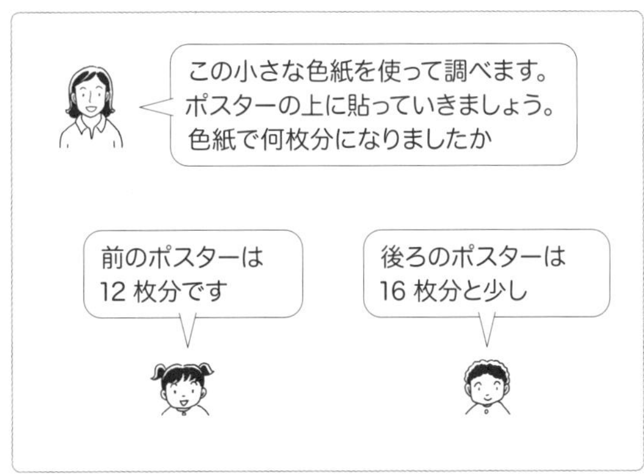

この小さな色紙を使って調べます。ポスターの上に貼っていきましょう。色紙で何枚分になりましたか

C　後ろの方が前よりも4枚分と少し広いです。

単位となるものは，折り紙など隙間なく並べられる小さな正方形のものが適当である。

4 「陣取り遊び」をして広さを比べよう

【準備物】

・QR 陣取り遊び用紙

【やり方】

❶ 2人1組で対戦する。1枚の台紙に向かい合って座る。

❷ じゃんけんをする。勝った人は，自分側のますから次の数だけ色を塗る。塗る色は変えておく。

　グー1個　　チョキ2個　　パー3個

❸ 塗るますが無くなったらゲーム終了。

❹ 塗ったますの数を数えて，ますの数が多い人が勝ちとなる。

15個だから，私の方が5個多かったよ

なんじなんぷん

全授業時数 2 時間

◎ 学習にあたって ◎

<この単元で大切にしたいこと>

1 学期に行った時刻の指導では，何時半という指導だった内容が，ここでは何時何分に変わります。しかし，1 時間が 60 等分され，小さい目盛りが 1 分を表し，長針が指した分の目盛りで時刻を読み取るというのは，1 年生にはかなり難しくて高度な内容です。また，時刻読みは，すんなり理解できる児童とできない児童の差がはっきりと出るところです。全員が必ずできないといけないという考え方ではなく，時計の読み方をまずは知り，時刻に関心を持って生活するようになればよいと考えましょう。

<数学的見方考え方と操作活動>

時計の文字盤は，12 進法と 60 進法が混在する複雑な構造になっていて，一回り 60 分刻目盛りに，一回り 12 の時刻目盛りが一緒に表記されます。そのため，5 分ごとの分刻目盛りに，時刻数字が順次大きく表示されています。そこで，時刻を表す 1 時から 12 時に対応する分刻を時計に表示したり，表にして理解させたりするようにします。次に，5 とびの時刻読みから徐々に細かな分読みができるように指導していきます。

<個別最適な学び・協働的な学びのために>

何時半のところで学習した内容をベースに何時何分を学習するので，最初は意欲的ですが分読みで躓く子がいます。そこで，ここでは短針のない長針だけの時計を用いて分読みを 5 目盛りごとで読む練習をして，次第に連続する分読みに変えていきます。算数セットの中に入っている「分読みリング」をつけて読むことから始めて，不必要になった児童から外していけば，必ず読めるようになってきます。

◎ 評　価 ◎

知識および技能	何時何分の時刻を読んだり，時計で表したりすることができる。 何時何分の時刻の読み方を理解する。
思考力，判断力，表現力等	時計盤の目盛りは５とびであることを用いて，時刻の読み方を工夫して考えることができる。短針，長針で読む方法が異なることを考え，表現することができる。
主体的に学習に取り組む態度	時刻を読み取り，日常生活に進んで取り入れようとする。

◎ 指導計画　２時間 ◎

時	題	目　標
1	時計の読み方	時計の長針から「何分」の時刻の読み方がわかる。
2	何時何分を読む	時計の時刻を「何時何分」で読んだり，時計の針を合わせたりできる。

第1時 時計の読み方

本時の目標　時計の長針から「何分」の時刻の読み方がわかる。

板書例

ながい はりで なんぷんを よもう

1

・みじかい はり
　なんじを よむ

・ながい はり
　6のとき　　○じはん
　なんぷんを よむ

2

POINT 教師用模型時計の短針を外して，まず，長針だけで何分かを読む練習をしましょう。

1 「何時」「何時半」の復習をしよう

模型時計を準備する。

時計を読みましょう。短い針と長い針はどこを指していますか
あ
い
短い針が10で，長い針が12だから，10時です
長い針が6だから，11時半です

○時半のとき，短針が数字と数字の間を指すことを再度確認する。

2 長い針だけの時計で目盛りを読んでいこう

教師用の時計の短針を外して長針だけにする。

T （模型時計を提示しながら）何時ちょうどのとき，長い針は12を指しています。そこから，長い針が1のところに行くと，5分と読みます。2へ行くと，10分です。（長針を1周回す）

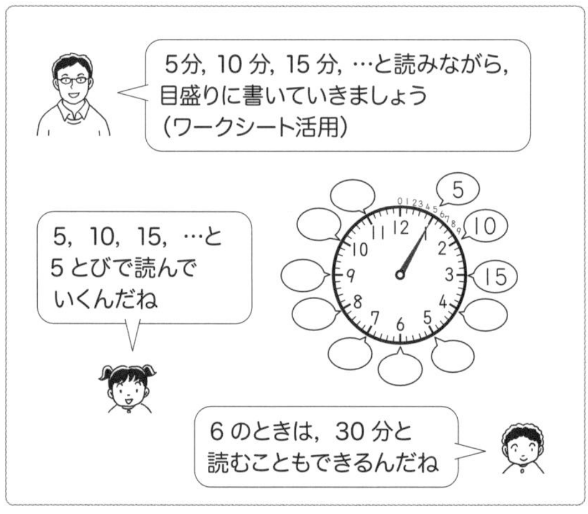

5分，10分，15分，…と読みながら，目盛りに書いていきましょう（ワークシート活用）

6のときは，30分と読むこともできるんだね

準備物	・模型時計，分読みリング（教師用・児童用） QR 板書用時計図 QR ワークシート	ICT	デジタルコンテンツを活用すると，時計を読む練習を個人のペースで行える。反復練習を通して時刻の読みの習熟につながる。

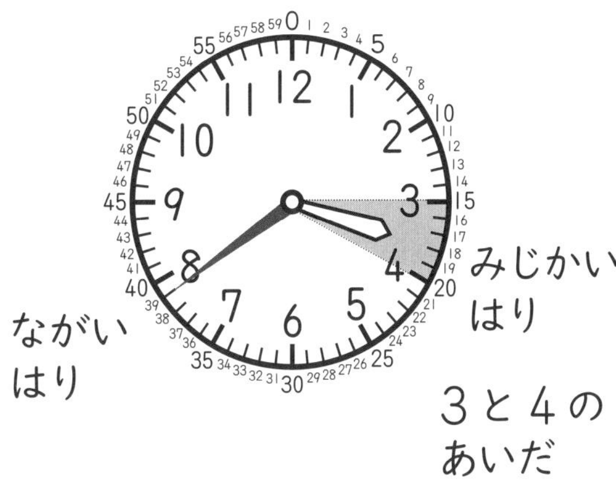

3 数字の間の目盛りを読んでいこう

T　数字と数字の間に小さな目盛りがありますね。長い針は，1 目盛りずつ進んでいきます。

12 からスタートして，順番に 1 分，2 分，3 分，…と長針を動かしながら 5 分まで読んでいく。

C　続きは，6 分からだね。6 分，7 分，8 分，…数字の 2 の目盛りが 10 分になりました。

…，55 分，56 分，57 分，58 分，59 分になります。そして，また 12 のところに戻ってきます
1分から 59 分まで あるんだね

児童にも「分読みリング」をつけた模型時計を持たせる。

4 模型時計を使って時計を読んでみよう

T　何時何分か時計を読んでみましょう。

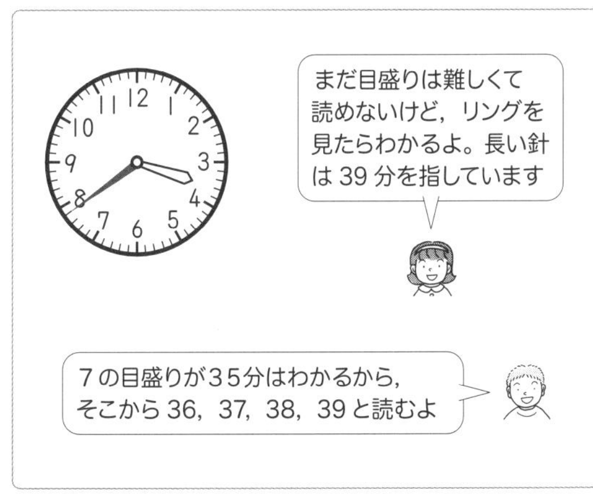

まだ目盛りは難しくて読めないけど，リングを見たらわかるよ。長い針は 39 分を指しています
7 の目盛りが 35分はわかるから，そこから 36，37，38，39 と読むよ

T　短い針は，3 と 4 の間ですね。まだ 4 時になっていないので，3 時 39 分と読みます。

次時に時計の読み方を詳しく学習する。時計の目盛りがなかなか覚えられない児童も多い。はじめは，「分読みリング」を使って抵抗なく読めるようにしたい。

第2時

何時何分を読む

本時の目標　時計の時刻を「何時何分」で読んだり，時計の針を合わせたりできる。

板書例

なんじ なんぷんか よもう

7と8の あいだ
7じ 15ふん

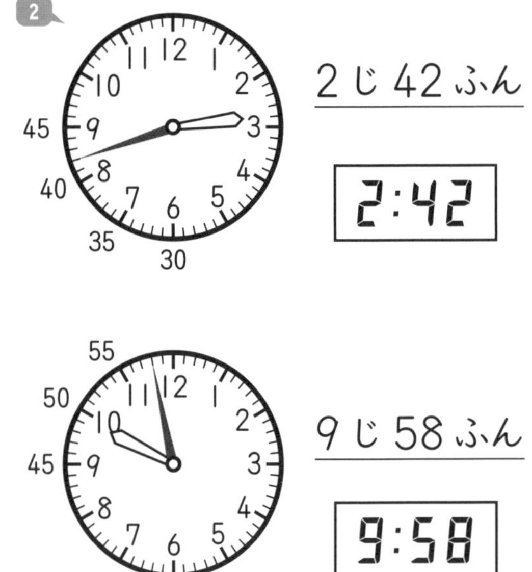

2じ 42ふん

9じ 58ふん

POINT　はじめは「分読みリング」をつけて，全員が安心して読めるようにしましょう。模型時計を動かしながら時刻と針の位置を

1 時計の読み方を確認しよう

児童に模型時計を持たせる。

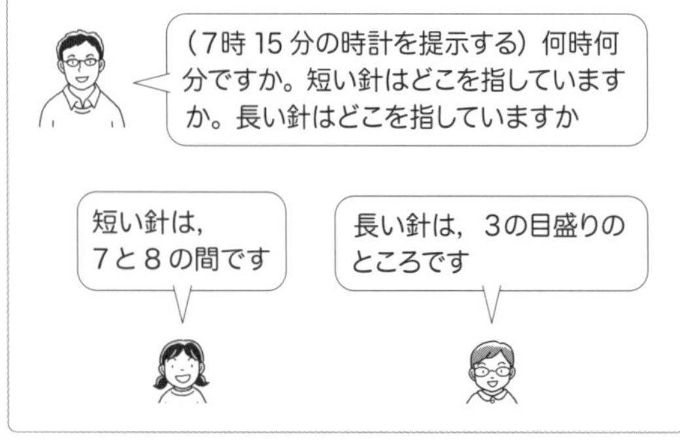

（7時 15 分の時計を提示する）何時何分ですか。短い針はどこを指していますか。長い針はどこを指していますか
短い針は，7と8の間です
長い針は，3の目盛りのところです

T　短い針で，何時かを読み，長い針で，何分かを読みましたね。

C　3の目盛りは 15 分だから，7時 15 分です。

T　短い針が，7と8の間のときは，まだ8時になっていないので，7時○分になりますね。

何分かを読むのに慣れていない児童には「分読みリング」を使用する。

2 時計の読み方を練習しよう

ワークシートを活用する。

T　次の時計は何時何分でしょう。

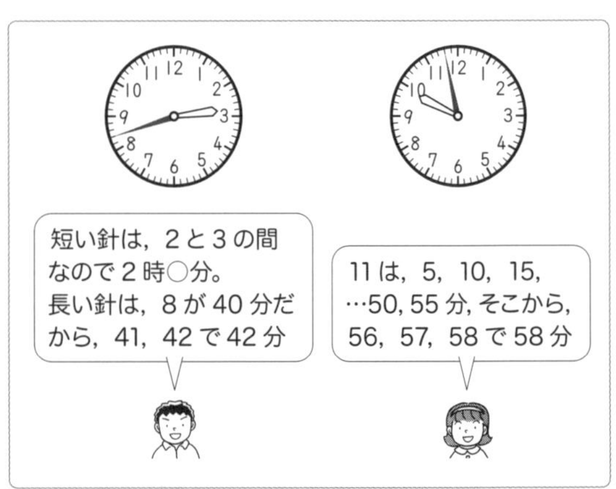

短い針は，2と3の間なので2時○分。長い針は，8が 40 分だから，41，42 で 42 分
11 は，5，10，15，…50, 55 分, そこから，56，57，58 で 58 分

T　みんなで読んでみましょう。長い針は，5，10，15，…40，そこから 41，42 で，2時 42 分。

全体で確認する。
必要に応じて，「分読みリング」を使用する。

準備物	・模型時計，分読みリング（教師用・児童用） ・デジタル時計 QR 板書用時計図 QR ワークシート

ICT	デジタルコンテンツを使用して，児童同士で時計の針を動かして問題を出し合うことで，すすんで時刻を読むことができる。

3 とけいの はりを あわせよう

7じ 45ふん

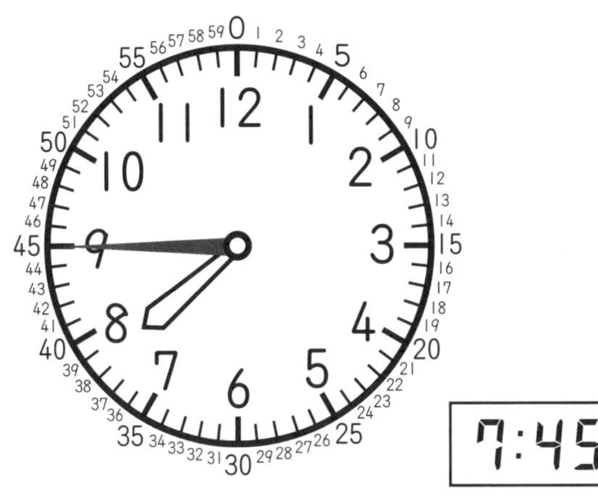

4 2じ 55ふん

・3じ 5ふん まえ
・3じ すこし まえ

関係づけていきます。

3 時計の針をあわせてみよう

T　先生は，朝７時 45 分に学校に来ました。針を７時 45 分に合わせてみましょう。

短い針は，７時だから，７と８の間になるね
長い針は，45 分だから，…９の目盛りのところになるよ

T　針を正しく動かせているか，隣の人と確かめましょう。

ここでも，必要に応じて，「分読みリング」を使用する。ワークシートを活用して，何問か練習をする。

4 日常生活で使う時刻の表し方を学ぼう

T　（２時 55 分の時計を提示する）この時計は，何時何分ですか。

C　短い針がまだ３になっていなくて，長い針が 11 だから，２時 55 分です。

２時 55 分を，「３時５分前」と言うときがあります
まだ３時になっていないけど，３時を使うんだね
お母さんが「もう9時前だから早く寝なさい」と言っていたよ

目にすることの多いデジタル時計も紹介し，時計と合わせて読み方を確認しておく。

なまえ ＿＿＿＿＿＿＿＿＿＿＿＿

1　とけいを　よみましょう。

2　なんぷんか　かきましょう。

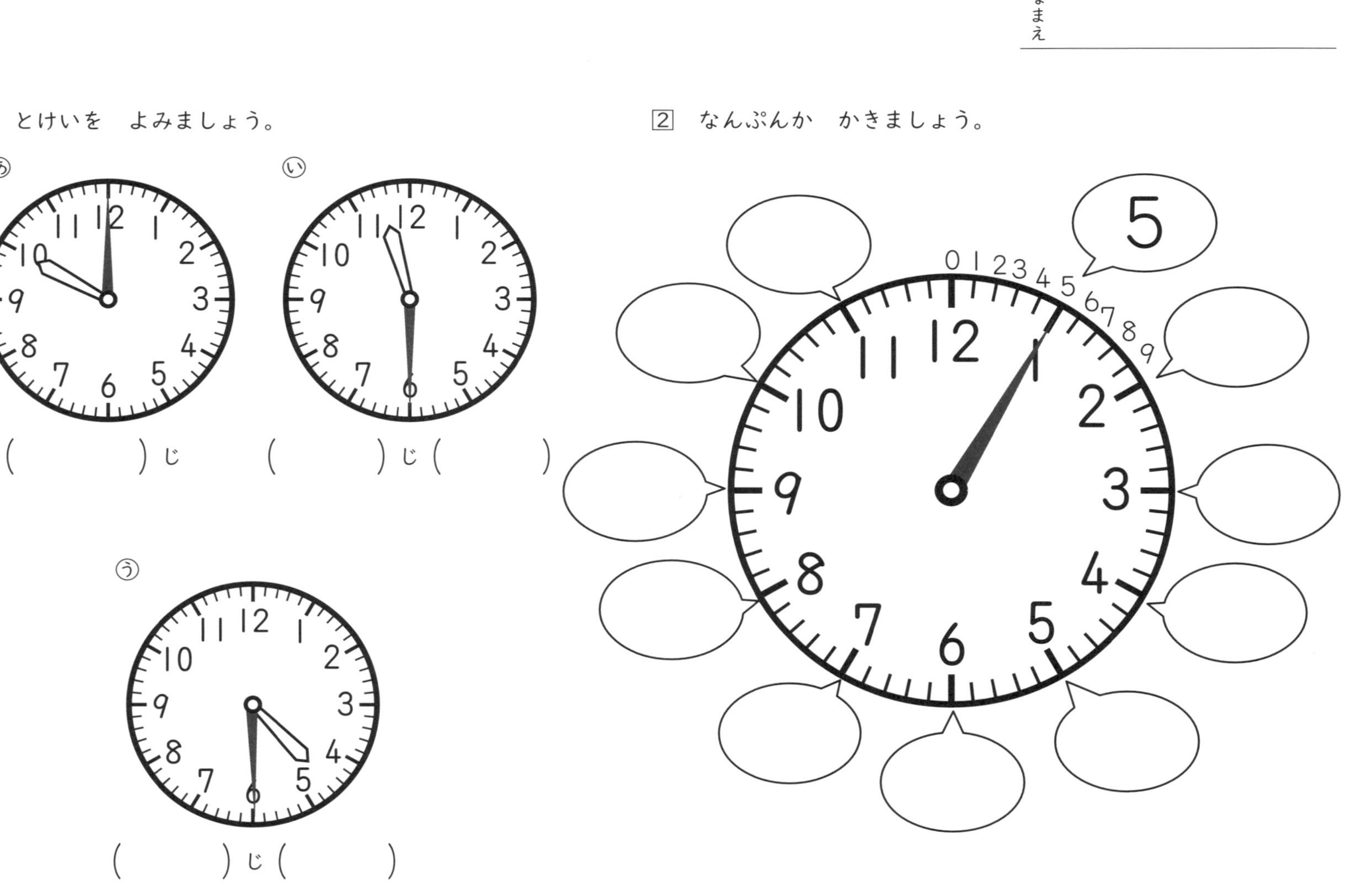

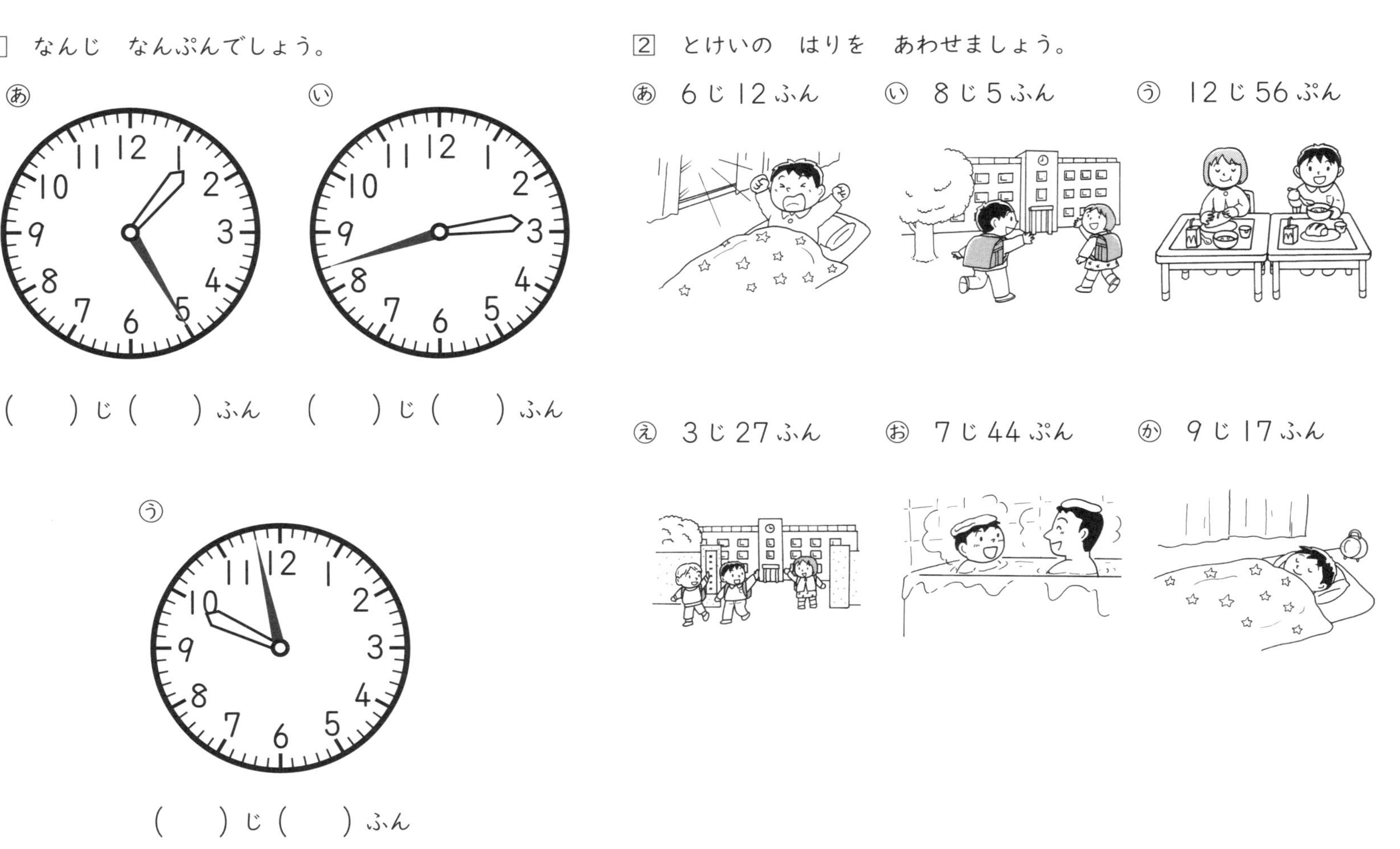
なまえ
1 なんじ　なんぷんでしょう。
あ
い
（　）じ（　）ふん
（　）じ（　）ふん
う
（　）じ（　）ふん
2 とけいの　はりを　あわせましょう。
あ 6じ12ふん
い 8じ5ふん
う 12じ56ぷん
え 3じ27ふん
お 7じ44ぷん
か 9じ17ふん

ずをつかってかんがえよう

全授業時数 4 時間

◎ 学習にあたって ◎

<この単元で大切にしたいこと>

ここでは，これまで学習してきた，たし算やひき算の用いられる場面を拡張して，たし算ひき算の世界を広げることです。1 つは順序数の加減と異質の量の加減，もう 1 つは 2 つの量の違いからどちらがいくつ大きい（求大），どちらがいくつ小さい（求小）を求める問題です。どちらも，問題場面の理解がこれまでの問題場面と大きく異なりますが，図に表すことで，これまで学習した加減の問題場面と同じことが理解できます。

<数学的見方考え方と操作活動>

順序数加減は順序数を集合数に置きかえることで，異質の量の加減ではそれぞれの量を 1 対 1 対応させることで解決できます。しかし，求大・求小の問題は 2 つの量を対比して「何と何の違いはいくつなのか」という状況理解が正確に出来ないと，たし算で求めるのかひき算で求めるのか分からなくなります。そこで 2 つのブロック列を作り，2 つの量の違いを正確に表すことで解決できるようになります。

<個別最適な学び・協働的な学びのために>

ここでは，図にかいて考えるのですが，その前にブロックを並べて問われている問題の整理をします。特に「何々より大きい・小さい」という問題文の読みこなしが重要です。こういった文の読みこなしは一種の「謎解き」です。授業ではどこが謎なのかをみんなで探すように仕向けることが大事で，「○○より何個多いと言っているのか考えてごらん」という問いかけをして焦点を絞ることも必要になります。ブロックを題意に合わせて並べることを考えて話し合います。ブロックを並べて図に表すことから立式につながるからです。

◎ 評　価 ◎

知識および技能	順序数や異種の数量の加減計算の場面を式に表し，計算することができる。 順序数や異種の数量ついて，加減計算が適用できることを理解している。
思考力，判断力，表現力等	順序数や異種の数量の加減計算の場面を図に表し，問題の構造を捉えて考えている。
主体的に学習に取り組む態度	順序数や異種の数量の加減計算の場面を，図に表して問題の内容を整理しようとしている。

◎ 指導計画　4 時間 ◎

時	題	目　標
1	図に表して考える ①	順序数を集合数に置きかえて，たし算やひき算ができる。
2	図に表して考える ②	異質の数量を同種の数量に置きかえて，たし算やひき算ができる。
3・4	求小，求大の問題	求小，求大の場面の演算決定ができる。

第1時 図に表して考える ①

本時の目標：順序数を集合数に置きかえて，たし算やひき算ができる。

板書例

みんなで なんにん いるでしょう

1

えんそくに いきました。
あみさんは まえから 6ばんめです。
あみさんの うしろに 3にん います。
みんなで なんにん いますか。

※ はじめは，木で一部を隠しておく。（展開 1）

2

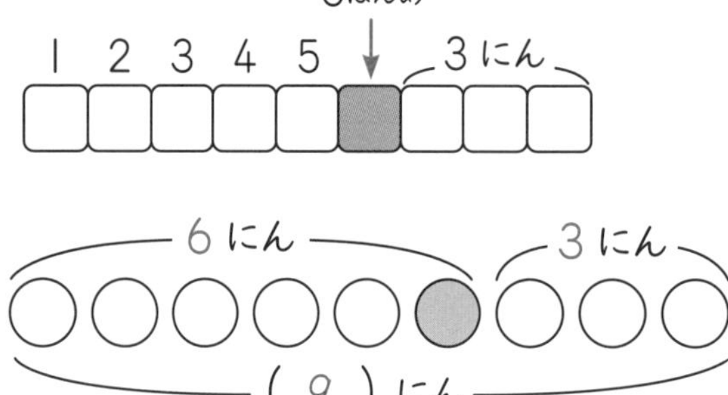

しき

$$6 + 3 = 9$$

こたえ 9にん

POINT 問題文を正確に読む力を育成します。算数ブロックを操作して，一文ごとに何を伝えているのかを確認することが重要です。

1 みんなで何人かを考えよう

問題文と絵を提示する。絵は，木で一部を隠しておき，後で取り外しできるようにしておく。

T 問題文をみんなで読んでみましょう。

C 1列に子どもが並んでいるんだね。

あみさんは，どの子になりますか
前から6番目だから，…1，2，3，4，5，木で隠れていてわからないね
あみさんの後ろの子も隠れていそうだよ

T 全部で何人かわかりますか。

C 木で隠れていてわかりません。

2 子どもをブロックに置きかえて考えよう

C あみさんまでが6人になるね。

C 6個ブロックを並べて，その後ろに3個並べたら，全部で9個。9人になります。

T ブロックを，○を使った簡単な図に表してみます。

わかっていることや数を図に書き込む。児童はワークシートの図を使う。

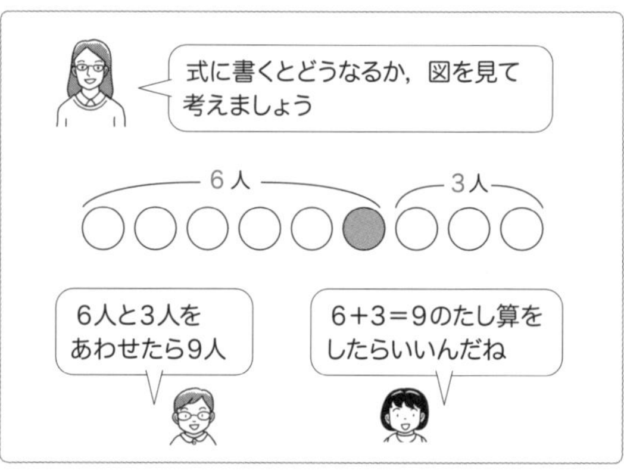

木の絵を取り外して人数を確かめる。

準備物	・算数ブロック（板書用・児童用） QR 板書用イラスト QR ワークシート	ICT	○の図シートを児童用端末に配信することで，児童が手軽に図を作成して問題を考えることができる。

12にんで どうぶつを みています。
たけしさんは ひだりから 5ばんめです。
たけしさんの みぎには なんにん
いますか。

※はじめは，木で一部を隠しておく。（展開3）

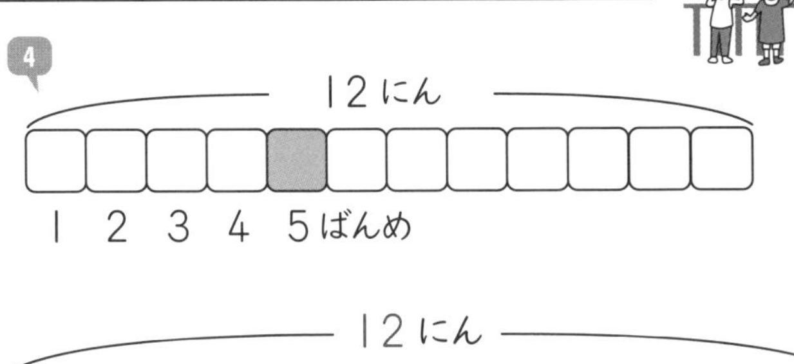

12にん

5にん　（7）にん

しき

$$12-5=7$$

こたえ 7にん

3 右にいるのは何人か考えよう

問題文と絵を提示する。展開1と同じように，絵は，木で一部を隠しておく。

T　問題文をみんなで読みましょう。
C　全部で12人いるんだね。

たけしさんは，どの子になりますか
左から5番目だから，
指を指しているこの子だね
たけしさんの右には何人いますか
木で隠れているから，
わからないよ

4 子どもをブロックに置きかえて考えよう

T　全部で12人とわかっているから，12個並べます。左から5番目がたけしさんです。たけしさんの右には何人いますか。
C　7人になります。

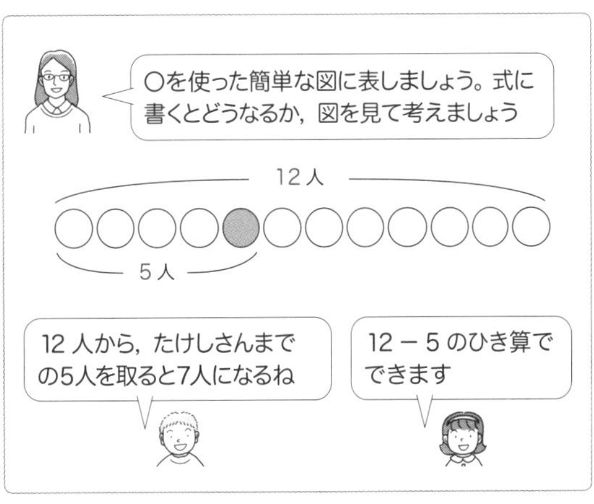

○を使った簡単な図に表しましょう。式に
書くとどうなるか，図を見て考えましょう
12人
5人
12人から，たけしさんまで
の5人を取ると7人になるね
12－5のひき算で
できます

木の絵を取り外して人数を確かめる。
ワークシートの練習問題をする。

第2時 図に表して考える ②

本時の目標 異質の数量を同種の数量に置きかえて，たし算やひき算ができる。

板書例

ふうせんは ぜんぶで なんこでしょう

1

> 5にんに ふうせんを 1こずつ あげました。
> ふうせんは まだ 4こ あります。
> ふうせんは ぜんぶで なんこ ありましたか。

※ 算数ブロックで表した後，図にする。

2

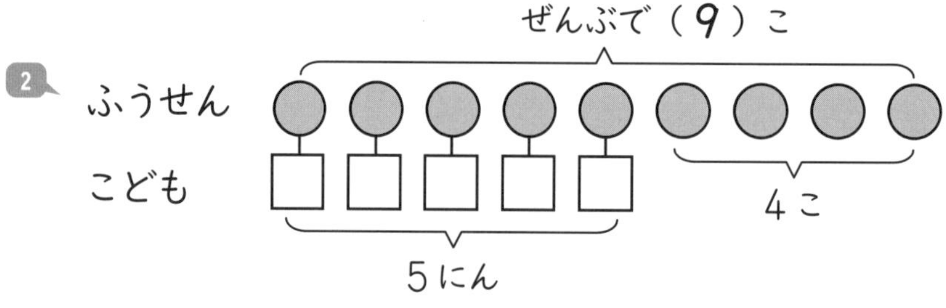

しき　5＋4＝9

こたえ　9こ

POINT 算数ブロックを操作し，図に置きかえます。図に表すことで，問題文の数量関係を捉えやすくなります。

1 風船は何個あるか考えよう

問題文と絵を提示する。

T　問題文をみんなで読んでみましょう。

C　子どもに風船をあげて，まだ風船があるから，風船の方が多いのはわかるね。

子どもと風船をブロックに置きかえて並べてみましょう

風船を5人に1個ずつあげるから，風船と子どもを5個ずつ置くよ

風船はまだ4個あるから，あと4個ブロックを置くよ

子どもと風船のブロックの色を変えて並べる。

2 図に表して式を立てよう

T　ブロックを簡単な図に表してみます。風船は○で，子どもは□で書いてみましょう。

わかっていることや数を図に書き込む。児童はワークシートの図を使う。

T　1人に1個ずつあげるので，線で繋ぎましょう。

全部の風船の数を求める式はどうなるでしょう。図を見て考えましょう

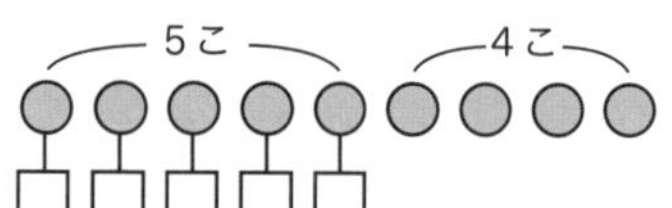

あげた風船が5個で，5個よりも4個多い

5＋4＝9のたし算をしたらいいね

「5人＋4個」ではなく，「子どもにあげた5個＋4個」と考える。

準備物	・算数ブロック（板書用・児童用） QR 板書用イラスト QR ワークシート

ICT	○と□の図シートを児童用端末に配信する。作図したものを大型テレビに提示して考え方を交流すると，全体交流しやすい。

3 ケーキが 12 こ あります。
8 まいの おさらに 1 こずつ のせます。
ケーキは なんこ のこって いますか。

※ 算数ブロックで表した後，図にする。

4 ケーキ　12 こ
おさら　8 まい
のこり（4）こ

しき　12 − 8 = 4　　こたえ　4 こ

3 ケーキは何個残っているか考えよう

問題文と絵を提示する。

T　問題文をみんなで読みましょう。
C　ケーキが 12 個で，お皿が 8 枚だね。
T　ケーキとお皿をブロックに置きかえて並べてみましょう。
C　ケーキは 12 個，お皿は 8 個並べます。

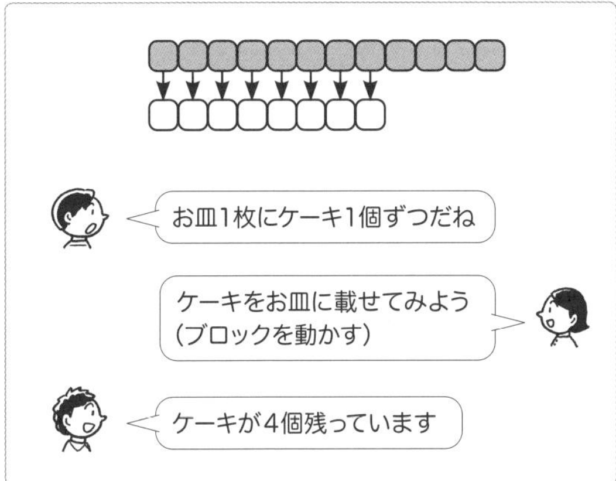

お皿1枚にケーキ1個ずつだね
ケーキをお皿に載せてみよう（ブロックを動かす）
ケーキが4個残っています

4 図に表して式を立てよう

T　簡単な図に表してみます。ケーキは○で，お皿は□で書いてみましょう。

わかっていることや数を図に書き込む。児童はワークシートの図を使う。

C　1 皿に 1 個ずつだから，線で繋いでおくよ。

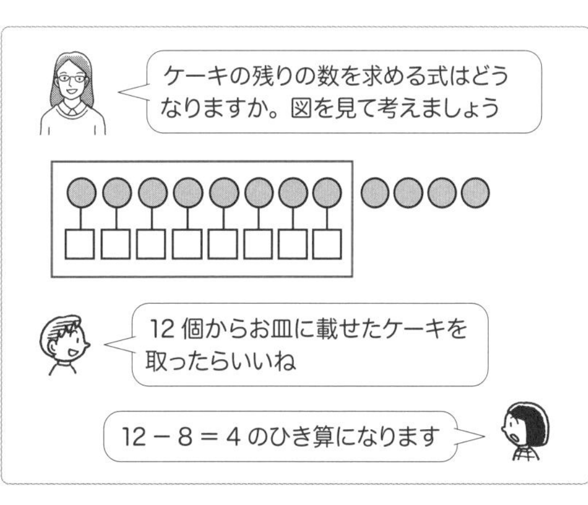

12 個からお皿に載せたケーキを取ったらいいね

「12 個 − 8 皿」ではなく，「12 個 − お皿に載せた 8 個」と考える。

第 3·4 時

求小，求大の問題

本時の目標　求小，求大の場面の演算決定ができる。

板書例

どんな けいさんに なるかな

1

あかい いろがみが 8まい あります。
きいろの いろがみは あかい いろがみより 4まい おおいです。
きいろの おりがみは なんまい ありますか。

あか　8まい

きいろ　？まい

あか（8まい）より
4まい おおい

2

8まい

あか　○○○○○○○○

4まい おおい

きいろ　□□□□□□□□□□□□

（12）まい

しき　8 + 4 = 12　　こたえ　12 まい

POINT 「より多い」「より少ない」の文章問題は，文章の読み取りがポイントになります。どちらが多いのかをしっかりと理解させ

1 黄色の色紙は何枚かな

問題文を提示する。

T　問題文をみんなで読みましょう。

T　「黄色は赤より 4 枚多い」とあります。どちらの色紙の方が多いですか。

C　黄色の方が多いです。

赤と黄色の折り紙を算数ブロックに置きかえて並べてみましょう

赤 ▢▢▢▢▢▢▢▢

黄 ▢▢▢▢▢▢▢▢▢▢▢▢

赤は 8 枚とわかっているから 8 個並べます

黄色は赤と同じ 8 個並べて，4 個多く並べたらいいね

赤と黄色のブロックの色を変えて並べる。

2 図に表して式を立てよう

T　簡単な図に表してみます。赤は○で，黄色は□で書いてみましょう。

わかっていることや数を図に書き込む。児童はワークシートの図を使う。

どんな式になりますか。図を見て考えましょう
赤が 8 枚で，黄色も同じ 8 枚ある。それに 4 枚たすので，たし算になります
8 + 4 = 12 になります
図を見ても黄色は 12 枚になっているよ

「赤＋4枚」ではなく，「赤と同じ 8 枚＋4枚」と考える。

準備物	・算数ブロック（板書用・児童用） QR ワークシート	ICT	○と□の図シートを児童用端末に配信する。作図したものを大型テレビに提示して考え方を交流すると，全体交流しやすい。

3

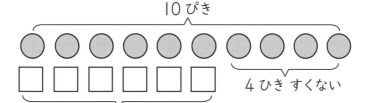

カブトムシが 10 ぴき います。
クワガタムシは カブトムシより
4 ひき すくないです。
クワガタムシは なんびき いますか。

カブトムシ　10 ぴき

クワガタムシ　？ぴき

カブト（10 ぴき）より
4 ひき すくない

4

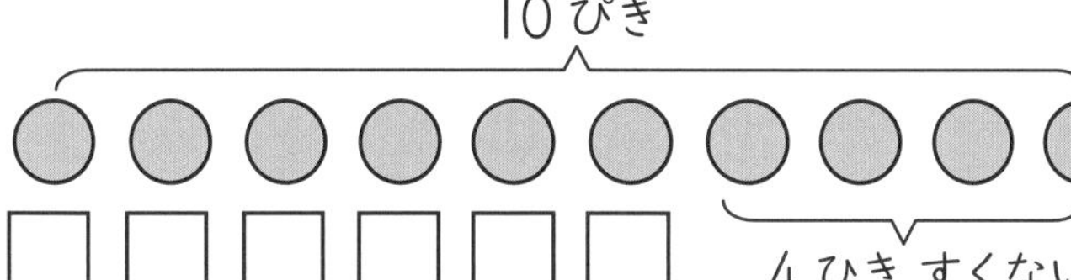
10 ぴき
カブトムシ
クワガタムシ
4 ひき すくない
（6）ぴき

しき　10 − 4 ＝ 6　　こたえ　6 ぴき

ましょう。

3 クワガタムシは何匹かな

問題文を提示する。

T　問題文をみんなで読みましょう。カブトムシとクワガタムシはどちらが多いですか。

C 「カブトムシより 4 匹少ない」とあるから，カブトムシの方が多いです。

ブロックで表してみましょう

カ

ク

カブトムシの数は 10 匹とわかっているから，10 個並べます。クワガタムシは何個並べたらいいかな

カブトムシと同じ 10 個並べて，そこから 4 個取ろう

4 図に表して式を立てよう

T　カブトムシは○で，クワガタムシは□で書いてみましょう。

わかっていることや数を図に書き込む。児童はワークシートの図を使う。

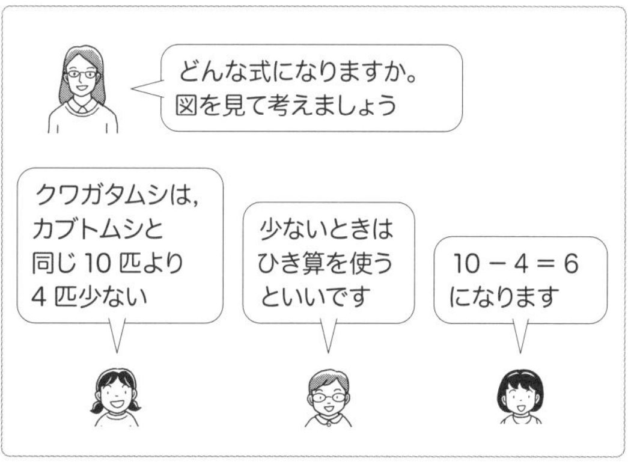
どんな式になりますか。
図を見て考えましょう
クワガタムシは，カブトムシと同じ 10 匹より 4 匹少ない
少ないときはひき算を使うといいです
10 − 4 = 6 になります

「カブトムシ－ 4 匹」ではなく，「カブトムシと同じ 10 匹－ 4 匹」と考える。

ワークシートの練習問題をする。

第１時　板書用イラスト

第3・4時　ワークシート

なまえ ＿＿＿＿＿＿＿＿

1　ぼくは　キャラメルを　7こ　もって　います。
あには　ぼくより　5こ　おおく　もって　います。
あには　キャラメルを　なんこ　もって　いますか。

しき

こたえ ＿＿＿＿＿＿

2　しろねこが　12ひき　います。
くろねこは　しろねこより　3びき　おおいそうです。
くろねこは　なんびき　いますか。

しき

こたえ ＿＿＿＿＿＿

3　はたけで　トマトを　8こ　とりました。
キャベツを　トマトより　6こ　おおく　とりました。
キャベツを　なんこ　とりましたか。

しき

こたえ ＿＿＿＿＿＿

4　あおい　おりがみが　13まい　あります。
あかい　おりがみは　あおい　おりがみより　4まい　すくないそうです。
あかい　おりがみは　なんまい　ありますか。

しき

こたえ ＿＿＿＿＿＿

5　あきこさんは　11さいです。
いもうとは　あきこさんより　6さい　とししたです。
いもうとは　なんさいですか。

しき

こたえ ＿＿＿＿＿＿

6　たろうさんは　あめを　15こ　もって　います。
じろうさんは　たろうさんより　7こ　すくないそうです。
じろうさんは　あめを　なんこ　もって　いますか。

しき

こたえ ＿＿＿＿＿＿

かたちづくり

全授業時数 4 時間

◎ 学習にあたって ◎

<この単元で大切にしたいこと>

すでに学習した「かたちあそび」を発展させて，ここでは平面図形についての理解の基礎となる感覚や，辺や角の数など平面図形の特徴に気づくことがねらいです。授業展開では，基本的に直角二等辺三角形の色板を使って，四角形や平行四辺形などの形を作ったり，三角形を組み合わせて様々な形を作ったりします。形作りの面白さに気づくことや，線や点をつないで形が作れることを発見できることが大切です。

<数学的見方考え方と操作活動>

三角形が多角形の基本図形です。三角形を様々に操作して形を作る体験は，その後の様々な図形学習の大切な基礎体験になります。その意味で，この学習は大きな意味があります。本書の図形指導の特徴は基本となる三角形を折り紙で作り出して使うことです。自分で作った三角形で様々な形を作れるという体験を大切にします。

<個別最適な学び・協働的な学びのために>

図形教育の一番大切なことは，図形操作が面白いと感じてもらう事です。本書では，三角形の形作り以外に三角パズルやタングラムを取り入れ，図形を操作して考える楽しさを分かってもらう事を念頭に置いています。パズルやタングラムをすると子ども同士の交流も自然と活発になり，どうやったらこんな形が出来たのかを聞きあったり，教え合ったりします。出来た作品を交流し，認め合える関係をつくります。

◎ 評　価 ◎

知識および技能	折り紙で作った三角形や，数え棒を用いていろいろな形を作ることができる。 折り紙で作った三角形や，数え棒を用いていろいろな形を構成できることがわかる。
思考力，判断力，表現力等	折り紙で作った三角形や，数え棒をどのように組み合わせれば目的の形ができるかを考えている。
主体的に学習に取り組む態度	折り紙で作った三角形や，数え棒を用いていろいろな形を楽しみながら工夫して作っている。

◎ 指導計画　4時間 ◎

時	題	目　標
1	三角形で形作り ①	同じ三角形を2個，3個，4個と並べて，いろいろな形を作ることができる。
2	三角形で形作り ②	三角形を何枚どのように敷き詰めたらよいかを考えて，形を作ることができる。
3	三角形パズル	正方形を切った3枚の三角形を使って，形を作ることができる。
4	線で形を作る	棒（線）を使って，いろいろな形を作ることができる。
やってみよう	タングラムあそびをしよう	正方形を切った7枚の形を使って長方形や台形に変形していくことができる。

第1時
三角形で形作り ①

本時の目標
同じ三角形を2個，3個，4個と並べて，いろいろな形を作ることができる。

板書例

「さんかく」で いろいろな かたちを つくろう

2

2こ

おおきな さんかく　しかく　やね

3こ

チューリップ　はし　ひっくり かえった やま

※教師用「さんかく」を使って代表の児童に黒板で操作させる。

POINT 「〇個で形作りをする」というように，条件に従って形作りをします。できた形を他のものに見立てて，名前をつけると

1 折り紙で「さんかく」を作ろう

折り紙で作った三角を1人に1個ずつ渡す。

T　みんなも三角を作ってみましょう。

ひとり4個ずつ作りましょう

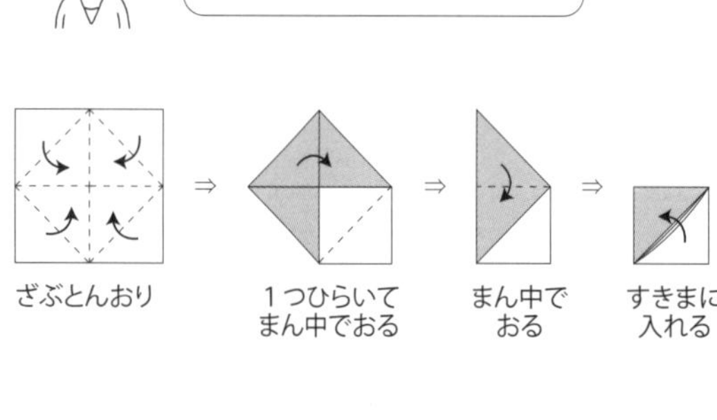
ざぶとんおり
1つひらいて
まん中でおる
まん中で
おる
すきまに
入れる

班で教え合いながら作業する。折り紙の得意な児童が活躍できるようにするのもよい。本時では，折り紙で作った三角を使用するが，色板や厚紙で作ったものでもよい。（ある程度重みのある方が形づくりの際に作業しやすい）

2 三角を2個くっつけると，どんな形ができるかな

T　みんなが作った三角を使っていろいろな形を作ります。三角を2個使って作りましょう。

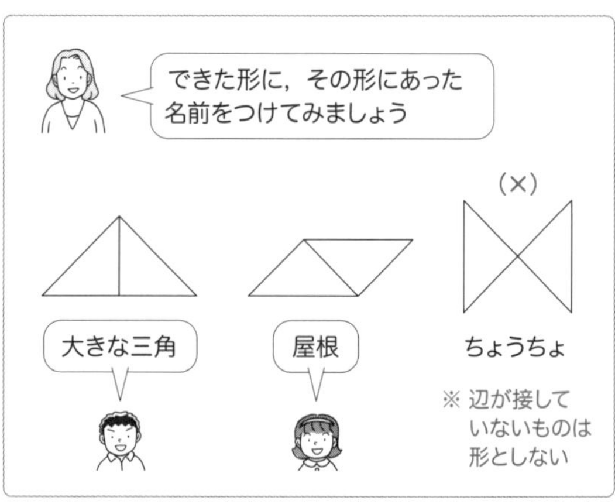
できた形に，その形にあった名前をつけてみましょう
(×)
大きな三角
屋根
ちょうちょ
※ 辺が接していないものは形としない

頂点だけ接している場合は，1つの形とはしないことを決めておく。

T　次は，三角を3個使って作りましょう。

準備物	・折り紙　・折り紙で作った三角（児童数） ・板書用三角形（備品または，厚紙の裏に磁石を貼る） QR ワークシート QR 画像「さんかくで形を作ろう」	ICT	４個使ってできる形のシルエットを大型テレビで提示すると，児童がクイズ感覚で楽しみながらタングラムづくりができる。

3 ４こ つかって
おなじ かたちを つくろう

おおきな いえを
つくろう

あ

い

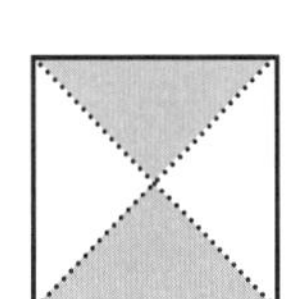

う

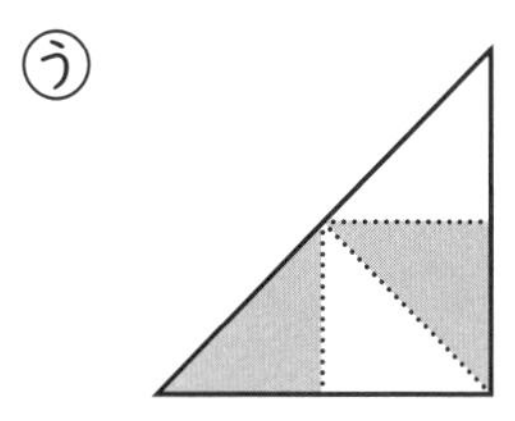

え

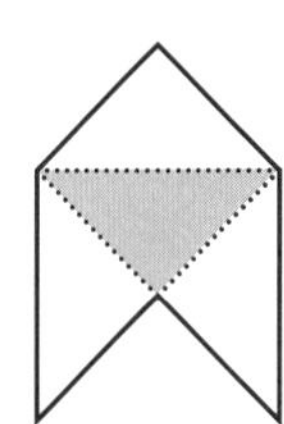

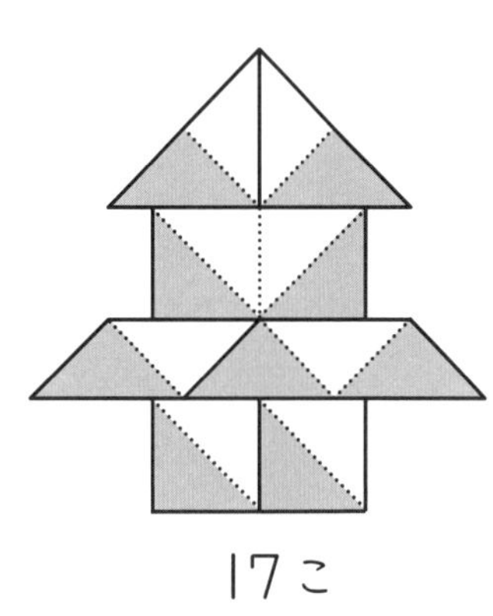

17こ

よいでしょう。

3 ４個の三角で見本と同じ形を作ろう

４個の三角で作った，あ～えの形を提示する。
ワークシートも活用できる。

T　これらの形は，三角を４個使って作ることができます。三角をどう並べたら（くっつけたら）できるか考えましょう。

いろいろ並べてみましょう。できたら，隣の人と見せ合いましょう
あは，できたよ
えは，難しいね。一緒に考えよう

T　どう並べたか，見本に線を書きましょう。

あ～えができたら，他の形作りにも挑戦する。

4 班で協力して，大きな形を作ろう

T　三角を使っていろいろな形ができましたね。次は，この大きな家を作りましょう。たくさんの三角があるので，班で１つの家を作ります。

１つの班，４～５名で作業する。

全部で17個の三角を使ったよ
三角だけど，並べたらいろいろな形ができて面白いよ

次時では，三角の個数をさらに増やした形作りを行う。折り紙で各自６個以上三角を作っておくようにする。

第2時
三角形で形作り②

本時の目標
三角形を何枚どのように敷き詰めたらよいかを考えて，形を作ることができる。

板書例

「さんかく」が なんまいで できるかな

1 たくさんの さんかくを つかって つくろう

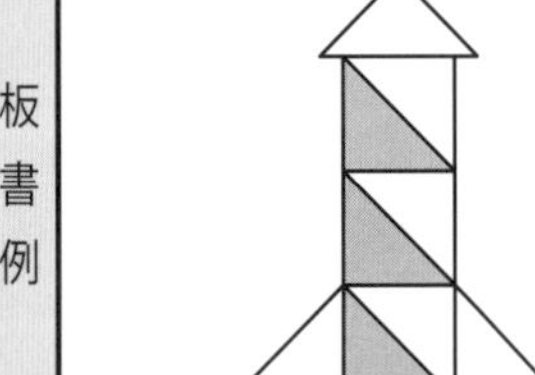
ロケット
9まい

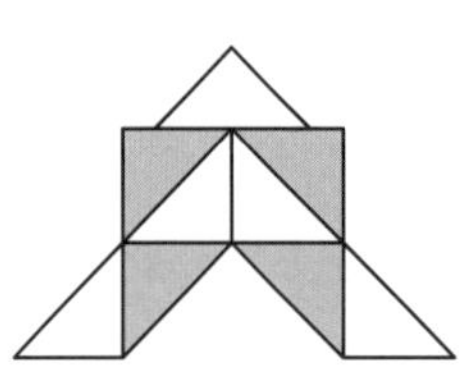
すべりだい
9まい

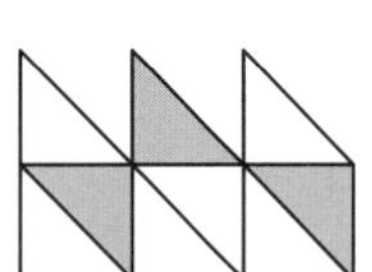
こうじょう
9まい

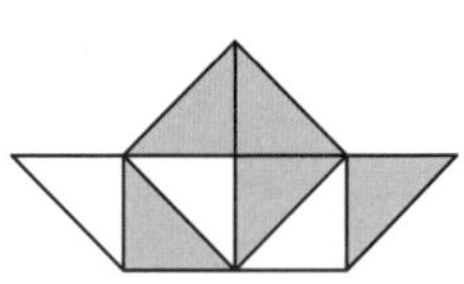
かんむり
8まい

※児童の作品を紹介する。

POINT どのように三角形を配置すればよいかを，試行錯誤しながら答えを見つけ出すことは，想像力を育むとても大切な活動です。

1 たくさんの折り紙三角を使って形を作ろう

1人10個くらいの折り紙三角を準備する。

T 今日は，もっとさたくさんの三角を使って，好きな形を作ってみましょう。

前時と同じく，必ず辺をくっつけることを決めておく。

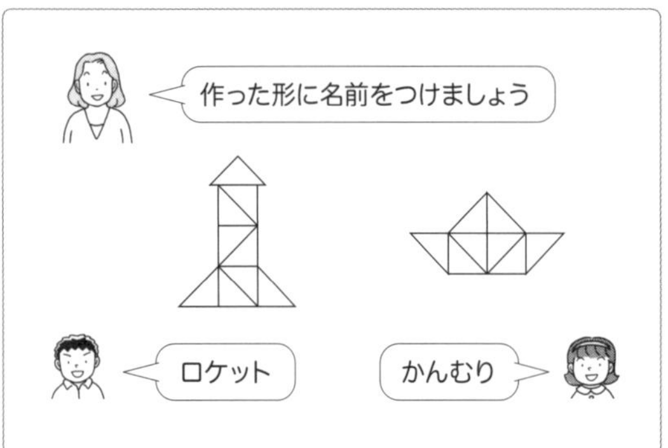

数人が黒板で形を作り，形の名前と何個の三角で作ったかを発表する。

2 何個の三角でできている形か予想しよう

三角で作った，あ～えの形を提示する。
ワークシートも活用できる。

T 線をひいて形を三角に分けていきましょう。

あは，三角と四角に分かれるよ。三角は2個，四角は何個でできているのかな
いは，三角を交互に並べたらできそうだね
うとえは，難しいね…

線だけで構成された全体の形を見て，中にどれだけの三角が敷き詰められているかを考える。

準備物

・折り紙で作った三角（児童数× 10 個程度）
・板書用三角形（備品または，厚紙の裏に磁石を貼る）
QR ワークシート
QR 画像「さんかくで形を作ろう」

ICT

かたちづくりで出来上がった形を端末で撮影したものをプリントアウトすると，作品として掲示することができる。

2 3 さんかく なんこかな

Ⓐ

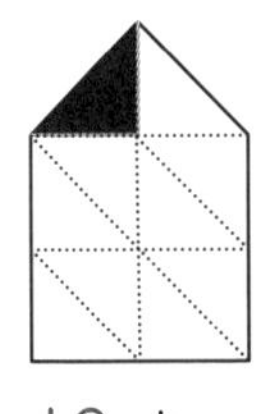

10 まい

Ⓘ

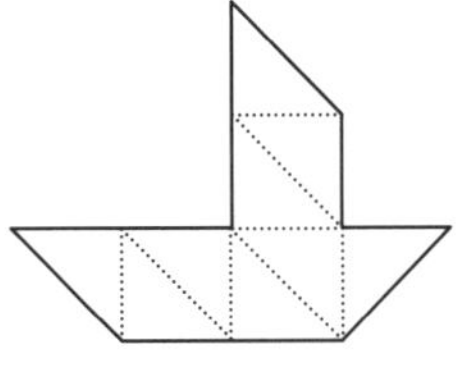

9 まい

Ⓤ

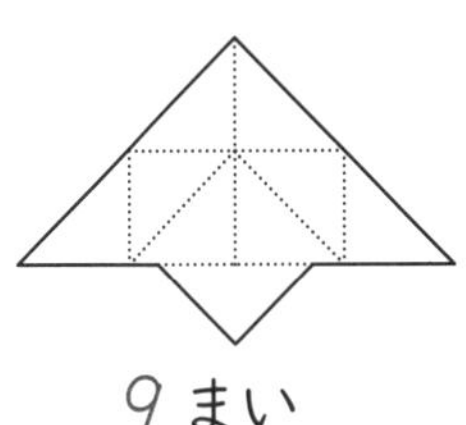

9 まい

Ⓔ

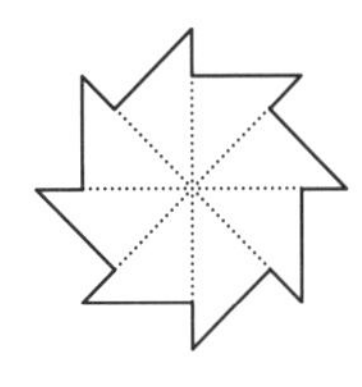

8 まい

3 折り紙三角を並べて確かめよう

T　みんなの三角でⒶ～Ⓔと同じ形を作りましょう。そして，何個の三角でできているか確かめましょう。

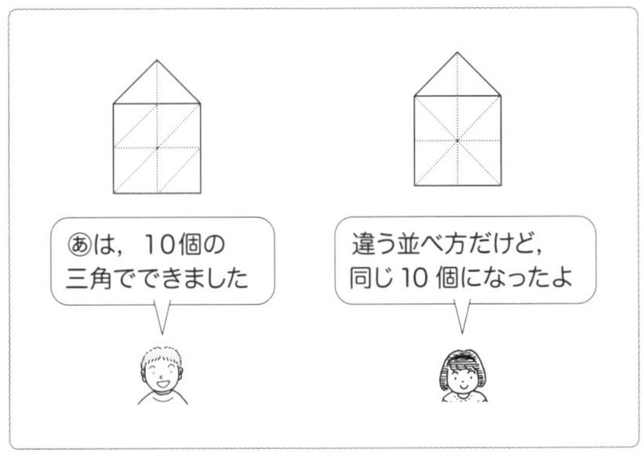

Ⓐは，10個の
三角でできました
違う並べ方だけど，
同じ 10 個になったよ

C　三角だけで，こんな形が作れるんだね。

Ⓐ～Ⓔを，黒板でも操作して，確かめる。

4 班で協力して，大きな形を作ろう

T　班で，1 つの大きな形を作りましょう。何を作るか班で話し合いましょう。

1 つの班，4 ～ 5 名で作業する。
床に班毎にまるくなって作業する。

僕たちの班は，大きな
恐竜を作りました

他の班の作品を見て回り，感想などを出し合う時間も作るとよい。

第3時
三角形パズル

本時の目標　正方形を切った３枚の三角形を使って，形を作ることができる。

板書例

さんかく パズルで あそぼう

1 パズルを つくろう

せんに そって きろう

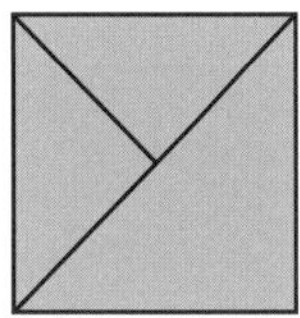

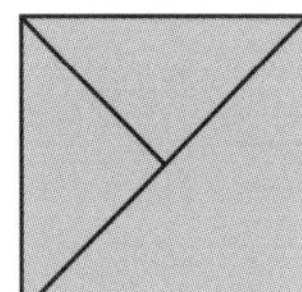

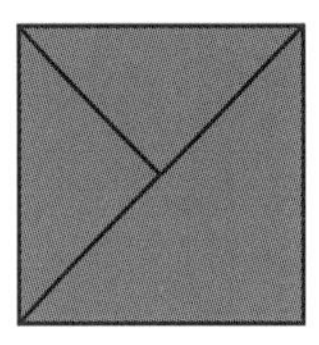

2 さんかくを つかって つくろう

ましかく

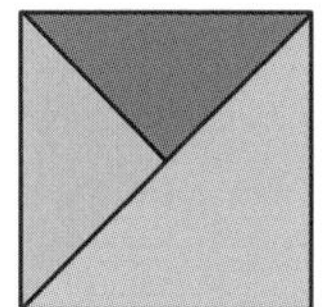

ながしかく

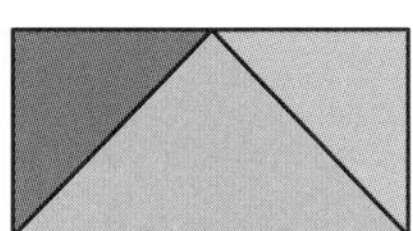

※ 児童が黒板で操作する。

POINT p.156の「やってみよう」では，一段と難しいタングラム遊びを掲載しています。休み時間などに自由に使えるように

1 パズルの準備をしよう

色画用紙にタングラムを印刷しておく。児童１人に３色の色画用紙のタングラムを配る。

T　三角パズル遊びの準備をします。線に沿ってはさみで切りましょう。

自分で正方形を切って作ることで，元の形を意識することができる

2 三角パズルで遊ぼう

ワークシートを活用する。

T　はさみで切った三角を使って，「ましかく」と「ながしかく」を作ってみましょう。

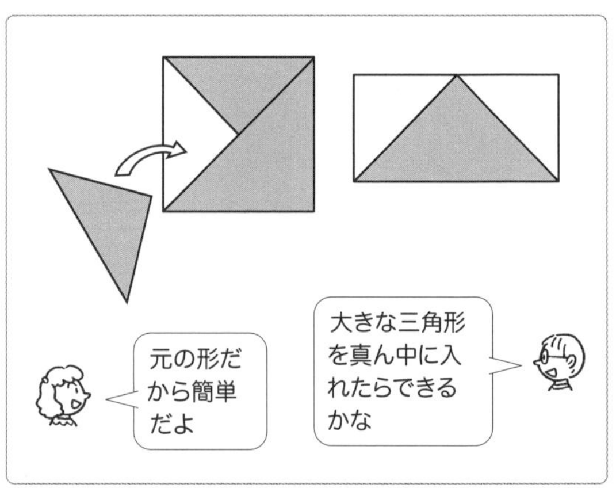

元の形だから簡単だよ
大きな三角形を真ん中に入れたらできるかな

ワークシートの形の枠にはめるように作業をすると，比較的容易になる。黒板で児童数名に操作させる。

準備物
・タングラム（色画用紙に印刷）　・はさみ
・のり　　　・板書用タングラム
QR ワークシート　　　QR タングラム
QR 画像「さんかくパズルであそぼう」

ICT
出来上がった形のシルエットを大型テレビで提示すると，児童がクイズ感覚で楽しみながらタングラムづくりができる。

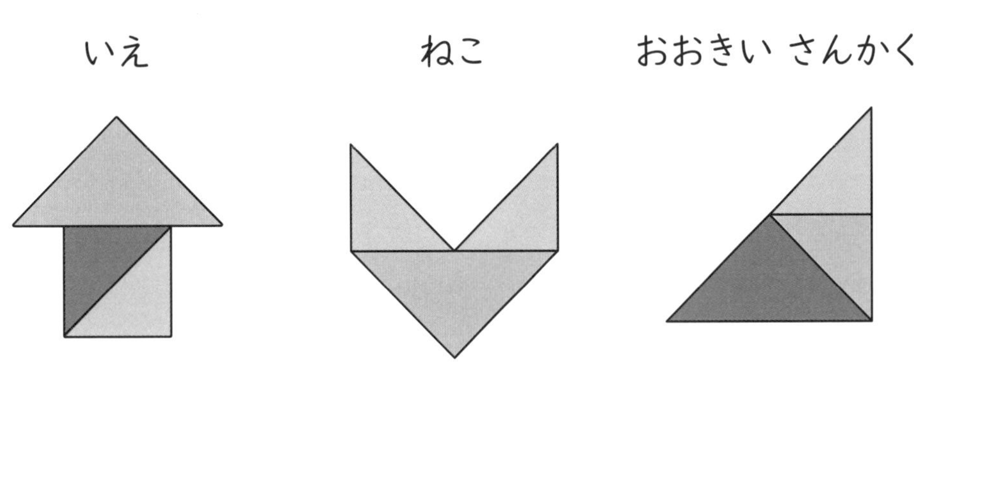

準備しておくと，関心のある児童は進んで取り組むようになります。

T 「いえ」「ねこ」「おおきいさんかく」に挑戦してみましょう。

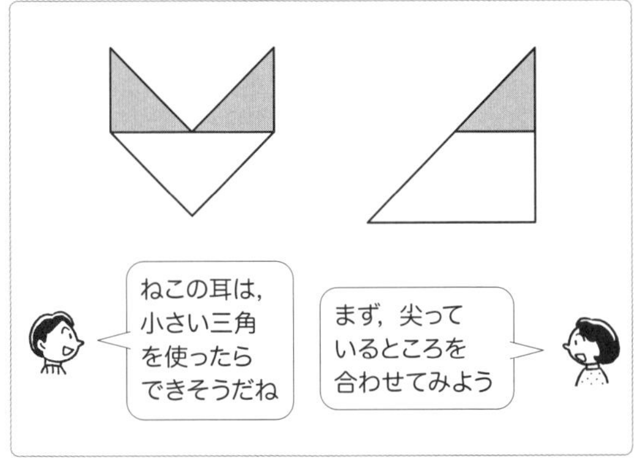

黒板で児童数名に操作させる。
できない子どもには，すぐに手助けをせずに，何度でも挑戦できるよう声掛けをする。このようなパズルをすることで，図形的な感覚が養われてくる。

3 学習のまとめをしよう

T できた形は，のりで貼っておきましょう。三角パズルはどうでしたか。

休み時間などにもできるように，色板の「三角パズル」を準備しておくとよい。

第4時

線で形を作る

本時の目標　棒（線）を使って，いろいろな形を作ることができる。

板書例

ぼうで かたちを つくろう

1 にげた ひつじを かこもう

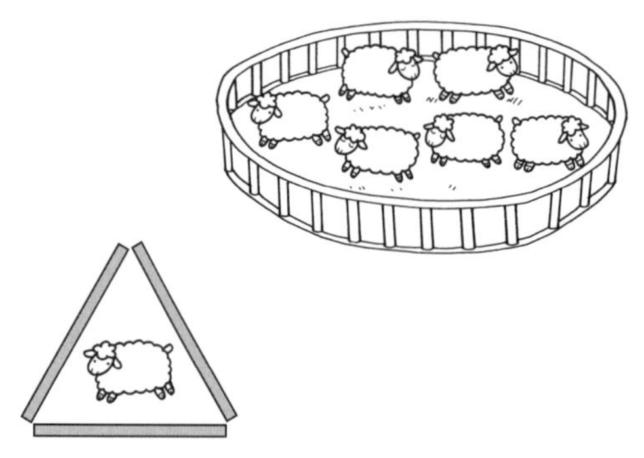

※ 数え棒の長さや本数を変えて囲む。

2 かたちを つくろう

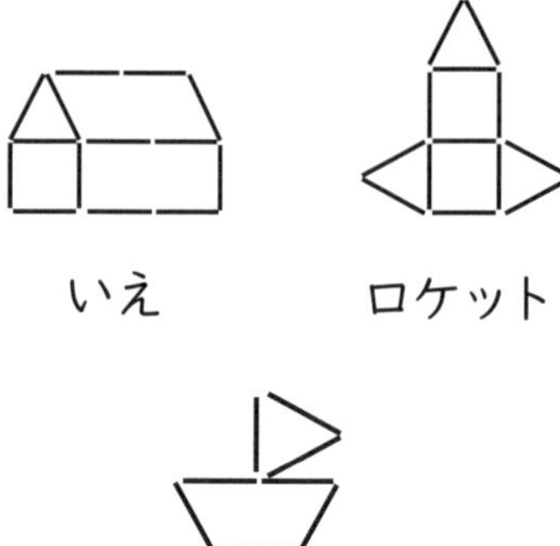

ヨット

※ 児童の作品を紹介する。

POINT 展開4では，パターンボードを活用して，輪ゴムで形作りをすることもできます。操作しやすく，楽しみながら活動できます。

1 逃げた羊を棒で囲もう

ワークシートを活用する。

T　柵から逃げ出した1匹の羊を同じ長さの3本の棒を使って閉じ込めましょう。

数え棒を使って羊を囲む活動をする。同じ長さのもの，違う長さのもの，本数を変えて，何通りか行う。

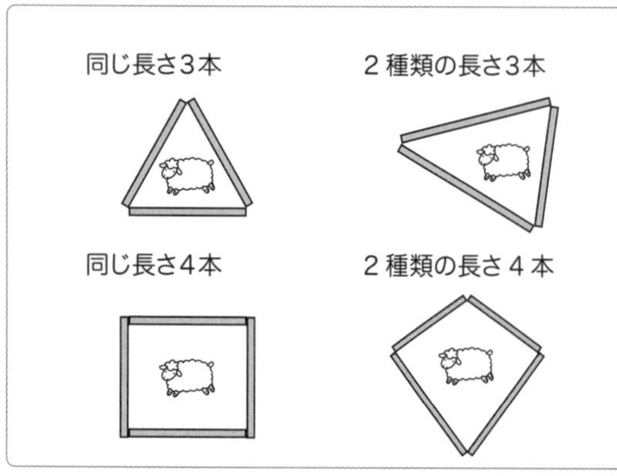

棒の長さが同じ（等辺）場合と違う場合での形の違いに気づかせる。

2 数え棒を使っていろいろな形を作ろう

T　同じ長さの棒で作ってみましょう。

何を作ってよいかわからない児童には，ほかの児童が作った作品を紹介する。

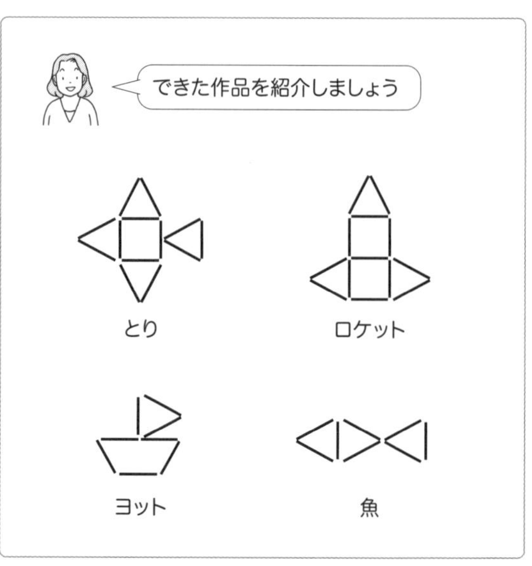

準備物	・２種類の長さの数え棒（教師用・児童用） ・色鉛筆など QR ワークシート	ＩＣＴ	プログラミングサイト（スクラッチ）を使用して，「かたちづくり」を手軽にすると，作図しにくい子も楽しく活動できる。

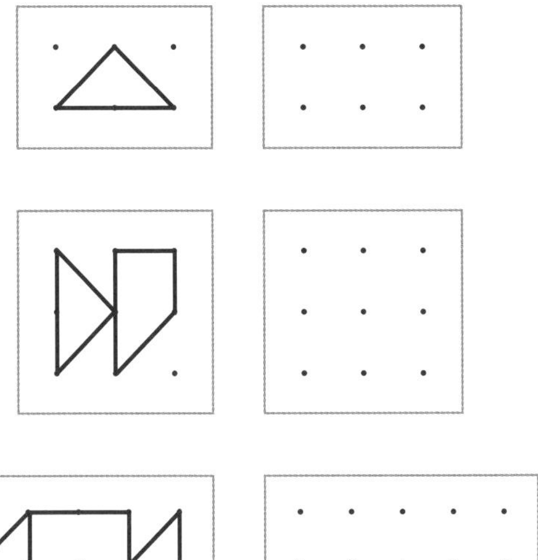

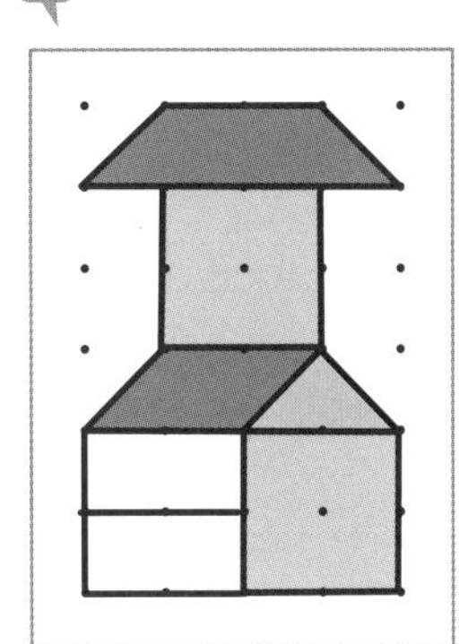

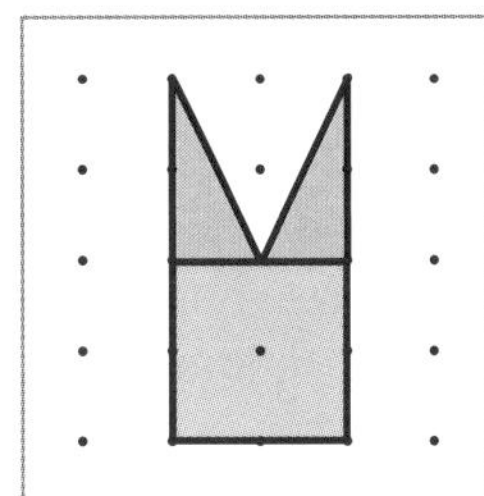

3 点をつないで見本と同じ形をかこう

ワークシートを活用する。

T　見本の形と同じように点を線でつないでみましょう。

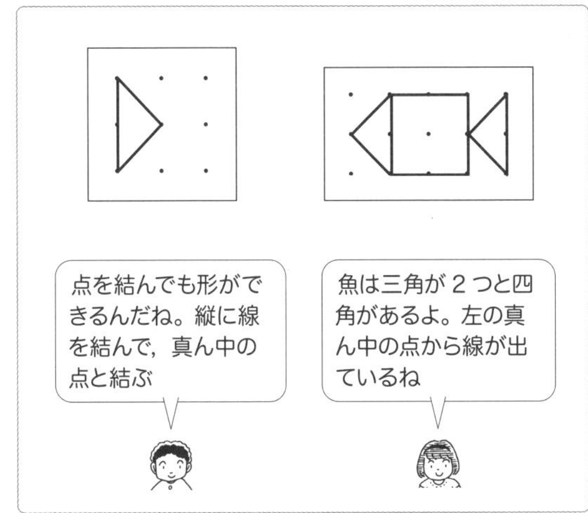

点を結んでも形ができるんだね。縦に線を結んで，真ん中の点と結ぶ
魚は三角が２つと四角があるよ。左の真ん中の点から線が出ているね

線は，きちんとした直線でなく，フリーハンドで十分である。支援が必要な子どもには，あらかじめ何本か線を入れたものを渡す。

4 点と点を線でつないで，いろいろな形を作ろう

T　できた形に名前をつけましょう。

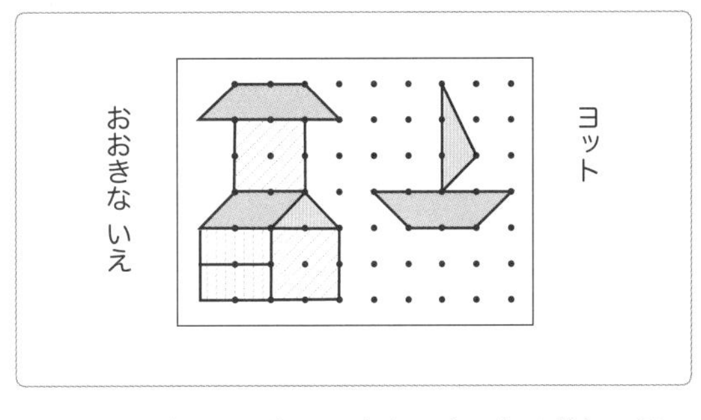

T　できた形で，三角には赤色，真四角は黄色，長四角は黄緑，その他は青色を塗りましょう。

できた形に色塗りをすることで，面の感覚ができる。

できた作品を紹介し合える機会をつくる。掲示物にしてもよい。

やってみよう
～ タングラムあそびをしよう ～

本時の目標　正方形を切った７枚の形を使って長方形や台形に変形していくことができる。

本単元の第３時で登場した「さんかくパズル」の７ピース版です。３ピースのときと同じように，工作用紙で１辺 8.5cm の正方形のタングラムを作っておきましょう。７ピースのタングラムは，３ピースよりもかなり難しいです。最初から児童どうしで相談させながら，形作りをさせてもよいことにしましょう。

［手順］

❶ 正方形を切って，７つのピースを作ります。

❷ ワークシートの正方形に合わせて，タングラムで「ましかく」（正方形）を作ります。

❸ 正解を，黒板に提示します。

❹ ワークシートの形に合わせて，「ながしかく」（長方形）を作り，黒板で正解を発表します。

❺ ワークシートの形に合わせて，「さんかくぼうし」「やね」「ふみだい」の中から好きなもの選んで形を作ります。

準備物
・はさみ
・板書用タングラム
QR タングラム（色画用紙等に印刷）
QR ワークシート

1コマの授業の中で，すべての形を作るのは難しいでしょう。時間内に作るということではなく，どうすれば目的の形にタングラムを並べることができるのかを児童どうしで話し合わせることを大切にしましょう。

タングラムは，休み時間などいつでも挑戦できるように，約束事を決めて（必ず○○に片づけるなど）教室に置いておきます。

絵カード見本

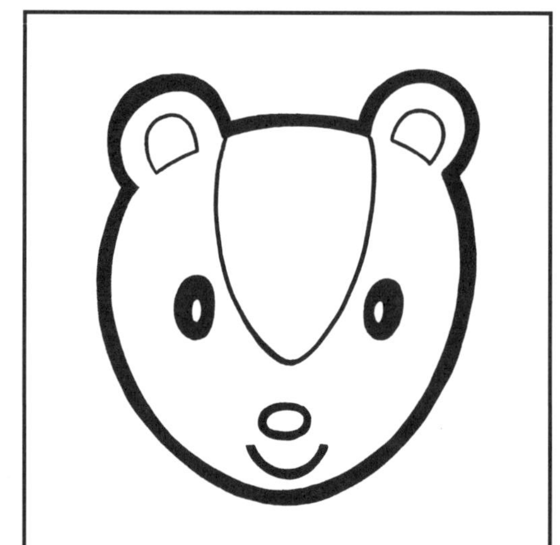

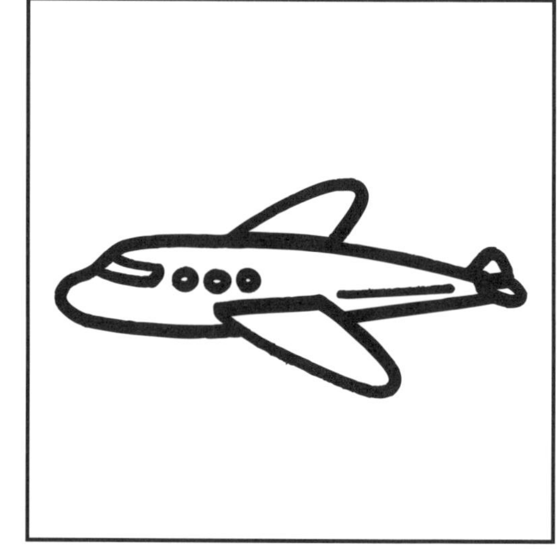

【企画・編集】
原田 善造　わかる喜び学ぶ楽しさを創造する教育研究所　著作研究責任者
新川 雄也　元愛媛県公立小学校教諭

【ICT 欄執筆】
南山 拓也　西宮市立南甲子園小学校教諭　※ 2024 年 3 月現在

旧版『喜楽研の DVD つき授業シリーズ 新版 全授業の板書例と展開がわかる
DVD からすぐ使える　映像で見せられる　まるごと授業算数 1 年』（2020 年刊）

【監修者・著者】
石原 清貴　板垣 賢二　市川 良　新川 雄也　原田 善造　福田 純一　和気 政司

【授業動画】
石原 清貴

【発行にあたりご指導・ご助言を頂いた先生】
大谷 陽子

喜楽研の QR コードつき授業シリーズ
改訂新版　板書と授業展開がよくわかる
まるごと授業　算数　1 年（下）

2024 年 4 月 2 日　第 1 刷発行

イ ラ ス ト：山口 亜耶
企画・編集：原田 善造　新川 雄也（他 5 名）
編　　　集：わかる喜び学ぶ楽しさを創造する教育研究所　桂 真紀

発　行　者：岸本 なおこ
発　行　所：喜楽研（わかる喜び学ぶ楽しさを創造する教育研究所：略称）
〒 604-0854　京都府京都市中京区二条通東洞院西入仁王門町 26 - 1
TEL 075-213-7701　FAX 075-213-7706
HP https://www.kirakuken.co.jp
印　　　刷：株式会社イチダ写真製版

ISBN：978-4-86277-471-2　Printed in Japan